Die Entdeckung der Gleichzeitigkeit

Das universelle Bezugssytem

Jörg Ascher

ISBN: 1977907997

ISBN-13: 978-1977907998

„You never really understand a person until you consider things from his point of view, until you climb inside of his skin and walk around in it."

-Harper Lee, To Kill A Mockingbird-

INHALTSVERZEICHNIS

I. EINLEITUNG - VOM DATUM ZUR INFORMATION

Zu Beginn muss ich Sie ein bisschen quälen. Denn zunächst muss ich wohl erläutern, was ich mit dem Begriff „Bezugssysteme" überhaupt meine und warum ich gleich ein ganzes Buch darüber schreibe. Ich gehe davon aus, dass die meisten von Ihnen sich mit dem Wort „Bezugssysteme" und seinem abstrakten Sinngehalt noch nicht näher auseinandergesetzt haben. Zugegebener Maßen handelt es sich ja auch nicht gerade um ein Wort, bei dem man gleich anfängt, unruhig auf dem Sofa herumzurutschen, weil man nun endlich Näheres darüber erfahren möchte und sich denkt: „Hey super, Bezugssysteme, wie aufregend!" Und doch muss ich mit Ihnen, bevor es richtig losgehen kann, erst einmal ein gemeinsames Bezugssystem schaffen, damit es in der Folge hoffentlich ein bisschen aufregend werden kann. Einverstanden? Gut, also los...

Bitte lehnen Sie sich entspannt zurück und nehmen sich eine Minute Zeit, um sich gleich erneut etwas vorzustellen. Bereit? O.K.! Und jetzt denken Sie sich bitte einen Punkt. Nicht am Ende eines Satzes, auch nicht als etwas auf das man starren oder kommen kann, sondern einfach als unkonkretes „Etwas" ohne Ausdehnung in einem „Nichts", in dem weder Raum, noch Zeit existieren. Ein geometrischer Punkt also, quasi als Datum - im deutschen Singular von Daten und im Sinne des englischen „data" - gedacht, ohne Umgebung. Ein Punkt also mit nichts drum herum. Versuchen Sie es! Und? Geht nicht? Immer noch nicht? Sehr gut, dann weiter im Text.

Versucht man sich diesen Punkt vorzustellen und unterstellt, dass er das Einzige ist was ist und versucht diesem Punkt eine Bedeutung, einen Sinn oder überhaupt irgendetwas zuzumessen, dann schlägt dieser Versuch fehl. Schlimmer noch, ohne definierte Umgebung können wir nicht einmal sagen, ob er nun unendlich klein oder als alles was da ist, unendlich groß ist. Unser Gehirn sucht nach Anknüpfungspunkten, nach etwas, mit dem es den Punkt in Bezug setzen kann, findet nichts und gibt uns zu verstehen, dass das eine unvernünftige Art und Weise ist, mit ihm umzugehen. Es beschwert sich, dass es nicht dazu gemacht ist, nichts zu denken und nichts zu erkennen und dass wir, wenn wir es dazu verdonnern, länger in diesem Zustand zu verharren, schon noch sehen würden, was wir davon haben.

Und schwupp, ein zweiter Punkt. Fragen Sie mich jetzt nicht, wo der herkommt und warum. Er ist ebenso einfach da, wie der erste, noch ein bisschen schüchtern zwar aber immerhin. Allerdings mit einem entscheidenden Unterschied – wir sind ihm sehr dankbar dafür, dass er sich entschieden hat, sich dazuzugesellen. Er betritt die Bühne und wir sind erleichtert. Unser Gehirn scheint sich nicht mehr in sich selbst verkriechen zu wollen und atmet noch leicht skeptisch aber merkbar auf. Wir können wieder denken, nicht besonders lange zwar, aber wir können wieder denken. Über Zahlen, Abstände, Linien. Es sind zwei Punkte, sodass wir jetzt sagen können, dass es einen ersten und einen zweiten gibt und sie haben einen Abstand zueinander, den man mit einer gedachten Linie überbrücken könnte. Puh, das fühlt sich gut an, wird aber doch nach nicht allzu langer Zeit wiederum recht langweilig, was der Dritte im Bunde zu merken scheint, weil auch er nun das Licht der Welt erblickt. Und weil der Dritte uns auch noch den Gefallen tut, sich zu bewegen, in einer Kreisbahn um die gedachte Linie zwischen Punkt 1 und Punkt 2, können wir wieder von der uns bekannten Welt sprechen. Alles ist da, wie wir es so gern haben, ein Raum, mit drei Dimensionen und die Zeit, die vergeht – herrlich. Unser Gehirn sagt Dank und lehnt sich entspannt zurück.

Was ist passiert? Warum ist es so unangenehm zu versuchen, nur einen Punkt im Nichts zu denken? Wenn sonst nichts da ist, dann müsste das Gehirn doch sagen – o.k. ein Punkt, was nun? Anstatt dessen scheitert es an dieser scheinbar einfachsten Übung. Es scheitert, weil unser Gehirn zwar abstrakt denken, sich also auch etwas vorstellen kann, dass wir tatsächlich so noch nie gesehen haben. Aber es denkt auch in Bildern und sobald Sie „Punkt" gelesen haben, ist in Ihrem Gehirn ein Bild von einem Punkt entstanden, wahrscheinlich ziemlich klein, wahrscheinlich ziemlich schwarz. Als dann aber die Information über das Nichts dazugekommen ist... Irrlichterei. Im Ergebnis kann sich unser Gehirn also einen Punkt ohne Umgebung gar nicht vorstellen. Um den Punkt zu sehen, muss ihm irgendeine Information zugemessen werden und unser Gehirn versucht das, indem es sich ein Bild von „Raum" macht. Raum, wie wir ihn uns vorstellen können, wird aber entweder dadurch bestimmt, dass er etwas enthält, was eine bestimmte Ausdehnung hat oder, wenn er leer sein soll, hat er selbst bestimmte Ausmaße, weil er von irgendetwas begrenzt ist. Raum ohne Inhalt und ohne Begrenzung ist also kein Raum, sondern ein Nichts. Wobei man genau gesagt „Nichts" und nicht „ein" Nichts sagen müsste, weil das

„ein" wiederum suggeriert, dass es vielleicht auch ein zweites Nichts geben könnte, womit wir wiederum das erste in Bezug setzen könnten, sodass das eine Nichts vom anderen Nichts begrenzt wäre und damit nicht mehr das Nichts wäre, was ich meine.

Warum aber ist unser Gehirn nicht in der Lage, sich einen geometrischen Punkt im Nichts bildlich vorzustellen? Ich würde behaupten, es liegt daran, dass ein solcher Punkt keine Information für uns bereit hält. Solange der Punkt nicht in Bezug zu etwas gesetzt werden kann, solange enthält er keine Information. Er ist reines Datum ohne Bezugssystem und ohne ein solches vermag unser Gehirn nur mehr von sich selbst abzulenken und uns, ob dieser unsinnigen Übung, für verrückt zu erklären. Sobald aber ein zweiter Punkt hinzukommt, der gleichzeitig mit dem ersten da ist, können wir beide in Bezug zueinander setzen und aus diesem Bezug zueinander entstehen Informationen. Sofort steht uns das Bezugssystem der ganzen Zahlen und das Bezugssystem der Entfernungen zu Verfügung und schwupp, unser Gehirn arbeitet wieder, lässt Bilder entstehen, die Sinn machen und freut sich, dass durch die Bezugssysteme aus den zwei Punkten gleich ein paar Informationen erwachsen sind.

Mit dem dritten, sich in der dritten Dimension bewegenden Punkt, entsteht die Raumdimension und durch die Bewegung, kommt die Zeit mit ins Bild. Unser Gehirn denkt sich: „Einfache, gaaanz einfache Übung" und lässt vor unserem geistigen Auge das Abbild der Welt entstehen, wie wir sie kennen. Das bekannte Bezugssystem aus drei Raumdimensionen und einer Zeitdimension ist geschaffen und in den drei Punkten gleich eine ganze Reihe von Informationen angelegt. Wir können Abstände und Geschwindigkeiten bemessen, der Raum, der durch die zwei Punkte einerseits und den dritten sich im Kreis um sie bewegenden Punkt andererseits entsteht, kann bestimmt werden, weil der Kreis die Grenze des Raums definiert. Während sich also der erste Punkt noch standhaft dagegen wehrte überhaupt zu sein, weil er nichts hatte, auf das er sich beziehen konnte, spannt sich mit dem zweiten und dritten die Wirklichkeit auf, wie wir sie kennen.

Und die Moral von der Geschicht ist verhältnismäßig schlicht: „Ohne Bezugssystem, keine Information" und damit: „Ohne Bezugssystem kein Erkennen der Welt". Ohne die Möglichkeit von dem Einen eine Beziehung zu etwas Anderem herzustellen, kann aus einem Datum keine Information erwachsen, und ohne die Möglichkeit aus den gesammelten Informationen ein Bezugssystem aus Kategorien zu bilden, von denen wir auf weitere Informationskategorien schließen und abstrahieren, nehmen wir die Welt zwar mit unseren Sinnen wahr, aber erkennen sie nicht - sie enthielte keinerlei Information und wäre für uns damit im wahrsten Sinne des Wortes undenkbar.

Und wenn das Vorgesagte richtig ist, also aus einem Datum erst eine Information entsteht, wenn ich dieses Datum in Beziehung zu etwas setze, dann folgt daraus z.B. auch, dass ich richtig und falsch von zwei sich widersprechenden Behauptungen, also von zwei Informationen, nur dann unterscheiden kann, wenn sich beide Behauptungen über ein beobachtetes Phänomen der Wirklichkeit auf das gleiche Bezugssystem beziehen. Tun sie das nicht, dann vergleichen wir im sprichwörtlichen Sinne Äpfel mit Birnen und sinnvolle Aussagen über richtig und falsch können nicht getroffen werden.

So, und wenn Sie mir bis hierhin noch bei mir sind, dann sagen Sie sich sicher: „Ja was, und jetzt will er für willkürlich herausgegriffene Bereiche der Wirklichkeit, Begriffe klären und Bezugssysteme definieren? Ich geh lieber einen Kaffee trinken!“ Und der Kaffee sei Ihnen natürlich gegönnt. Mein Anliegen ist aber sogar noch ein klein wenig vermessener. Wenn man nämlich behauptet, ein Datum ohne Bezugssystem enthalte keine Information und über richtig und falsch kann ohne einheitliches Bezugssystem nicht geurteilt werden, dann könnte man auch die Frage stellen: „Gibt es ein für alles geltendes, einheitliches, universelles Bezugssystem?“ Und über diese Frage und meine Antworten darauf, handelt dieses Buch!

II. DAS ERKENNEN DER WELT

Wenn es richtig ist, dass ein Datum ohne Bezugssystem keine Information enthält und dass wir Bezugssysteme benötigen, um die Welt zu erkennen, dann folgt daraus, dass auch Sinneswahrnehmungen für uns nur dann Informationen enthalten, wenn „wir" ein Bezugssystem darstellen. Da „wir" alle unterschiedlich sind, also unterschiedliche Erfahrungen, Wünsche, Werte und Vorstellungen haben, schließt sich natürlich die Frage an, was es von hier aus weiterzudenken gibt. Denn zu Recht könnten Sie mir entgegenhalten, dass jeder von uns eben wegen dieser Unterschiedlichkeit, die Welt auch ganz unterschiedlich wahrnimmt.

Nun, ich würde zunächst einmal versuchen, „Wahrnehmung" für mich begrifflich zu definieren, um sicher zu gehen, dass Sie in der Folge nachvollziehen können, was ich mit diesem Wort an Informationen verbinde. Wenn ich hier von „Wahrnehmung" spreche, dann meine ich damit allein die Sinnestätigkeit, nicht das Informationsergebnis, das sich als Gedanke oder als Bild in unserem Kopf einstellt, nachdem wir das Wahrgenommene eingeordnet und bewertet haben. Ich meine „Wahrnehmung" also als die Tätigkeit unserer Augen, Ohren, Nasen und unserer Haut. Und ich meine diese Tätigkeit zunächst einmal als eine, die man gut naturwissenschaftlich beschreiben kann, also als physikalischen, chemischen und biologischen Prozess. Auf dieser Beschreibungsebene könnte man auch sagen, dass es sich um Daten handelt, die unsere Sinnesorgane erheben oder eben „wahrnehmen".

Die Sinnes-Datenerhebung trifft in uns auf uns und damit auf ein Bezugssystem, weil wie oben gezeigt, ansonsten in unserem Kopf keine Informationen und damit keine Gedanken auftauchen könnten. Denken wir uns selbst historisch, dann stellt sich wiederum die Frage, ob ein solches Bezugssystem nicht notwendigerweise schon von Geburt an in uns angelegt sein muss, weil wir ansonsten aus den ganzen neuen, erstmals auf uns einströmenden Daten, keine Informationen erschließen und abspeichern und somit auch keine Lernerfahrung machen können. Diese spannende Frage werde ich an anderer Stelle des Buches wieder aufgreifen. Hier aber will ich Ihre Aufmerksamkeit zunächst auf etwas anderes, nämlich auf die Frage lenken, welches Bezugssystem wir benötigen, damit wir die Welt nicht nur wahrnehmen, also datenmäßig durch unsere Sinne erheben, sondern auch denken und erkennen können. Und um das zu untersuchen, verwende ich unsere Sprache, denn für alles was wir wahrnehmen und als Information in unseren Köpfen auftaucht, haben wir Wörter. Prosaischer ausgedrückt, könnte man auch sagen, dass Wörter für uns die Welt bedeuten. Allerdings sind „Wörter" im Grunde wie die oben beschriebenen „Daten" – wir müssen sie in Bezug zu etwas setzen, damit sie für uns Informationen bereit halten. Die Bedeutung von Wörtern erschließt sich uns also nur, wenn wir ein Bezugssystem haben, welches aus dem Wort ein Begriff für uns macht.

Um die Sache etwas anschaulicher zu machen nehmen wir zum Einstieg ein Beispiel aus der materiellen Welt der festen Körper. Ich weiß, dass klingt auf dem ersten Ohr etwas anzüglich, ich meine es aber rein „physikalisch", also einerseits in Abgrenzung zur geistigen Welt und andererseits in Abgrenzung zu Flüssigkeiten und Gasen. Womit wir aber auch schon mitten drin sind im Thema. Welches Bezugssystem benötigen wir also, um z.B. das Sofa, auf dem Sie grade sitzen „zu erkennen"?

Um wissen zu können, dass es Sofas gibt, muss man wissen, dass es eine Kategorie von Dingen gibt, auf denen man sitzen und/oder liegen kann. Das Bezugssystem könnte also „Dinge, auf denen man sitzen und Dinge auf denen man nicht sitzen kann" sein. Damit dieser Satz für uns Informationen enthält, muss ich erstens das Wort „Dinge" verstehen, zweitens wissen, dass mit „man" Lebewesen, vielleicht aber auch Gegenstände wie Plüschtiere gemeint sind und dass, drittens, „man" sich bewegen und schließlich unterschiedliche körperliche Haltungen einnehmen und damit„sitzen" kann. Um all diese Wörter verstehen zu können, benötige ich also eine Reihe von weiteren Bezugssystemen, die im Verhältnis zum ersten wie Meta-Bezugssysteme fungieren.

Machen wir einmal mit dem Wörtchen „Dinge" weiter und versuchen heraus zu finden, welches Bezugssystem vorhanden sein muss, damit in dem Wort „Dinge" für uns eine Information enthalten ist. Damit ich „Dinge" in der Welt erkennen kann, muss ich wissen, dass es einerseits mehr als ein „Ding" und damit einen „Singular" und einen „Plural" gibt und andererseits, dass es „etwas Materielles" in Abgrenzung zum „Nichts" gibt. Auch wenn das zunächst etwas abstrakt erscheint und man noch einen oder zwei Zwischenschritte über Aggregatszustände etc. machen könnte, läuft es schließlich auf dieses Bezugssystem heraus.

Ich hoffe sehr, dass Sie nach einem kurzen Moment des Innehaltens und der Überwindung des inneren Widerstandes, sich mit so einem abstrakten Kram herumzuschlagen, immer noch bei mir sind. Denn jetzt kommt der Knaller: Beides, also das „materielle Etwas“ und das „Nichts“ sind nur denkbar, wenn beides „gleichzeitig“ in der Welt „existiert“! Sie teilen meine Begeisterung nicht? Gut, auf den ersten Blick bringt dieser Satz wahrscheinlich das Blut nicht zum Kochen, aber bleiben wir trotzdem gedanklich nochmal kurz vor Ort.

Die Gleichzeitigkeit ist nämlich genauso Voraussetzung für die Erkenntnis, dass es ein „Etwas“ und ein „Nichts“ gibt, wie diese beiden selbst, weil ich sonst keinen Bezug, keine Verbindung zwischen beiden herstellen könnte. Gleichzeitigkeit ist somit logische Voraussetzung und Bestandteil eines jeden Bezugssystems. Denn ohne Gleichzeitigkeit können Bezugssysteme als solche gar nicht gedacht werden. Das vollständige Bezugssystem für „Dinge“ ist also „das materielles Etwas “, „Nichts“ und „Gleichzeitigkeit der ersten Beiden“.

Wenn ich jetzt noch eine weitere Meta-Bezugssystemebene hinzunehme und frage, was ich voraussetzen muss, damit ich „etwas Materielles“ in der Welt erkennen kann, dann komme ich zu Begrifflichkeiten wie „Raum“, „Zeit“ und der „Verbindung“ von beiden. Damit „etwas Materielles“ in der Welt erkannt werden kann, brauche ich die Information, dass es Raum gibt, der durch das „Etwas“ ausgefüllt oder eingenommen werden kann. Wie oben am Bespiel des geometrischen Punktes gezeigt, ist Raum aber nicht abstrakt, sondern nur konkret, also in einem bestimmten Umfang, einer bestimmten Größe denkbar. Und um die Größe dieses Raumes definieren zu können, benötige ich eine Maßeinheit für Strecke, den Weg von einer „Ecke“ des Raumes zur anderen und darum benötige ich als Minimalvoraussetzung die Vorstellung von Zeit, also einer Maßeinheit für Veränderung.

Als ich diese Übung das erste Mal selbst durchdekliniert habe, da musste ich ehrlich gesagt kurz innehalten und überlegen, ob ich nicht irgendwo einen Fehler gemacht habe und ob das wirklich eine zwingende Kausalkette ist oder ob man genauso gut auch bei anderen Begriffen landen könnte, um dem Wort „Dinge“ Informationen entnehmen zu können. Und ich gehe davon aus, dass Ihnen das ganz ähnlich geht und schlage daher vor, dass Ganze nochmal mit einem anderen Bestandteil unseres Sofa-Bezugssystems versuchen.

Ich hatte gesagt, dass man für „Dinge auf denen man sitzen kann“ auch verstehen muss, was „man“ in diesem Kontext bedeutet, es also ein Bezugssystem für das Wort „man“ für uns geben muss. Ich würde

„man" hier zunächst mit Mensch übersetzen und um zu wissen, was das Wort Mensch als Information beinhaltet, würde ich als Bezugssystem Lebewesen sowie „Dinge die nicht lebendig sind" vorschlagen. Beides braucht es natürlich wieder gleichzeitig, damit überhaupt ein Bezug zwischen beiden und damit ein Bezugssystem entstehen kann. Um das Wort Lebewesen mit Leben zu füllen, benötige ich zum einen die Kenntnis darüber, dass es das „Wesen" also „etwas" gibt, hier der Körper, der als oben bereits untersuchtes „Ding" den Raum ausfüllt und andererseits muss ich wissen, dass etwas „lebend" und dass etwas „nicht lebend" sein kann.

Was „Leben" heißt, darüber streiten sich die Gelehrten. Ich werde dies an anderer Stelle noch ein bisschen ausführen aber behaupte an dieser Stelle einfach einmal, dass es sich bei „Leben" um eine Vielzahl von fortlaufenden, sich über eine gewisse Zeit in einem Organismus, also einer materiellen Einheit, die von der sie umgebenden Umwelt unterschieden werden kann, also in einem „Etwas", ablaufenden chemischen Prozesse handelt. „Etwas" im Sinne des Begriffs „Dinge" hatten wir oben schon geklärt. Das Wort „Prozess" könnte man mit „Veränderungen" abstrahieren und für „Veränderungen" hatten wir oben schon festgestellt, dass man sie mit dem Wort „Zeit" übersetzen kann. Im Ergebnis läuft es also wieder auf das Bezugssystem Raum, Zeit und Verbindung der beiden hinaus. Bleibt noch der Begriff „Chemie", der wiederum als Bezugssystem voraussetzt, dass es Elemente gibt, also materielle Stoffe existieren, die durch Reaktionen miteinander zu anderen Stoffen werden. „Stoffe" würde ich wieder mit „Etwas" übersetzen und der Ablauf von Reaktionen unterschiedlicher Stoffe miteinander ist ein Veränderungsprozess. Das Wort „Veränderungsprozess" könnten wir wieder mit dem Begriff Zeit übersetzen, sodass wir auch hier wieder bei dem Meta-meta-meta-Bezugssystem Raum, Zeit und Gleichzeitigkeit als der Grundlage dafür angekommen sind, dass wir das Wort „man" in dem Satz: „Ein Ding, auf dem man sitzen kann", verstehen können. Zauberei, Wortklauberei? Noch ein Versuch?

Nehmen wir zur Probe aufs Exempel noch ein Wort aus diesem Satz – nehmen wir also das Wort „sitzen". Was braucht man, um das Wort „sitzen" zu verstehen? Ein Mensch kann sitzen, ein Tier kann sitzen, Lebewesen können also sitzen. Erstaunlicherweise kann ein Mensch aber nicht nur sitzen, sondern auch einen sitzen haben – dass aber soll hier nichts zur Sache tun. Mensch, Tier, Lebewesen – wir sind wieder bei dem „Etwas", was Raum ausfüllt und das Bezugssystem von „Leben" haben wir auch schon geklärt. Um „sitzen" zu verstehen, benötigen wir des Weiteren das Bezugssystem von unterschiedlichen Haltungen im Raum und damit neben Raum wieder die Veränderung von einer Haltung zur anderen und damit wieder Zeit und wieder beides gleichzeitig. Ich glaube es reicht, oder? Wenn Sie noch nicht genug haben, versuchen Sie es mit beliebigen Dingen, Begriffen, Bedeutungen, geistigen und materiellen Inhalten, Wörtern und Bezeichnungen. Wenn Sie etwas finden, das man nicht auf das grundlegende Bezugssystem „Raum", Zeit" und „Gleichzeitigkeit" herunterbrechen kann - ich freue mich über eine Email!

Und weil wir hier schon so schön mitten drin sind in hobbyphilosophischen Überlegungen, möchte ich an dieser Stelle noch kurz ein Wort zu Descartes verlieren, weil dieser Philosoph im Grunde die gleiche Übung versucht hat, die wir hier gerade vollzogen haben. Sie erinnern sich vielleicht und wenn nicht: „Ich denke, also bin ich" – das war Descartes. Was für ein schöner Satz! Dieser Satz war das Ergebnis des Versuchs dieses großen Philosophen, nichts als gegeben vorauszusetzen und von da aus Erkenntnis zu suchen. Wenn ich nichts als gegeben unterstelle, so Descartes, dann ist da gleichwohl noch Eines, dessen ich mir sicher sein kann, nämlich dass ich denke. Und wenn ich denke, dann muss ich als gegeben voraussetzen, dass es mich gibt.

Gern wird Descartes für seinen Versuch gelobt, Philosophie mit wissenschaftlicher Methodik zu betreiben. Gern aber auch kritisiert dafür, dass es nicht so ganz funktioniert hat, weil er vom Denken nicht auf das Sein hätte schließen dürfen, sondern eher hätte sagen müssen: „Da sind Gedanken!". Ich denke, also bin ich an dieser Stelle gezwungen, eine Lanze zu brechen für den lieben Herrn Descartes. Zwar hat Descartes genau genommen den Fehler begangen, dass man eine denkende Person nicht als bewiesen annehmen kann, nur weil es Gedanken gibt. Und er hat sich auch keine abstrakten Gedanken zum Unterschied von Datum und Information und dem daraus folgenden Umstand gemacht, dass man nicht nichts voraussetzen kann, weil es ohne Bezugssystem nicht einmal „das" Nichts in Abgrenzung zum anderen „Nichts" gibt, sondern nur nichts und damit eben nichts was entscheiden könnte, nichts vorauszusetzen. „Etwas" muss also und wenn „Etwas", dann auch „Nichts" und beides „gleichzeitig".

Und trotzdem: Der Satz „Ich denke, also bin ich“ ist m.E. so unscharf aber auch so korrekt wie der Satz „Da sind Gedanken“. Denn letzterer setzt ebenso voraus, dass etwas „da“ ist, weil „Denken“ voraussetzt, dass etwas denkt – ohne „Etwas“ in der Welt, auch keine Gedanken. Bei Descartes ist dieses „Etwas“ eben „Ich“ und ich finde, dass das ein schneller aber zulässiger Kausalschluss ist. Denn nur das Bezugssystem des „Ich“ macht aus dem Wort/Datum „Gedanken“ einen Begriff/Information. Auch der Satz: „Da sind Gedanken“ setzt nämlich voraus, dass es ein „Da“, also ein „Etwas“ gibt, was vom „Nichts“ zu unterscheiden ist und dass dieses „Etwas“ denken kann. Alles was Descartes getan hat, ist also von „etwas, was denken kann“ auf „sich“ zu schließen. Finde ich o.k., mache ich auch immer.

Soviel zu unseren Möglichkeiten, die Welt zu erkennen, zu der Bedeutung von Bezugssystemen für diesen Erkenntnisprozess und zu unserem ersten Bezugssystem – Raum, Zeit und Gleichzeitigkeit als Grundvoraussetzung, dass wir etwas erkennen und sprachlich fassen können. Nach diesem etwas abstrakten Einstieg, möchte ich Sie in der Folge einmal in die Welt der Wissenschaften entführen. Denn die Wissenschaften haben das „Streben nach Erkenntnis“ ja quasi als gemeinsame Überschrift, und wenn ich mich bis hierhin auf eher hobby-philosophischem Weg dem Begriff der Erkenntnis genähert und dabei das Bezugssystem „Raum“, „Zeit“ und „Gleichzeitigkeit“ als Basisbezugssystem behauptet habe, dann schauen wir doch einmal, ob die Naturwissenschaften und von diesen, die Physik als die grundlegendste aller Naturwissenschaften, das vielleicht nicht besser weiß.

III. WENN MAN MAL ANFÄNGT DARÜBER NACHZUDENKEN...

Physik ist die Wissenschaft von der Beschreibung der Welt in Ursache und Wirkung. Auf dieser Definition basierend ist es das Selbstverständnis der Physik, das ganze Universum mit all seinen Erscheinungen vom Allerkleinsten, dem inneren Aufbau und Funktionsweise der Materie, bis zum Allergrößten, dem Aufbau und der Funktionsweise von Sternen, Galaxien, Galaxienhaufen- und Superhaufen etc., beschreiben zu wollen. Bei Lebewesen, die im Grunde auch nichts als komplexe physikalische Systeme sind, hält sie sich jedoch zurück. Grund ist, jedenfalls soweit ich das erkennen kann, eben diese Komplexität des Systems „Lebewesen". Die Biologen übernehmen das Feld und beschränken sich auf die Untersuchung von Ursache und Wirkung in kleinen Wirklichkeitsausschnitten bei lebenden Organismen, ohne dabei das von der Physik Beschriebene wirklich in ihre Betrachtungen einzubeziehen. Besonders beliebt dabei ist der Versuch zu verstehen, was Leben heißt und warum es sich scheinbar selbst zu erhalten versucht und dabei weiterentwickelt. Es geht um Erfolg bei der Reproduktion und die Mechanismen, die diesen Erfolg und die Entwicklung von immer komplexeren Lebewesen erklären könnten. Was das z.B. mit starker Kernkraft, elektromagnetischer Wechselwirkung oder Gravitation zu tun haben könnte, scheint eine Frage, die in der Biologie nicht wirklich eine Rolle spielt. Beim Menschen und dessen evolutorischer Fitness angelangt, ruft die Biologie der Medizin, den Neurowissenschaftlern, der Psychologie und den Geisteswissenschaften noch ein paar Stichworte zu und verabschiedet sich ebenfalls in den Urlaub. Diese Stichworte neuerdings begierig aufnehmend, versuchen diese Wissenschaften nun den Menschen und sein Verhalten zu beschreiben, mit den gleichen Mitteln wie die Physik und die Biologie, mit den Mitteln der Beschreibung der Welt in Ursache und Wirkung. Das funktioniert mal gut und mal nur so ein bisschen, und wenn es funktioniert, dann nur in kleinen Ausschnitten der Wirklichkeit. Alle, die schon immer wussten, dass die Versuche scheitern müssen, den Menschen in der Welt und überhaupt alles drumherum wissenschaftlich zu beschreiben, haben mindestens ergänzend, manchmal exklusiv, eine Religion zur Hand, mit der man das erklären kann, was man nicht erklären kann. Im Ergebnis erscheint es bemerkenswert, dass die Wissenschaftsdisziplinen nicht immer und gerade ihre jeweiligen

Schnittstellen zu den anderen Wissenschaftsdisziplinen als besonders interessant empfinden. Würde man sich doch eine Befruchtung der eigenen Ideen und Sichtweisen durch diesen Perspektivwechsel erwarten dürfen. Sind Perspektivwechsel in der psychosozialen Arbeit mit dem einzelnen Menschen noch der Königsweg, um mit sich und in der Sache selbst weiterzukommen, scheint es in der Naturwissenschaft häufig eher um Abgrenzung als um Sichtweisen anderer Professionen zu gehen.

Carl Friedrich von Weizäcker hatte schon früh Zweifel, ob die Abgrenzung der wissenschaftlichen Fachbereiche der beste Weg zur Erkenntnis sei. In seiner berühmten Vorlesung „Die Geschichte der Natur" machte er, jedenfalls im übertragenden Sinne, schon im Jahr 1946 deutlich, dass Tellerränder bei der Suche nach Wahrheit und Erkenntnis möglichst flach sein sollten. So beschrieb er die Unterscheidung von Natur- und Geisteswissenschaften als künstlich, weil beide Kategorien von Wissenschaften im Ergebnis Teil des gleichen Versuches seien, die Natur mit allen ihren Bestandteilen und in Ihrer Gänze umfassend beschreiben zu können. Alles ist Natur und Natur ist alles, was ist. Physiker versuchen die Natur der nicht lebenden Natur zu beschreiben. Biologen versuchen die Natur der lebenden Natur im Allgemeinen, Neurowissenschaftler, Mediziner, Psychologen, Historiker usw. versuchen die Natur der lebenden Natur im Speziellen, am Menschen zu beschreiben. Die Trennung scheint in der Tat künstlich, die Abgrenzung nur hilfreich, um überhaupt Kategorien und damit Überschriften für das bilden zu können, womit sich der eine Zweig der Wissenschaft schon und der andere nicht mehr beschäftigt. Erkenntnis, die über einen kleinen tiefen Suppenteller hinausreichen will, wird daher nur entstehen, wenn sie die anderen Teller am Tisch als Behälter ansieht, die letztlich in ihrer Summe die gesamte Suppe enthalten. Jede Wissenschaftsdisziplin begutachtet einen Teil der Suppe und ist damit fraktaler Bestandteil des Versuchs der Beschreibung der Welt als Ganzes. Und weil es die Natur eines Fraktals ist, dass man in seinen Bestandteilen immer auch ein Abbild der ganzen Suppe entdecken kann, wäre es doch interessant dieses sich in allen Wissenschaftsdisziplinen wiederfindende Abbild der gesamten Suppe zu entdecken.

Und jetzt merken vielleicht schon worauf ich hinaus will: Egal, ob ich über den Unterschied von Datum und Information spreche, von der Frage, ob und wie wir richtig und falsch unterscheiden können oder von dem, was alle Wissenschaften miteinander verbindet – es läuft darauf hinaus, dass etwas Grundsätzliches in der Welt ist, auf das man trifft und auf das man alles beziehen kann, unabhängig vom Startpunkt, von dem man anfängt loszudenken – das universelle Bezugssystem, was sich in allen Fraktalen dieser Welt wiederfindet. Schauen wir uns doch die Physik und damit quasi die wissenschaftliche Ursuppe einmal etwas genauer an, welches Bezugssystem dieser Wissenschaft zugrunde liegt.

1. Der Anfang von Allem

Wenn man etwas aufbläst, wird es grösser. Lässt man die Luft wieder ab, wird es wieder klein. Das gilt für Luftballons genauso wie für Politiker. Man muss nicht immer Raketeningenieur sein, um zu verstehen, wie Physiker auf Ideen kommen – man muss nur etwas grösser denken. Schon seit einiger Zeit ist bekannt, dass sich das sichtbare Universum, also der Bereich, in dem man Sterne bzw. Galaxien beobachten kann, ausdehnt. Die Galaxien entfernen sich voneinander wie die Rosinen in einem im Ofen aufgehenden Rosinenkuchen. Auch ohne jemals etwas von Physik gehört zu haben, können wir manche beobachteten Kausalzusammenhänge in unserer Vorstellung logisch umkehren, und so entspricht es unserer Erfahrung, dass das, was sich durch Grösserwerden von einander entfernt, im Falle des Kleinerwerdens, einander annähert. Denkt man sich den Expansionsprozess des Universums also historisch in die andere Richtung, dann verkleinert sich das sichtbare Universum. Denkt man lange genug, also einen Zeitraum von ca. 13,7 Mrd. Jahren, dann ist das Universum sehr klein, extrem klein, so richtig, richtig klein. Dann hat sich das Universum nämlich irgendwann so verkleinert, dass es in seiner gesamten Ausdehnung kleiner ist als ein Atomkern.

Während Sie das eben gelesen haben, stellte sich vielleicht ein kurzes Zögern Ihres gedanklichen Prozesses bei der bildhaften Vorstellung des Gesagten ein. Ihr Gehirn rückversicherte sich kurz bei sich selbst, ob da nicht ein logischer Bruch in der Kausalkette ist – das Universum kleiner als ein Atom? Sogar kleiner als ein Atomkern? Kurze Pause. Aber dann sagt Ihr Gehirn: „O.k., kann ich mir zwar nicht mehr bildlich vorstellen, Referenzen aus der bisher von mir erfahrenen Welt, stehen mir nicht zur Verfügung, aber: Ja, das scheint doch eine korrekte Aussage zu sein. Wenn alles sich immer näherkommt und kleiner wird, dann ist es denkbar, dass das gesamte Universum einmal so klein war... wir können weiter im Text!" Dank und Gruß an Ihr Gehirn, weiter im Text.

Das Universum ist also vor langer Zeit kleiner gewesen als ein Atomkern. Soweit so gut. Die klassische Physik hat in der Makro-Welt, also auf der Ebene des ganz Großen, Beobachtungen gemacht, die sie in Vorhersagen über Kausalzusammenhänge, in sogenannten Naturgesetzen beschreiben kann. Newton war derjenige, der insoweit wohl an erster Stelle zu nennen wäre und der die Welt ziemlich früh und ziemlich genau auf diese Weise beschrieben hat. Seither wissen wir z.B. nicht nur, dass der Apfel nicht weit vom Stamm fällt, sondern auch warum und vor allem, wie schnell. Und was für Äpfel gilt, gilt auch für etwas größere Objekte wie z.B. Sterne und Haufen davon.

Soweit zum ganz Großen, jetzt zum ganz Kleinen. Die Naturphilosophen haben schon vor ein paar tausend Jahren darüber gestritten, aus was die Welt im Kleinen zusammengesetzt sei. Ein, zwei oder drei unveränderliche Urstoffe? Oder doch lieber Feuer, Wasser, Luft und Erde? Vier Elemente? Ist im Kleinen alles starr und unveränderbar oder das genaue Gegenteil, wie es Heraklit mit den Wörtern „Panta rhei" (alles fließt) zusammengefasst hat? Klar ist, solange man auf der entscheidenden Ebene keine Beobachtungen machen kann, fällt es schwer, sich gegenseitig von dem einen oder dem anderen zu überzeugen. Und doch wird deutlich: Was die Welt im Innersten zusammenhält, scheint schon immer und für Viele eine wirklich sehr interessante Frage zu sein. Bis zur Erkenntnis, dass Erkenntnis am ehesten mit wissenschaftlicher Methodik zu erreichen sei, also bis zur Aufklärung, hatte sich die Idee mit den unteilbaren kleinsten Teilchen, den „Atomos", weitestgehend durchgesetzt. Seit Mitte des letzten Jahrhunderts verfügte man dann über die technischen Fähigkeiten, bis auf die Ebene der Atome zu „sehen", also Messungen auf dieser Ebene vornehmen zu können und so das „Atom", bzw. die verschiedenen Arten von Atomen, die Elemente, zu beschreiben. Das Ergebnis kennen Sie aus dem schulischen Physikunterricht: Abhängig von der Anzahl der positiv geladenen Positronen im Atomkern und den diesen „umkreisenden" negativ geladenen Elektronen, handelt es sich um Wasserstoff, Helium, Lithium, Beryllium, Bor, Kohlenstoff und so weiter und so weiter. Ich weiß, dem einen oder anderen Leser stellen sich an dieser Stelle die Nackenhaare auf, mir auch.

Bis ca. Ende des 19. Jahrhunderts hatten Astro- und Atomphysik noch nicht so richtig viel miteinander zu tun. Die Einen beschrieben den Zusammenhang von Ursache und Wirkung im Großen, die Andere im Kleinen. Beide Welten trafen in der bis dahin beobachteten Welt nicht aufeinander und so konnten beide parallel nebeneinander existieren, ohne sich gegenseitig die Richtigkeit ihrer Theorien streitig machen zu müssen. Beide Welten kannten ihre Protagonisten, die für sie maßgeblichen Grundkräfte, ziemlich gut. In der großen Welt regieren die elektromagnetische- und die Schwerkraft. In der Welt der Atome sind es starke und schwache Kernkraft einerseits und die elektromagnetische Kraft andererseits, die den Laden zusammenhalten.

Jetzt aber zurück zu der Vorstellung, dass das Universum irgendwann einmal so klein gewesen sein muss, wie ein Atomkern, bzw. noch viel kleiner. Spätestens an diesem Punkt nämlich sitzen Astro- und Atomphysiker im gleichen Boot. Um voran zu kommen und nicht stetig im Kreis zu fahren, müssen sie in die gleiche Richtung rudern. Soll heißen, die Theorien beider Fachbereiche müssen miteinander in Einklang gebracht werden – denn Recht kann da wo sich die Annahmen widersprechen, zuletzt nur einer haben. Historisch befinden wir uns übrigens inzwischen so ungefähr im Jahr 1900. Werner Heisenberg macht ein Experiment, dessen Ergebnisse mich jedes Mal wieder schmunzeln lassen, wenn ich daran denke, wie dieser geniale Physiker und sein Team seinerzeit aus der Wäsche geguckt haben müssen, als sie die Gleichzeitigkeit für die Physik entdeckt haben. Aber von Anfang an.

2. Die Entdeckung der Gleichzeitigkeit

Stellen Sie sich vor, Sie hätten im Garten eine Wand stehen, sagen wir so neun Meter breit und drei Meter hoch. Wie die dahin gekommen ist und warum, weiß ich auch nicht. Eines Tages kommt Roger Federer mal wieder bei Ihnen zu Besuch und zu Ihrer Überraschung bringt er seine gerade neu erworbene Tennisballwurfmaschine mit und schwärmt Ihnen von der einmaligen Genauigkeit vor, mit der diese Maschine Tennisbälle werfen könne. Sie freuen sich über den Besuch, grillen im Garten und nach ein paar Bier kommen Sie auf eine geniale Idee – wie wäre es, die Genauigkeit der Maschine einmal zu testen! Flugs sägen Sie mit der Flex zwei senkrechte Spalten in die im Garten stehende Wand. Beide Spalten sind nur ein bisschen breiter als ein Tennisball im Durchmesser, sodass man schon genau zielen muss, um hindurchzutreffen. Und schon kann es losgehen - Sie schießen mit der Maschine von der Terrasse aus auf die Wand und versuchen dabei durch die beiden Spalte zu treffen. Ein Heidenspaß! Zunächst treffen Sie noch häufig die Wand selbst, aber schon nach ein bisschen Feinjustage fliegen die Bälle immer häufiger jeweils durch einen der beiden Spalte. Ganz erstaunlich, wie genau die Maschine Bälle werfen kann!

Es klingelt, Ihr Nachbar. Auch er hat aus unerfindlichen Gründen eine Wand, die sogar noch ein bisschen grösser ist als die Ihre, in seinen Garten gebaut. Wie durch Zufall steht sie vollkommen parallel zu der Ihren und in nur wenigen Metern Abstand. Und sie ist weiß, sogar weißer noch als gestern, weil Ihr Nachbar sie erst heute Vormittag frisch gestrichen hat. Leider zeigt sie nun aber ein komisches Muster, was von Bällen herzurühren scheint, die auf die noch nicht trockene Farbe getroffen sind. Einzelne Abdruckpunkte, die sich geclustert quasi in zwei Streifen auf einer Breite von ein paar Tennisballdurchmessern auf der schönen weißen Wand abzeichnen. Kurz noch schießt Ihnen der Gedanke durch den Kopf, dass man unter Berücksichtigung der genauen Abstände der Wände und des Standpunktes der Wurfmaschine sowie der Breite der Spalte und des Durchmessers der Bälle doch eigentlich ziemlich genau berechnen können müsste, wie dieses Muster auf der Wand zustande kam. Dann aber freuen Sie sich, dass die Schulzeit vorbei ist und Sie das jetzt nicht wirklich ausrechnen müssen. Außerdem fordert die Zornesröte im Gesicht Ihres Nachbarn nun Ihre ganze Aufmerksamkeit. Ein Ball, so Ihr Nachbar, könne ja durchaus mal aus Versehen an seiner Wand seine Spuren hinterlassen, aber das hier sei ja nun nicht ein Ball und auch nicht zwei, sondern ein ganzer Tsunami von Bällen. Auch wenn Sie sich ein bisschen schämen, was Sie mit der Wand Ihres Nachbarn angestellt haben, das mit dem Tsunami ist aber nun wirklich übertrieben und geradezu albern. „Also Herr Nachbar“, setzen Sie an, „sicher haben wir eine nicht ganz unerhebliche Anzahl von Flecken auf Ihrer Wand hinterlassen und das tut mir auch sehr leid. Aber ein Tsunami? Das bläst die Sache doch ein bisschen zu sehr auf!“ Und dann kommt Ihnen Ihr Physiklehrer in den Sinn, der Ihnen mal etwas von Interferenzmustern erzählt hat und Sie führen weiter aus: „Wenn es sich hier um einen Tsunami gehandelt hätte, dann lieber Herr Nachbar, wäre es ja quasi eine ganze Welle gewesen, die Ihre Wand verschandelt hätte. Jetzt stellen Sie sich aber einmal vor, was passieren würde, wenn wir von unserer Terrasse aus eine Welle auf meine Wand hätten laufen lassen. Der meiste Teil wäre wohl an meiner Wand abgeprallt und nur durch diese beiden schmalen Spalte wäre die Welle durch die Wand gedrungen. Und hinter der Wand hätten sich die Welle aus dem rechten Spalt und die Welle aus dem linken Spalt miteinander vermischt, noch bevor sie auf Ihre Wand getroffen wäre. Und wie Sie sich noch aus unserer gemeinsamen Schulzeit und den Ausführungen unseres lieben Lehrers Herrn Schulze - Gott hab ihn selig - erinnern, hätten sich die Wellen teilweise abgeschwächt und aufgehoben, nämlich dort, wo ein Wellental auf einen Wellenberg getroffen wäre. Und andererseits hätten sie sich an anderer Stelle gegenseitig verstärkt, nämlich dort wo Wellenberg auf Wellenberg und Wellental auf Wellental getroffen wären. So, und dann, mein lieber Herr Nachbar, dann wäre das Muster, das diese Wellen auf Ihrer Wand hinterlassen hätte, ja wohl ein anderes, um nicht zu sagen, ein ganz anderes", sagen Sie und denken dazu: „Und da behaupte nochmal einer, dass man in der Schule nicht für's Leben lerne." Ihr Nachbar schaut verdutzt und ruft die Polizei. Roger musste übrigens schon vor einigen Minuten zu seinem nächsten Tennisturnier und hatte sich, für Speis und Trank dankend, verabschiedet. Die Geschichte hat ein offenes Ende, was in Ihrem Fall hoffentlich friedlich und gut für Sie ausging.

Zurück zu Heisenberg, der eben diese Erfahrung wie die Ihre mit Roger im Garten auch gemacht hat, allerdings mit einigen ziemlich erstaunlichen Varianten. Werner von Heisenberg hat das Experiment zwar nicht mit einer Tennisballwurfmaschine durchgeführt, vielleicht war sein Garten nicht groß genug, und der Grund warum er überhaupt auf die Idee gekommen ist, das ganze in seinem Labor nachzustellen und inwieweit Roger Federer da seine Finger im Spiel hatte, ist nach meiner Kenntnis nicht überliefert. Jedenfalls baute Herr Heisenberg den Versuch ganz ähnlich auf, also zwei hintereinander und parallel zueinanderstehende Wände, die vordere mit zwei Spalten und schoss dann Elektronen anstatt Tennisbälle durch die Spalten. Elektronen, muss man dazu wissen, waren zu dieser Zeit für Physiker so etwas wie Tennisbälle, kleine zwar aber in ihren erwartbaren Eigenschaften ebenso zu betrachten wie Tennisbälle. Sie hatten nachgewiesener Maßen eine sogenannte Ruhemasse und sollten sich daher doch genauso verhalten wie Bälle, die man durch die beiden Spalten schießt. Das heißt, sie sollten auf der hinten liegenden Wand bei ihrem Aufprall Spuren hinterlassen und diese sollten wie Punkte in zwei Streifen geclustered aussehen. Sie sollten, taten es aber nicht! Tatsächlich hinterließen sie ein Muster, wie der Ihnen von Ihrem Nachbarn oben beschriebene Tsunami, das Muster einer Welle also – ein sogenanntes Interferenzmuster. Immer wenn ich versuche gedanklich nachzuvollziehen was da passiert ist und mir die Situation und das Ergebnis vorstelle, grinst mein Gehirn mich an und sagt mit geheimnisvoller Stimme: „Magic!", was ein sicheres Zeichen dafür ist, dass ich am Ende meiner Vorstellungskraft angelangt bin!

Werner von Heisenberg verfügte erfreulicher Weise über etwas mehr geistige Flexibilität als ich und kam daher auf die geniale Idee, sich das Ganze dann doch nochmal aus anderer Perspektive anzuschauen. Gedacht, gemacht und schon standen an beiden Spalten Messinstrumente, die die Elektronen beobachten sollten bevor sie durch die Spalte hindurchschössen. Und siehe da, die Messungen ergaben, dass es sich um Tennisbälle handelte und nicht um Tsunamiwellen, die sich auf dem Weg durch die Spalten befanden. Puh, bis kurz vor dem Spalt war die Welt also noch in Ordnung, mag sich Herr Heisenberg da noch kurz gedacht haben, als von hinten im Raum die Stimme seines Assistenten erklungen haben mag: „Äh, Herr Professor?! Also, ich hab hier, äh, also hier ist kein Interferenzmuster wie vorhin noch zu sehen, sondern jetzt sind es Punkte, Cluster von Punkten, in Streifen?!" „Magic!"

Nochmal ganz kurz und von vorn: Schießt man Elektronen, von denen man dachte, es handele sich um Teilchen, durch einen Doppelspalt, so zeigt sich auf der dahinterliegenden Wand ein Interferenzmuster, also ein Muster, was eine Welle und nicht ein Teilchen an der Wand hinterlassen würde. Wenn man aber die Elektronen vor dem Spalt „anschaut", dann sieht man Teilchen, und es bleiben auch Teilchen bis zum Aufprall an der hinteren Wand, mit dem entsprechenden Teilchenmuster. Einzig logisch mögliche Folgerungen: 1. Elektronen sind gleichzeitig Welle und Teilchen und 2. Durch das „Hingucken", also durch elektromagnetische Wechselwirkung, wird die Elektronenwelle als Elektronenteilchen „an die Wand genagelt".

Jede Messung in der Welt des ganz Kleinen wird durch hochfrequentes Licht, also elektromagnetische Strahlen durchgeführt. Wenn wir mit diesem Licht auf Elektronen schauen, dann wechselwirken das Elektron und die von uns zur Beobachtung verwendete elektromagnetische Strahlung, und weil das so ist, kann man im Ergebnis sagen, dass das „Anschauen" der Welt des ganz Kleinen die Wirklichkeit verändert. Im Falle der Beobachtung eines Elektrons durch Heisenberg vor dem Spalt wurde also aus der Zwitterexistenz des Elektrons als Welle und Teilchen deren Teilchenexistenz herausgemeißelt, sodass es dann auch als solches auf der hinteren Wand aufgeschlagen ist.

Das seither häufig als Dualismus von Welle und Teilchen

beschriebene Phänomen könnte man meines Erachtens auch als die Entdeckung der Gleichzeitigkeit für die Physik bezeichnen. Das Elektron weist zu einem beliebigen Zeitpunkt sowohl Wellen- als auch Teilcheneigenschaften auf. Es ist beides, gleichzeitig. Nun ist Gleichzeitigkeit in einer Wissenschaft, die die Welt in Ursache und Wirkung beschreibt und bei der die Wirkung zeitlich notwendigerweise der Ursache nachfolgt, eine nicht gerade leicht zu schluckende Pille.

Und noch etwas Interessantes steckt in den Ergebnissen des Doppelspaltversuchs und in der sich daraus ergebenden Gleichzeitigkeit als Herausforderung für die Physik. Und zwar das, was man heute als die Heisenbergsche Unschärferelation bezeichnet. Wenn etwas gleichzeitig zwei Eigenschaften hat, beim Elektron also die Eigenschaft einer Welle und die Eigenschaft eines Teilchens, dann kann man entweder das eine messen, also z.B. den genauen Aufenthaltsort des Teilchens oder das andere, nämlich die Frequenz der Welle. Die bekannteste Unschärferelation ist die der Unmöglichkeit gleichzeitig den Ort und den Impuls, also die Geschwindigkeit eines Teilchens genau zu bestimmen. Denn für die Messung der Geschwindigkeit brauchen Sie zwei Messpunkte, zwischen denen sich das Teilchen bewegt und aus der Zeit, die das Teilchen von einem Messpunkt zum anderen benötigt, können Sie die Geschwindigkeit berechnen. Unmöglich hingegen ist es, den genauen Ort zu bestimmen, an dem das Teilchen die bestimmte Geschwindigkeit definitiv und nicht nur ungefähr aufweist. Im Ergebnis könnten Sie also alle Ihre bisherigen Geschwindigkeitsüberschreitungen und die dazugehörigen Punkte in Flensburg erfolgreich anfechten, indem Sie behaupten, dass es zwar sein mag, dass die Geschwindigkeit zwischen den beiden Messpunkten genau bestimmt worden sei, dass Ihnen die Verkehrsbehörden dann aber die Antwort schuldig bleiben müssen, wann genau Sie wo zwischen diesen beiden Messpunkten, also an welchem genauen Ort Sie die vorgeschriebene Geschwindigkeit überschritten hätten. Einzig mögliche Antwort wäre nämlich: „Keine Ahnung aber irgendwo zwischen den beiden Messpunkten".

Für die Wissenschaft noch etwas spektakulärer war eine andere Ebene derselben Erkenntnis, nämlich dass zwei sich zuvor nach den Regeln der physikalischen Logik ausschließende Sätze, nun auf einmal beide richtig sind: „Das Elektron ist ein Teilchen" und „Das Elektron ist eine Welle". Die physikalische Logik musste also umgeschrieben werden – nicht mehr nur Ursache und Wirkung, sondern auch Gleichzeitigkeit machen seit Heisenberg das Bezugssystem der Physik aus. Seit

Heisenberg kann nämlich in Sachen Ortsbestimmung der kleinsten Bausteine der Materie nur noch von Aufenthaltswahrscheinlichkeiten gesprochen werden – die subatomaren „Teilchen“ sind eigentlich an allen Orten gleichzeitig und damit nur mehr Energiezustände und nicht Teilchen im eigentlichen Sinne. Nichts kann mehr genau bestimmt, alles nur noch ungefähr beschrieben werden. Übersetzt man das auf eine etwas abstraktere Ebene, könnte man auch sagen, seit Heisenberg gibt es neben Ursache und Wirkung noch etwas, was man als „Verbindung von Ursache und Wirkung“ bezeichnen könnte und mit der das Bezugssystem der Physik ergänzt worden ist. Und noch etwas allgemeiner gesprochen könnte man auch sagen zu „richtig“ und „falsch“ gesellt sich ein „sowohl als auch“.

3. Raum, Zeit und der ganze Rest

Die Ursache für eine Veränderung ist immer eine Kraft. Ohne Kraftein- und auswirkung gibt es keine Ursache, sodass auch keine Wirkung entstehen kann. Für die Physik als die Wissenschaft von Ursache und Wirkung sind Kräfte daher das zentrale Untersuchungsobjekt, und so wurden im Laufe der Zeit von der Physik eine Reihe unterschiedlicher Kräfte in Gesetzmäßigkeiten beschrieben.

In der Newtonschen Mechanik bedeutete Kraft noch die Ursache für die Veränderung des Bewegungszustandes eines Körpers. Sie treten gegen einen Ball, dieser beschleunigt sich zunächst und fliegt, beschreibt eine Parabel, wird langsamer, landet und rollt aus. Diesen gesamten Kausalverlauf kann man durch die von Newton definierten Kraftgesetze gut beschreiben und verstehen. In der Quantenphysik wird die Angelegenheit mit den Kräften leider etwas weniger anschaulich, weil Kraft in dieser Welt eigentlich besser mit Wechselwirkung bezeichnet werden müsste. In der Welt der kleinsten Dinge, in der selbst Dinge, wie wir nun wissen, eigentlich keine Dinge, sondern lediglich Energiezustände sind, in dieser Welt ist das mit der Vorstellung von mechanischer Einwirkung des einen Körpers auf den anderen etwas schwierig. Aber immerhin kann man sagen, dass immer das eine auf das andere wirkt und umgekehrt, dass es also wechselwirkt. Und die Physik ist heute an einem Punkt angelangt, bei der sie durch vereinheitlichende Theorien alle physikalisch auftretenden Prozesse mit vier unterschiedlichen Grundkräften beschreiben kann. Dabei handelt es sich einerseits um die drei Kräfte des sogenannten Standardmodells der Teilchenphysik und anderseits um die in der allgemeinen Relativitätstheorie beschriebene Gravitation.

Ich schreibe einerseits und andererseits, weil die drei Grundkräfte der Teilchenphysik mit dem Austausch von „Kraftübertragungsteilchen", den Bosonen und damit mit Ursache und Wirkung erklärt werden, während die Gravitation im Sinne der Relativitätstheorie im Grunde eine geometrische Kraftbeschreibung der Beziehung von Raum und Zeit darstellt. Um die Gravitation ähnlich gut zu verstehen und physikalisch beschreiben zu können wie die Grundkräfte der Teilchenphysik, wäre es natürlich hilfreich, auch für die Gravitation ein dieses vermittelndes Kraftteilchen, ein Graviton, zu finden. Die Suche nach einem solchen ist aber bisher erfolglos geblieben.

Werfen wir einen kurzen Blick auf die unterschiedlichen Grundkräfte und versuchen wenigstens einigermaßen anschaulich zu machen, wofür diese unterschiedlichen Kräfte zuständig sind, was sie bewirken. Wie erwähnt, gibt es im Standardmodell der Elementarteilchenphysik drei Grundkräfte: Die starke Kernkraft, die schwache Kernkraft und die elektromagnetische Kraft.

Wahrscheinlich haben Sie in der Schule einmal ein Modell des Aufbaus der Atome behandelt und wahrscheinlich handelte, es sich dabei um das Bohrsche Atommodell, was so heißt, weil es von Nils Bohr im Jahr 1913 entwickelt wurde. Vielleicht erinnern Sie sich auch noch, dass das Atom im Grunde als aus drei Teilchen zusammengesetzt dargestellt wurde, dem Proton, dem Elektron und dem Neutron. Das oder die Protonen bilden den schweren Atomkern und die leichten Elektronen bewegen sich auf Umlaufbahnen in der Atomhülle um diesen Kern herum. Nun wissen Sie auch, dass positiv geladene Teilchen sich genauso gegenseitig abstoßen, wie es negativ geladene Teilchen tun und weil dem so ist, muss es eine Kraft geben, die bewirkt, dass in Atomkernen (außer bei Wasserstoff) mehrere positiv geladene Protonen auf extrem kleinem Raum zusammenpappen und zwar stabil zusammenpappen und nicht auseinander getrieben werden. Kurz gesagt, die Kraft, die diesen Aufwand betreibt, bezeichnet man als starke Kernkraft. Seitdem die Physik es geschafft hat, sogar Protonen noch in ihre Bestandteile zu zerlegen und diese seither als Quarks bezeichnet, ist die starke Kernkraft auch diejenige, die die Anziehungskraft, also die Bindungsenergie der Quarks untereinander beschreibt. Und die starke Kernkraft heißt nicht nur stark, sie ist auch im Verhältnis zu den anderen Grundkräften die mit Abstand stärkste Kraft. Sie ist beispielsweise diejenige, die bei der Atombombe freigesetzt wird und ist im Verhältnis zur Gravitation um den Faktor 10^{41} mal stärker. Kann sich kein Mensch vorstellen? O.k, nähmen wir einmal an, Sie verfügten in Ihrem linken Fuß über eine Schusskraft entsprechend der Gravitation und in Ihrem rechten würde die starke Kernkraft wirken. Sie träten jetzt mit Ihrem Linken gegen einen Ball und dieser flöge, sagen wir mal, 20 Meter weit. Danach träten Sie den Ball mit Ihrem rechten Fuß. Gehen Sie bitte einen Schritt zur Seite! So können Sie gerade noch verhindern, dass Sie der Ball in Kürze im Rücken trifft und aus den Latschen holt, nachdem er die Erde umrundet hat.

Und wenn Sie zur Seite träten, dann könnten Sie beobachten, wie der Ball noch weitere ca. 25.000.000.000.000.000.000.000.000.000.000.000.000 Mal um die Erde und an Ihnen vorbei fliegt. Ich kann mich als ehemaliger Freizeitkicker gut mit diesem Bild anfreunden, weil die Aussage: „Den Linken hat er nur, damit er nicht umfällt" die Schusskraft meines linken Fußes immer ganz gut beschrieben hat. Zusammengefasst kann mal also sagen, die starke Kernkraft ist wirklich sehr stark und die Gravitation wirklich sehr schwach.

Die beiden anderen Kräfte des Standardmodells sind die elektromagnetische Kraft und die schwache Wechselwirkung, auch schwache Kernkraft genannt. Letztere wirkt wie die starke Kernkraft nur auf subatomaren Entfernungen, sorgt aber im Gegensatz zur starken Kernkraft nicht für ein Zusammenhalten, sondern für den Zerfall, etwa von radioaktiven Atomkernen. Das hört sich destruktiv an, ist aber für unser Leben von entscheidender Bedeutung. Die schwache Kernkraft spielt nämlich bei der Fusion von Wasserstoff zu Helium eine entscheidende Rolle, demjenigen Prozess also, der die Sonne als Energieball zum Leuchten bringt und es uns hier auf der Erde bei so lebenswerten, teilweise sogar kuscheligen Temperaturen so gut aushalten lässt. Vielen Dank liebe schwache Kernkraft!

Schließlich zur elektromagnetischen Kraft und damit zu derjenigen Kraft, die unser tägliches Leben bestimmt. Sie ist verantwortlich für Elektrizität, Licht und Magnetismus. Unterschiedlich geladene Teilchen ziehen sich an, gleiche Ladungen stoßen sich ab; treffen zwei unterschiedliche Ladungen aufeinander, so ergibt deren Ladung null – zumindest das wissen alle Menschen von dieser Kraft. Jedenfalls diejenigen unter Ihnen, die in Ihrer Kindheit mit Elektrobaukästen, und daher mit Kupferdrahtspulen und Elektromotoren gespielt haben, wissen auch, dass bewegte elektrische Ladungen Magnetfelder erzeugen. Hingegen war es jedenfalls für mich sehr überraschend, als ich erfuhr, dass Herr Maxwell nicht der Hersteller der Kassetten war, mit denen ich in den 80er Jahren meine Mischtapes beim Mitschneiden von Radiosendungen erstellt habe, sondern dass Herr Maxwell schon im 19. Jahrhundert die Theorie der Elektrodynamik aufstellte. Seither versteht jedenfalls der Physiker, wie Elektrizität, Magnetismus und Licht miteinander in Verbindung stehen, bzw. dass alle drei Ausdruckformen der gleichen Kraft, der elektromagnetischen Wechselwirkung sind. Der Elektromagnetismus wirkt im Unterschied zu den beschriebenen Kernkräften örtlich weit über das Atom hinaus und auch auf große Entfernungen. Auf kleinster Ebene betrachtet wird die elektromagnetische Kraft, wie die beiden Kernkräfte, durch Kraftübertragungsteilchen übertragen.

In den 60er Jahren des letzten Jahrhunderts hat man dann herausgefunden, dass man die Kraftübertragungsteilchen der schwachen Kernkraft und der elektromagnetischen Kraft bei bestimmten Umgebungsbedingungen nicht mehr auseinanderhalten kann. Allerdings sind diese Umgebungsbedingungen ein paar Millionen Grad heiß. Denken Sie jetzt aber kurz zurück an den Anfang dieses Kapitels und an die Idee des Urknalls und damit an das Konzept des ursprünglich winzig kleinen, extrem dichten Miniminiminiuniversums... kurz nach dem Urknall haben aufgrund extrem hoher Dichte eben solche Temperaturen geherrscht. Man könnte also sagen, elektromagnetische Kraft und schwache Kernkraft sind das gleiche. Erst als es dieser, „elektroschwache Wechselwirkung" genannten Kraft kurz nach dem Urknall etwas zu huschi wurde, weil sich das Universum ein bisschen ausgedehnt und abgekühlt hatte, gingen schwache Kernkraft und elektromagnetische Kraft getrennte Wege. Zusammengefasst spricht die Physik also heute im Grunde nicht mehr von vier sondern nur mehr von drei Grundkräften – der starken Kernkraft, der elektroschwachen Wechselwirkung und der Gravitation. Genau, die Gravitation, Einstein, „Magic!"

Nee, liebes Gehirn, noch nicht „Magic", erst Newton. Newton hat die Schwerkraft nämlich auf eine Weise beschrieben, bei der sich unsere Vorstellungskraft noch nicht verabschieden muss, weil sie vollständig unserer Erfahrungswelt entspricht - alles was fällt, fällt zu Boden. Ich spüre die Schwerkraft, indem ich mit beiden Beinen fest auf dem Boden unseres schönen Planeten stehe. Die Erde wiederum spürt die Schwerkraft der Sonne und fliegt in einer fast stabilen Umlaufbahn um dieselbe herum, weil sich die Schwerkraft der Sonne und die durch die Umlaufgeschwindigkeit vermittelte Fliehkraft ausgleichen. Und die Sonne spürt die Schwerkraft des im Zentrum unserer Galaxie befindlichen schwarzen Lochs und fliegt mit der gleichen Logik um selbiges herum wie die Erde um die Sonne. Schwerkraft nach Newton war somit bis zum Jahr 1915 die Anziehungskraft von Massen – je grösser die Masse, desto grösser deren Schwerkraft. Soweit, so gut zu verstehen. Aber dann kam Einstein. Und Einstein kam mit einer Deutung der Gravitation, bei der wohl alle normalen Gehirne auf dieser Welt „Magic!“ sagen müssen.

Nach Einsteins allgemeiner Relativitätstheorie ist Gravitation nämlich eine geometrische Eigenschaft der Raumzeit, die von jeder Form von Energie gekrümmt wird. Achso! O.k., aber bei so einer Beschreibung, kommt nicht mal mehr ein „Magic!“. Nochmal langsam...

Raumzeit. In der einsteinschen Physik sind Raum und Zeit in einer einheitlichen vierdimensionalen Struktur miteinander gekoppelt. Das heißt, dass es in dieser Theorie nicht nur die drei Raumdimensionen gibt und dazu und unabhängig die Zeitdimension, sondern ein einheitliches Raum-Zeit-Kontinuum, also eine untrennbare Verbindung dieser vier Dimensionen.

Raumzeit-Krümmung. Wenn sich Körper im Raum bewegen, ohne dass eine Kraft auf sie wirkt, dann bewegen sie sich auf sogenannten Geodäten. Das heißt, sie bewegen sich auf der lokal kürzesten Verbindungskurve zweier Punkte oder ganz schlicht und einfach, auf dem kürzesten Weg durch den Raum. In unserer Erfahrungswelt, in der der Raum flach ist, ist dieser Weg stets eine Gerade. Wenn Sie aber schon mal von Europa in die USA geflogen sind, dann haben Sie sich vielleicht gewundert, dass Sie nicht von Frankfurt einfach gen Westen fliegen, sondern zwischenzeitlich aus dem Fenster Island, Grönland und danach Nord-Kanada zu sehen bekommen. Das liegt nicht daran, dass der Pilot es im Norden so schön findet, sondern daran, dass die Erde nicht flach, sondern eine Kugel ist und somit der Weg über den Norden einfach kürzer ist, als wenn man stumpf nach Westen fliegt. Ich kann mir das abstrakt nicht vorstellen, mit dieser Grafik fällt es aber schon ein bisschen leichter...

Abb. 1 Geodäten[1]

Das also sind Geodäten. Bei Einstein kommt jetzt zu den drei Dimensionen des Raumes, wie sie auf der Grafik der Erdkugel gut zu sehen und zu verstehen sind, eben noch eine Zeitdimension hinzu. Das Prinzip, dass alles sich durch diese Raumzeit auf Geodäten, also auf dem kürzesten Weg zwischen zwei Punkten bewegt, bleibt aber dasselbe. Gravitation ist nach Einstein nun das, was in dieser Theorie die Raumzeit krümmt. Das heißt, dass große Massen, z.B. die Sonne, die Raumzeit krümmen und das, wenn nun ein Lichtteilchen auf dem Weg zu uns schön dicht an der Sonne vorbeiflöge, dieses Lichtteilchen sich aus unserer Perspektive durch eine Delle bewegen würde, die durch die

[1] File:Orthodromic air route.tif. (2013, November 16). *Wikimedia Commons, the free media repository.* Retrieved 14:55, October 17, 2017 from https://commons.wikimedia.org/w/index.php?title=File:Orthodromic_air_route.tif&oldid=109849803

Masse der Sonne in die Raumzeit „gesogen“ wird. Und obwohl das Lichtteilchen aus unserer Perspektive durch eine Delle fliegt und es daher so aussieht, als ob es nicht den direktesten Weg zurücklegt, ist das aufgrund der Raumzeitkrümmung in Bezug auf das Raum-Zeit-Kontinuum tatsächlich der Fall. Und es kommt auch bei uns zu genau dem Zeitpunkt an, an dem es ohne die Krümmung hätte ankommen sollen, weil die Geodäte in der gekrümmten Raumzeit einer beschleunigten Bewegung längs einer räumlich gekrümmten Bahn entspricht. Das Licht bewegt sich auf dieser Geodäte und damit auf dem schnellsten Weg in der von der Sonne gekrümmten Raumzeit, sodass man auch sagen könnte, es fliegt stets an der Oberfläche der Raumzeit.

Manchmal wenn ich etwas über Raumzeitkrümmung lese oder, wie jetzt hier, versuche in eigenen Worte zu reproduzieren, dann habe ich kurz den Eindruck, ich könnte es vielleicht verstanden haben, aber immer dann, wenn ich kurz innehalte und genau hindenke, ist da: Nichts. Ich könnte auch sagen, irgendwie „fühlt“ es sich richtig an, aber weil ich leider nicht über die mathematischen Fähigkeiten verfüge, die mich das auch logisch erfassen ließen, denkt es sich wie „Magic!“.

Was für mich aber nachvollziehbar ist und aus dieser Theorie logisch folgen soll, ist das Äquivalenzprinzip. Dieses besagt, dass zwischen der Wirkung der Schwerkraft und der Wirkung eines beschleunigten Bezugssystems nicht unterschieden werden kann. Stellen Sie sich vor, Sie würden sich in einem Aufzug im Nichts befinden, keine Schwerkraft, überhaupt keine Kraft wirkt auf Sie ein. Sie und das ganze Bezugssystem Aufzug sind vollständig schwerelos. Auf einmal beschleunigt der Aufzug... was passiert? Sie landen auf dem Boden und werden an diesen gedrückt, es fühlt sich an, als ob sie mit beiden Beinen fest auf dem Boden des Aufzugs stehen und damit genauso, als wenn Sie auf der Erde stehend von selbiger angezogen werden. Beides, die Anziehung durch Schwerkraft und die Beschleunigung des Aufzugs, ist in seiner Wirkung nicht auseinanderzuhalten, weil beides nach der allgemeinen Relativitätstheorie äquivalent ist. Und wenn Sie schon einmal gesehen oder gehört haben, dass die Raumfahrt ihre Astronauten auf die Schwerelosigkeit in der Weise vorbereitet, dass Passagiermaschinen sich in den Sturzflug begeben, dann haben Sie auch gesehen, was das Äquivalenzprinzip noch sagt, nämlich dass sich bei frei fallenden Körpern die Wirkung von Gravitation und Beschleunigung exakt aufheben. Und wenn Masse, von der die Schwerkraft ausgeht und Beschleunigung von Bezugssystemen, also die Aufwendung von Energie nicht voneinander zu unterscheiden sind, dann könnte man auch sagen, dass Masse im Ergebnis nichts anderes als geronnene Energie ist oder genauer E=mc2 – Energie gleich Masse mal Lichtgeschwindigkeit im Quadrat – was für ein Geniestreich, lieber Herr Einstein!

Ziehen wir hier einmal Zwischenbilanz, dann könnte man alles auch in zwei Kernaussagen zusammenfassen. Erstens ist alles was existiert, also auch die gesamte Materie im Universum, nichts als Energie in seinen unterschiedlichen Existenzformen. Zweitens kann Gravitation bis heute am besten geometrisch und nicht wie die anderen zwei Grundkräfte mit Kraftübertragungsteilchen beschrieben werden, weil sie einerseits immer attraktiv, also anziehend und nicht wie bei der elektromagnetischen Kraft im Falle gleicher Ladungen abstoßend wirkt und andererseits, weil sie immer und überall wirkt, also von jeder Masse im Universum ausgeht, nicht abgeschirmt werden kann und, jedenfalls nach bisherigem Stand der Wissenschaft, auch nicht durch Kraftteilchen übertragen wird. Dabei ist sie aber so schwach, dass sie beim Aufbau der Materie scheinbar keinen Einfluss hat. Und das obwohl, ist Materie einmal entstanden, diese sich aus der sanften Umklammerung der Gravitation nicht mehr befreien kann und immer weiter verclustered. Der von mir sehr verehrte Herr Lesch, Professor für Astrophysik an der Ludwig-Maximilians-Universität München, hat es einmal so oder so ähnlich ausgedrückt: Die Gravitation ist die Königin der Kräfte - sie ist wie der weise Mann, der am Fluss sitzt und darauf wartet, dass seine Feinde an ihm vorbei treiben. Man könnte auch sagen: Die Gravitation ist zwar relativ die schwächste aller Grundkräfte aber auf lange Sicht kommen alle zu Mama.

Wenn aber die Gravitation gegenwärtig am besten als geometrische Beschreibung der Verbindung zwischen Raum und Zeit zu verstehen ist, dann müssten wir erstens noch kurz klären, was Raum und was Zeit überhaupt sind und zweitens könnte man auch einmal versuchen, die anderen Grundkräfte geometrisch zu beschreiben. Gedacht, gemacht - aber Vorsicht, während ich mich bisher an den Erkenntnissen der Physik entlanggehangelt und jedenfalls nach bestem Wissen und Gewissen versucht habe, diese mit eigenen Worten und einigermaßen verständlich herüberzubringen, ist jetzt Schluss mit wissenschaftlicher Erkenntnis. Ab hier geht es in die Welt der sprachlichen Abstraktionen und damit vielleicht noch der Philosophie, aus naturwissenschaftlicher Sicht aber sicher in den Bereich wilder Spekulation. Macht aber auch mal Spaß!

Die Hypothese: Wenn Gravitation heute am besten als geometrische Kraftbeschreibung und damit als Verbindung von Raum und Zeit verstanden werden kann und es drei Grundkräfte gibt, dann könnte man versuchen, die anderen beiden auch als geometrische Kräfte zu beschreiben. Raum müsste also auf einer abstrakten Ebene mit „starker Kernkraft" oder „elektroschwacher Wechselwirkung" übersetzt werden können. Gleiches müsste dann für „Zeit" gelten. Nun, schauen wir mal:

Raum Während ich das hier schreibe, sitze ich in meiner Küche. Sie kennen meine Küche nicht aber irgendein Bild wird gerade in Ihrem Kopf entstanden sein. Wahrscheinlich entspricht das nicht dem Bild, was sich mir gerade präsentiert (hoffe ich jedenfalls für Sie), aber während vielleicht nicht alle Menschen zustimmen würden, wenn ich behaupte, dass es sich bei dem Raum um mich herum um eine Küche handelt, würden alle Menschen nicken, wenn ich sage, es handele sich um „einen Raum". Interessanterweise gibt es in unserem Sprachgebrauch nämlich einerseits Raum und andererseits den, einen oder mehrere Räume. Und mit der Verwendung eines Artikels ändert sich gleich die ganze Definition des Wortes Raum. Einerseits gibt es nämlich Raum in dem Sinne, dass er selbst gar nichts enthalten muss aber zum Raum wird, indem er von etwas anderem umschlossen, begrenzt wird. Das was sich innerhalb dieser Umgrenzung befindet, in unseren Wohnungen also in der Regel Wände, bezeichnen wir als „einen" Raum.

Denken wir uns das Universum als einen solchen Raum, wird schnell klar, dass wir mit der Definition: „Bei Raum handelt es sich um etwas, das von etwas anderem begrenzt oder umschlossen wird", nicht wirklich weiterkommen. Ich habe irgendwann einmal gehört, das Universum sei unendlich und habe mir daraufhin immer versucht einen unendlichen Raum vorzustellen. Und Sie wissen natürlich schon, was mein Gehirn mir bei diesen Versuchen stets zuraunte... genau, „Magic!"

Das Problem bei der Sache ist nämlich, dass ein unendlicher Raum undenkbar ist. Umschlossen oder begrenzt kann man sich das Universum nicht vorstellen, denn dann wäre hinter der Grenze ja noch irgendetwas, mindestens noch ein Nichts und das führt das mit der Unendlichkeit dann in den infiniten Regress und damit ins Absurde. Lassen wir die Artikel weg und sprechen nicht über „den" sondern nur über „Raum", dann definiert sich selbiger nicht durch seine Grenze zu etwas anderem, sondern dadurch, dass etwas den Raum einnimmt oder ausfüllt. Diese Art von Raum können wir denken, ohne dass sich außerhalb des Raumes noch etwas befinden muss. Er begrenzt sich quasi selbst, indem dass, was sich den Raum nimmt, räumlich irgendwo endet. Zwar ändert das nichts an der Tatsache, dass wir uns unendlichen Raum auch in diesem Sinne nicht vorstellen können, aber wenigstens das Universum macht jetzt Sinn. Jedenfalls dann, wenn wir sagen, das Universum ist der Raum, in dem sich etwas, also Planeten, Sterne, Galaxien, schwarze Löcher, etc. Raum nimmt. All das füllt Raum aus, und zwischen den Bereichen, den es ausfüllt, können wir auch noch behaupten, dass es sich um einen Raum handele, weil die jeweiligen Raumnehmer den Bereich, in dem sich nichts befindet, begrenzen.

Ich habe das Bild von dem Rosinenkuchen schon einmal bemüht – auch hier hilft es uns bei der Vorstellung, was der Raum des Universums sein könnte. Alles was sich außerhalb des dieses mit Rosinen bevölkerten Universums befindet, wissen wir nicht. Wahrscheinlich nichts, vielleicht aber auch Gott, der einfach nur mit seinen Kumpels bei Kaffee und Kuchen sitzt. Wenn ich also sage, erst mit dem Urknall ist überhaupt Raum entstanden, dann meint das immer Raum im Sinne des vorbeschriebenen Rosinenkuchens. Als noch nichts da war, was sich Raum nehmen konnte, ist demnach auch noch kein Raum gewesen, nur nichts.

Zeit Sie konnten zusammen nicht kommen, denn einer kam immer zu früh. Oder der andere zu spät, jedenfalls aber nicht gleichzeitig. Mit der Zeit haben wir alle so unsere Probleme. Zeit wird von uns in Einheiten geteilt, und irgendwann ist sie für uns zu Ende. Deswegen haben wir auch zu wenig davon. Was aber definiert unsere Zeit, die Einheiten, in der wir unsere Zeit messen. Nun, man könnte sagen, dass die Zeiteinheiten, die unser Leben bestimmen, quasi vom Himmel gefallen sind.

Um etwas in Einheiten zu zerteilen, benötigt man einen Anfang und ein Ende. Fehlt auch nur eines von beiden, können wir das Gesamte nicht mehr in gleiche Einheiten teilen. Schauen wir uns um, dann könnte man z.B. sagen, es fängt an, wenn wir ein bestimmtes Sternenbild am Himmel in einer bestimmten Konstellation beobachten. Dieses Bild verändert sich und verändert sich, und verändert sich und auf einmal ist es wieder genauso und genau da, wo es war, als wir „Anfang“ gesagt haben. So, jetzt können wir den Veränderungsprozess vom Anfang bis zum Ende ganz einfach in Teile zerlegen. Geht übrigens auch mit „es wird hell, die Sonne wandert über das Firmament, die Sonne geht unter, es wird dunkel, bleibt dunkel und wird wieder hell". Jetzt hacken wir das noch in ungefähr 24 Teile, die wir in 60 Teile und diese wieder in 60 Teile zerlegen... oh, ich muss los.

Betrachten wir uns das einmal nicht im Detail, sondern als Prinzip, dann wird deutlich, dass es Veränderung braucht, um Zeit entstehen zu lassen. Es braucht einen Prozess, der beginnt, endet und sich am besten noch wiederholt, um Zeit zu messen. Man könnte also auch einfach sagen: Zeit ist ein Maß für Veränderung. Ohne Veränderung keine Zeit. Deswegen ist das mit der „Zeit anhalten", um dann welche zu haben auch leider ein Zirkelschluss. So schön das auch in Science Fiction Filmen immer ist, einfach alles bleibt stehen, außer man selbst und schon kann man entspannt die Kugel des Feindes aus der Luft pflücken, der unbekannten Geliebten heimlich einen Kuss geben oder sich in der Warteschlange am Ticketschalter für das nächste Coldplay-Konzert ganz vorne reindrängeln, ohne dass jemand etwas merkt. Solange sich etwas verändert, vergeht Zeit. Da Zeit und Raum wie wir seit Einstein wissen aber in einer untrennbaren vierdimensionalen Struktur miteinander verwoben sind, kann die Zeit für den einen nicht einfach stehen bleiben und er sich gleichzeitig noch im Raum bewegen. Sorry, aber entweder alles steht oder alles läuft, Ausnahmen sind leider nicht zulässig.

So, jetzt wissen wir was Raum und was Zeit sind. Zurück zur Allgemeinen Relativitätstheorie, nach der die Gravitation die Verbindung von Raum und Zeit beschreibt und zu der Frage, ob wir die starke Kernkraft und die elektroschwache Wechselwirkung nicht ähnlich beschreiben können, wie die Gravitation.

Ich hatte oben dargestellt, dass die starke Kernkraft bewirkt, dass aus Quarks Protonen werden und dass mehrere Protonen in einem Atomkern zusammenpappen, obwohl sie die gleiche, positive Ladung haben. Sie erinnern sich auch, dass Heisenberg herausgefunden hat, dass bei Elektronen, also auf subatomarer Ebene, eigentlich niemand mehr guten Gewissens von Teilchen sprechen kann, weil auf dieser Ebene im Grunde alles gleichzeitig Welle und Teilchen ist. Auf der Ebene der Quarks, also den Bestandteilen, aus denen die Atomkerne bestehen, ist das nicht anders. Quarks kann man einerseits als Bausteine der Protonen bezeichnen, andererseits sind sie isoliert, also außerhalb des Verbundes im Proton, als Materie nicht stabil. Im Grunde handelt es sich bei Quarks im Wesentlichen um nichtmaterielle Bindungsenergie, also quasi einen undefinierten Energiebrei. Nehmen wir jetzt die Definition von Raum hinzu und zwar in dem Sinne, dass „etwas Raum nimmt oder ausfüllt", dann könnte man sagen, dass die starke Kernkraft diejenige ist, die dieses Ausfüllen bewerkstelligt, indem sie Protonen und damit jedenfalls potentielle Materie entstehen lässt. Klar, ohne Hilfe kann auch die starke Kernkraft nichts ausfüllen, sie benötigt die Zeit dazu. Denn wenn sich nichts verändert, dann kann auch nichts entstehen, auch keine Protonen. Wenn wir jetzt aber schon eine assoziative Verbindung von starker Kernkraft und Raum konstruieren können, könnte es dann nicht sein, dass sich eine ähnliche Assoziation für die elektroschwache Wechselwirkung und Zeit ebenfalls anbietet?

Wie erwähnt ist es die schwache Kernkraft, die radioaktive Atomkerne zerfallen lässt, und der Elektromagnetismus ist die Kraft, die alles in Bewegung hält. Ohne elektroschwache Wechselwirkung also keine Veränderung. Ich habe eben gesagt, dass auch die starke Kernkraft Zeit braucht, um Raum zu füllen, denn aus einem Proton wird ohne Elektron, also einem „Welle-Teilchen-Zwitter", den es auf eine Bahn um sich herum zwingt, kein Atom und nur weil das gezwungene Elektron in der Wechselwirkung mit dem Proton ein bestimmtes Energieniveau hat, ist erklärt, warum wir so etwas wie feste Materie in unserer Welt kennen. Die starke Kernkraft füllt also Raum nur, wenn es auch elektroschwache Wechselwirkung gibt. Und die elektroschwache Wechselwirkung kann überhaupt nur etwas verändern, wenn etwas da ist. Für die Entstehung von Raum muss also beides gleichzeitig vorhanden sein. Wenn man aber fragen würde, welche Kraft sich im Raum Ausdruck verleiht, dann könnte man sagen, dass es die starke Kernkraft ist, die Raum ausfüllt und sich dazu der schwachen Wechselwirkung bedient. Und wenn man fragen würde, welche Kraft sich in der Zeit Ausdruck verleiht, dann könnte man sagen, dass es die elektroschwache Wechselwirkung ist, ohne die Veränderung und damit Zeit nicht möglich erscheint.

Und wenn man das alles sagen würde, dann wären die beiden Kräfte, die physikalisch mit der Übertragung von Kraftteilchen und damit nach dem Prinzip Ursache und Wirkung funktionieren (starke Kernkraft und elektroschwache Wechselwirkung), wollte man sie geometrisch im Sinne der allgemeinen Relativitätstheorie beschreiben, m.E. gut mit Raum -für starke Wechselwirkung- und Zeit -für elektroschwache Wechselwirkung- übersetzt. Und im Ergebnis wäre die Gravitation dann nichts anderes als die Beschreibung der Beziehung zwischen der starken Kernkraft und der elektroschwachen

Wechselwirkung.

Lassen Sie mich das Ganze nochmal kurz zusammenfassen:

1. Die drei Grundkräfte der Physik – starke Kernkraft, elektroschwache Wechselwirkung und Schwerkraft – werden in der klassischen Ursache-Wirkungs-Physik als Kräfte beschrieben, die durch „Kraftübertragungsteilchen“ wirken, auch wenn das für die Schwerkraft zuständige Kraftübertragungsteilchen bisher noch nicht gefunden wurde.

2. In der Einsteinschen Theorie wird die Schwerkraft alias Gravitation nicht als Ursache-Wirkungs-Kraft mit Kraftübertragungsteilchen, sondern geometrisch und zwar als die Verbindung von Raum und Zeit beschrieben.

3. Wenn man die starke Kernkraft als diejenige Kraft versteht, die dafür sorgt, dass Raum entsteht und die schwache Wechselwirkung dafür sorgt, dass Veränderung, also Zeit entsteht, man also auch diese beiden Grundkräfte geometrisch beschreiben würde, dann sind die beiden Begriffspaare „Starke Kernkraft / Schwerkraft / Elektroschwache Wechselwirkung“ und „Raum / Verbindung / Zeit“ äquivalent, beschreiben also das Gleiche auf unterschiedlichen Verständnisebenen.

Wenn man zudem noch abstrahiert, dass die starke Kernkraft, indem sie den Raum schafft, einen Impuls, eine erste „Handlung“ setzt und dass die Schwache Wechselwirkung die Zeit und damit die Veränderung zwischen dem Zustand vor der Entstehung des Raumes und dem Zustand nach der Entstehung des Raumes beschreibt und dass Gravitation die Verbindung von Raum und Zeit beschreibt und man schließlich mit dem Standardmodell der Teilchenphysik annimmt, dass all das mit dem Urknall gleichzeitig in die Welt getreten ist, dann könnte man auch sagen: Wenn sich das Nichts teilt entstehen „Raum“, „Zeit“ und die „Gleichzeitigkeit von Raum und Zeit“ oder „Aktion“, „Reaktion“ und „Interaktion“. Und weil das die Bestandteile sind, aus denen die Welt geschaffen ist, könnte man das alles auch in einer Triade der Grundenergien beschreiben, die das Ganze repräsentiert:

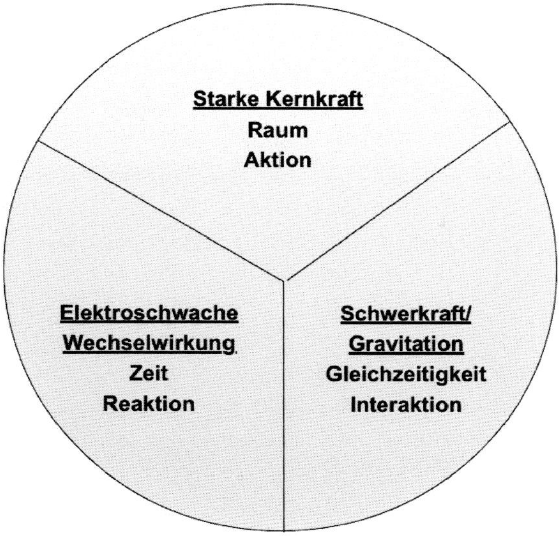

Abb. 2: Triade der Grundkräfte / Grundenergien

Ich weiß, jedenfalls den Physikern unter Ihnen wird das alles doch sehr gewagt, wenn nicht gar wie Unfug vorkommen und einer, dem ich diese Gedankengänge einmal versucht habe näher zu bringen, meinte dazu: so einfach, wie ich mir das vorstellte, sei das alles nicht. Und wahrscheinlich hat er auch Recht damit aber erstens ist es doch trotzdem zunächst mal eine ganz schöne Assoziationskette und zweitens macht jedenfalls mein Gehirn keinen Mucks, kein „Magic!", nichts. Höchstens ein: „O.k., ein bisschen gewagt, nicht notwendigerweise eindeutig aber o.k., da kann ich erst mal mit", ist zu vernehmen. Was sagt das Ihre?

Und wenn Sie sich gerade noch fragen, warum ich Ihnen das überhaupt erzähle - erinnern Sie sich noch an meine einleitenden Worte oben, mit denen ich behauptet habe, dass es Raum, Zeit und Gleichzeitigkeit seien, die wir als Bezugsystem benötigen, um die Welt zu erkennen und die letztlich die Basis dafür sind, dass wir uns sprachlich verständigen können, weil sich alle unserer Wörter in mehreren Abstraktionsschritten immer auf diese Drei beziehen. Wenn die Annahmen im letzten Kapitel zur Physik richtig wären, also dass die drei physikalischen Grundkräfte geometrisch beschrieben, auch als Raum,

Zeit und die Verbindung, also die Gleichzeitigkeit von Raum und Zeit übersetzt werden können, dann hat auch die Physik dieses Basisbezugssystem. Mehr noch – weil alles in diesem Universum aus den drei Grundkräften besteht, wären diese drei de facto auch der Stoff, aus dem heraus sich alles andere erklären lassen können müsste.

Bevor wir uns aber in Richtung alles andere begeben, lassen Sie mich auf der Basis dieser physikalischen Beschreibungen noch einen kurzen Ausflug Richtung „Wilde Spekulationen über die letzten Geheimnisse der Physik" machen. All denjenigen unter Ihnen, denen es mit der Physik jetzt erst mal reicht, sei gesagt, dass das nächste Kapitel nichts enthält, was für das weitere Verständnis des Inhalts nach diesem Kapitel notwendig wäre. Sie können also guten Gewissens weiterblättern – wir sehen uns dann in 10 Mrd. Jahren wieder.

4. Zurück ans Ende des Universums

Wenn man schon einfach mal so behauptet, dass man die Grundkräfte starke Kernkraft und elektroschwache Wechselwirkung, geometrisch betrachtet, auch als Raum und Zeit beschreiben könnte, dann könnte es doch Spaß machen, von hier einmal weiterzudenken oder besser weiter zu spekulieren und zu sehen, was einem so alles über den Weg läuft. Und damit es dabei ohne Verzug so richtig zur Sache geht, schlage ich vor, dass wir uns nicht mit Kleinigkeiten aufhalten, sondern gleich in die Vollen gehen. Widmen wir uns also den letzten Geheimnissen der modernen Physik – den schwarzen Löchern, der dunklen Materie und der dunklen Energie.

Für all diejenigen unter Ihnen, die den gegenwärtigen Stand der Erkenntnis in Sachen „Schwarze Löcher" nicht mehr so ganz parat haben, will ich kurz beschreiben, worum es geht: Von jeder Masse im Universum geht eine Anziehungskraft aus, die von Newton als Schwerkraft bezeichnet wurde. Bei größeren Massekörpern, z.B. bei Planeten und Sternen, bei denen die Schwerkraft groß genug ist, hält sich der Materiekörper durch diese Schwerkraft von selbst zusammen. Nun würde die Schwerkraft eigentlich dazu führen, dass die Körper, ganz so wie ein in sich zusammenfallender Hefeteig, immer kleiner und kompakter, also dichter werden. Diese Kompression wird jedoch durch Gegenkräfte, wie den Abstoßungskräften zwischen Atomen kompensiert, sodass stabile Massekörper entstehen, z.B. unsere liebe

Erde. Gleiches gilt auch für Sterne, also z.B. unsere liebe Sonne, nur das diese durch das sogenannte Wasserstoffbrennen stetig an Masse verlieren. Besonders massereiche Sterne können im letzten Stadium ihres Daseins einen Zustand erreichen, bei dem die Gegenkräfte nicht mehr ausreichen, um die Schwerkraft zu kompensieren, sodass es zu einem sogenannten Gravitationskollaps kommt – der Stern fällt unter der Wirkung der eigenen Schwerkraft in einem immer schneller werdenden Prozess in sich zusammen. Im Zentrum des Geschehens verdichtet sich die Materie soweit, dass diese schließlich in einer Singularität endet, also in einem Null-Volumen mit der Schwerkraft der gesamten vorher bestehenden Materie. Die Materie schrumpft also auf eine Größe, kleiner als die eines Atomkerns – übrig bleibt so etwas wie ein geometrischer Punkt ohne räumliche Ausdehnung. Ist so wie ganz am Anfang des Buches, kann sich kein Mensch vorstellen, ist aber so. Im Grunde ist also der Prozess der Entstehung eines Schwarzen Loches so etwas Ähnliches wie der oben beschriebene Urknall, nur anders herum. Beim Urknall geht alles in einer Singularität los, beim Schwarzen Loch endet alles in selbiger.

Die Schwerkraft in dieser Schwarzen-Loch-Singularität ist im Verhältnis zu seiner Ausdehnung so groß, dass sie die Raum-Zeit in sich selbst auf eine Weise krümmt, dass im Ergebnis tatsächlich von einem „Loch" in der Raum-Zeit gesprochen werden könnte, weil diese Krümmung in einer Eindimensionalität endet. Das kann sich abstrakt natürlich ebenfalls kein Mensch vorstellen und daher will ich versuchen, das Ganze mit einem Bild zu veranschaulichen: Stellen Sie sich bitte das Sprungnetz eines Trampolins vor. Und jetzt stellen Sie sich in die Mitte dieses Netzes und fragen Ihren Begleiter, wie sich das Netz verformt, wenn man es von der Seite betrachtet. Was wird er antworten? Genau – das Netz hat eine Delle und biegt sich da wo Sie stehen nach unten durch. Soweit so eindeutig aber was hat das mit der Raumkrümmung zu tun? In diesem Bild ist das Trampolinnetz der Raum und Sie sind – nehmen Sie es nicht persönlich - ein großer Massekörper. Sie verursachen also eine Delle im Raum, so wie laut Einstein jede Masse eine Delle im Raum verursacht.

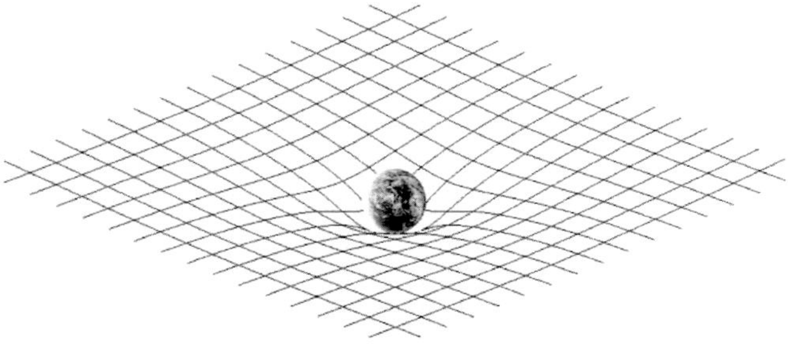

Abb. 3: Spacetime Curvature[2]

Wenn Sie sich jetzt noch vorstellen, was mit dem Netz passiert, wenn Sie immer schwerer und schwerer und schließlich unendlich schwer würden – das Netz biegt sich stärker und stärker und endet schließlich, jedenfalls wenn Sie ihren Begleiter fragen, der das Ganze von der Seite betrachtet, in einer unendlich langen, eindimensionalen Linie die unten aus dem Netz herausführt.

Das also sind schwarze Löcher. Aber warum erzähle ich Ihnen das alles? Nun, im Zentrum jeder Galaxie befindet sich ein solches Schwarzes Loch. Und in Scheibengalaxien, wie unserer Heimatgalaxie der Milchstraße, rotieren die Sterne um dieses Schwarze Loch, während sich alles langsam aber sicher dem Loch nähert und von ihm verschluckt wird. Soweit so gut! Das Problem beginnt dann, wenn man sich die Rotation der Galaxie um das Schwarze Loch genauer anschaut, insbesondere die Geschwindigkeit der um das Loch rotierenden Sterne. Wendet man die Keplerschen Gesetze an, dann würde man nämlich erwarten, dass die Rotationsgeschwindigkeit der Sterne um das Schwarze Loch von sehr hohen Geschwindigkeiten nahe des Zentrums im Verhältnis zu Sternen, die weit außerhalb des Zentrums rotieren, schnell abnimmt. Tatsächlich aber haben Beobachtungen ergeben, dass die Sterne in den mittleren und äußeren Bereichen der Galaxien eine konstante Rotationsgeschwindigkeit aufweisen – sie fliegen schlicht zu

[2] File: Spacetime curvature.png. (2015, November 20). *Wikimedia Commons, the free media repository.* Retrieved 08:36, September 27, 2017 from https://commons.wikimedia.org/w/index.php?title=File:Spacetime_curvature.png&oldid=179699242.

schnell, was bei den beobachteten Rotationsgeschwindigkeiten eigentlich dazu führen müsste, dass die sich am Rand der Galaxie befindlichen Sterne ins Weltall geschleudert werden müssten, weil die Gravitation der Galaxie nicht mehr ausreicht, um die durch die Rotationsgeschwindigkeit entstehende Fliehkraft zu kompensieren.

Ich stelle mir vor, dass Vera Rubin, die Astrophysikerin, die mit ihrem Team dieses Phänomen 1970 das erste Mal beobachtete, einerseits froh ob ihrer Entdeckung war und sich andererseits auch ein „Magic" in ihrem Kopf breitgemacht hat. Denn wenn die Schwerkraft in einer Galaxie, die man aus der sichtbaren Materie berechnet, nicht ausreicht, um die beobachteten Rotationsgeschwindigkeiten zu erklären, dann muss da noch mehr Materie sein, die man nicht sehen kann. Anders jedenfalls scheint das Ganze nicht zu erklären. Und wenn etwas da sein muss, man es aber nicht sehen kann, dann muss es dunkel sein - dunkle Materie eben. Seither wird gesucht und fast alle sind sich einig – dunkle Materie existiert, aber wie sie aussieht, bzw. wie sie geschaffen ist, welche Eigenschaften sie besitzt und wie sie in die Welt kam, das scheint bisher reine Spekulation.

Das andere ungeklärte Phänomen, dem sich die moderne Physik derzeit noch gegenübersieht, ist noch etwas größer und noch etwas unerklärlicher. Dass sich das Universum ausdehnt, hatte ich bereits oben erwähnt. Damit Sie sich diese Ausdehnung vorstellen können, hatte ich ebenfalls bereits das Bild von einem im Ofen aufgehenden Rosinenkuchen bemüht, bei dem die Galaxien durch die Rosinen repräsentiert sind. Alles bewegt sich auseinander und voneinander weg. Da kommt selbst mein räumliches Denken noch mit. Auch wenn man sich den Urknall als eine Art Explosion vorstellt, scheint dieses Auseinanderdriften dem zu erwartenden Verhalten des Universums nach dem Knall zu passen. Stecken Sie nämlich etwas Energie, z.B. in Form eines Silvesterkrachers in einen Wackelpudding, dann erwarten Sie eine große Sauerei - alles driftet auseinander. Nehmen wir nun an, Sie wissen um dieses Phänomen und tun das Ganze daher nicht in Ihrer Küche, sondern Sie gehen ins Freie. Was erwarten Sie? Der ganze Schlabber wird in alle Richtungen geschleudert, erst fliegt er sehr schnell, wird dann immer langsamer, um zuletzt mit einem Flatschen seinen Flug zu beenden. Das wäre die eine Option, wie sich das Universum ausdehnt – erst ganz schnell, dann immer langsamer, um schließlich zum Stehen zu kommen – im Universum würde dann die Schwerkraft dafür sorgen, dass alles wieder rückwärts läuft und schließlich mit einem „Gulp", also einem Knall mit umgekehrten Vorzeichen im Nichts oder einer Singularität verschwindet. Nähmen wir jetzt die Schwerkraft und jegliche Reibung aus dem Szenario heraus, dann expandierte alles in konstanter Geschwindigkeit, weil nichts bremst. Das wäre die zweite Variante, wie sich das Universum ausdehnen könnte. Leider scheint es nun aber so, dass keine dieser beiden Varianten zutrifft. Der Nobelpreis für Physik im Jahr 2011 wurde nämlich an drei Forscher vergeben, die nachweisen konnten, dass sich die Ausdehnung des Universums beschleunigt. Ja, richtig gehört, die Puddingfetzen werden immer schneller! Magic!

Für die Physik erscheint das als gute und schlechte Nachricht zugleich. Gut, weil es weiter spannend bleibt und auf denjenigen, der dieses Phänomen physikalisch erklären kann, mit Sicherheit ein Flug nach Stockholm wartet. Schlecht, weil es derzeit nicht danach aussieht, dass dieser Flug demnächst gebucht werden könnte. Immerhin hat man schon einen Namen gefunden, um das Unerklärliche zu bezeichnen – die dunkle Energie. Sie soll so wirken, wie der Wasserdampf in einem geschlossenen aber stetig größer werdenden Dampfkochtopf und so das Universum auseinandertreiben aber bisher weiß leider keiner wo sie herkommt und warum sie das tut.

So, das sind also aktuell die letzten Rätsel der modernen Physik. Und jetzt lade ich Sie zu einem kleinen Gedankenexperiment, man könnte auch sagen, zu einer kleinen Wortspielerei, ein. Gehen wir nochmals kurz zurück zu den Schwarzen Löchern. Hier wird also alles auf ein unendlich kleines Volumen zusammengepresst, sodass man eigentlich nicht mehr von einem Volumen, sondern nur noch von einem geometrischen Punkt sprechen kann. Raum und Zeit werden, wie in dem Trampolinbeispiel oben beschrieben, so stark in sich gekrümmt, dass sie im Zentrum nur mehr als eindimensionaler Punkt existieren. In diesem Bild stellte das Trampolinnetz den uns bekannten dreidimensionalen Raum dar, der im Zentrum des Schwarzen Lochs bis in die Unendlichkeit gekrümmt ist, sodass er von oben betrachtet, wie ein eindimensionaler Punkt aussieht. Fragt man aber Ihren Begleiter, der das Ganze von der Seite betrachtet, dann würde der sagen, dass es sich nicht um einen Punkt, sondern um eine Linie handelt, die unten aus dem Netz herauskommt. Wenn sich jetzt noch jemand zu Ihnen als Verursacher dieser unendlichen Delle im Trampolinnetz hinzugesellt, dann wäre das so, als wenn das Schwarze Loch weitere Materie „verschluckt". Was aber würde sich an dem Netz und dem Punkt, in dem Sie stehen verändern?

Von oben betrachtet ist der eindimensionale Punkt, weiterhin ein eindimensionaler Punkt aber Ihr Begleiter an der Seite beobachtet, dass es so aussieht, als ob die Linie, die unten aus dem Netz zeigt, immer länger wird. Und wenn Sie sich jetzt nochmal daran erinnern, dass das Netz den dreidimensionalen Raum darstellt, dann könnte man auch sagen, dass es für Ihren Begleiter so aussieht, als würde jemand einen Faden unten aus diesem dreidimensionalen Netz herausziehen.

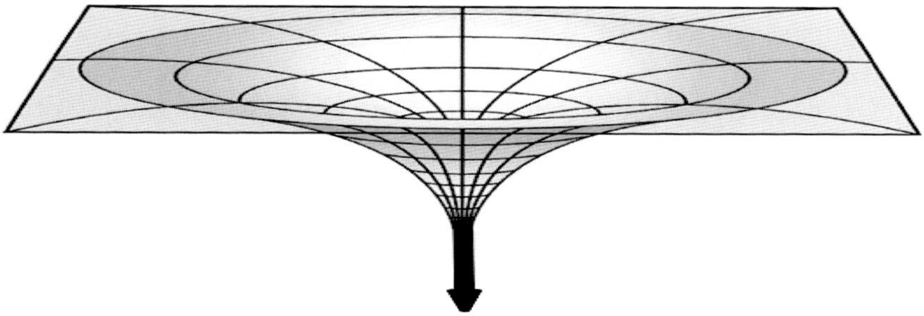

Abb. 4: Schwarzes Loch in Raum-Zeit

Was aber passiert, wenn man aus einem dreidimensionalen Netz sukzessive einen Faden und damit eine Dimension herauszieht? Ich würde behaupten, dass sich der dreidimensionale Raum langsam aber sicher in einen zweidimensionalen Raum verwandelt, im Ergebnis also immer flacher wird. „Unten" kommt also eine Linie, eine Dimension aus dem Bild heraus, oben verbleibt flacher werdender dreidimensionaler Raum und in dem Punkt selbst erfolgt ein Trennungsprozess in eine Dimension unterhalb und zwei Dimensionen oberhalb des Punktes.

Nun hatte ich oben behauptet, dass man die drei Grundkräfte geometrisch betrachtet auch als Raum (starke Kernkraft), Zeit (elektroschwache Wechselwirkung) und Verbindung der beiden Ersten (Gravitation) bezeichnen könnte. Und wenn dem so wäre, dann könnte man auch sagen, dass sich in dem Schwarzen Loch eine „Trennung" dieser drei Grundkräfte vollzieht. Alle drei sind noch da, nur finden sie ihren Ausdruck nicht mehr in Raum, Zeit und der Gravitation als

Verbindung der beiden. Ordne ich jetzt noch die drei Grundkräfte den Elementen unseres Trampolinbildes zu, dann könnte ich auch sagen, dass die Linie, die unten aus dem Netz herauskommt und immer länger wird, die Zeit und damit die elektroschwache Wechselwirkung darstellt, das verbleibende zweidimensionale Netz die starke Kernkraft und der Punkt, in dem die Trennung vollzogen wird, die Verbindung der beiden, die Gravitation oder Schwerkraft repräsentiert. In einem schwarzen Loch wird also die Ehe zwischen Raum und Zeit geschieden - Raum und Zeit stehen nicht mehr in Verbindung miteinander - sie sind frei. Gravitation, Raum und Zeit sind wieder Singles. Die Gravitation verliert ihre verbindende Natur - sie ist kein Band mehr, was vom Raum auf der einen und von der Zeit auf der anderen Seite gehalten wird. Stellt sich nur noch die Frage, wie sich das Ganze auf das nach wie vor drum herum bestehende dreidimensionale Universum auswirkt.

Da das Schwarze Loch weiterhin eine schöne Delle in den Raum biegt, also alles wie von einer großen Masse angezogen wird, würde ich für die Gravitation behaupten wollen, dass sie ihre schwerkräftige Wirkung auf den umliegenden dreidimensionalen Raum weiterhin entfaltet. Was aber machen Raum und Zeit in dem geometrischen Punkt währenddessen? Stellen Sie sich bitte mal ein bestimmtes Raumvolumen vor, indem sich Materie bewegt – also z.B. den Rosinenkuchen. Wenn jetzt im Inneren des Schwarzen Lochs, also im Zentrum des Kuchens, Raum und Zeit aus ihrer Verbindung entlassen werden und somit nur mehr als Energiefelder von starker Kernkraft und elektroschwacher Wechselwirkung existieren, ihre Wirkung im übrigen dreidimensionalen Universum aber gleichwohl nicht verlieren, dann könnte man bildlich gesprochen behaupten, dass sie aus dem Schwarzen Loch „entweichen". Und wenn dem so wäre, dann müsste man den Raum und die Zeit aus dem Schwarzen Loch zu dem bestehenden Raumvolumen und der existierenden Bewegung des Kuchens hinzuaddieren. Was würde dann passieren? Ich weiß nicht wie es Ihnen geht aber ich würde annehmen, dass sich der Raum ausdehnt und sich die Geschwindigkeit der Bewegung in diesem Raum erhöht. Ich kann nicht backen und wahrscheinlich hinkt das Beispiel daher ein ganz klein bisschen, aber wenn ich dem Rosinenkuchen immer mehr Backmittel hinzufüge und die Temperatur des Backofens immer weiter erhöhe, dann wird sich der Kuchen ausdehnen, mit zunehmender Geschwindigkeit.

Und wenn wiederum dem so wäre, dann wäre das Problem mit der dunklen Energie gelöst. Anstatt dieser ominösen Kraft bräuchte man also nur die Annahme, dass in Schwarzen Löchern eine Gravitationssingularität mit entsprechender Schwerkraft entsteht, während Raum und Zeit aus der Verbindung miteinander entlassen, sich einen schönen Tag machen und alles grösser und schneller werden lassen. Ein Freund von mir hat, wenn er solche Geschichten hörte immer gesagt: „There is nothing wrong with talking bullshit, as long as it is convincing bullshit“, und dabei verschmitzt gelächelt. Ich finde, das ist convincing bullshit und ich lächele verschmitzt.

Es geht aber noch ein bisschen weiter mit den Spekulationen und nochmal kurz zurück zur dunklen Materie als Erklärung der hohen Rotationsgeschwindigkeiten in den Galaxien. Kommen Sie kurz mit in die Badewanne? Die Wanne ist ca. halbvoll mit Wasser und in dieser Wanne befindet sich der Abfluss in der Mitte. Sie öffnen den Abfluss und rühren ein wenig im Kreis um selbigen im Wasser herum – was passiert? Ein Strudel, genau! In diesem Strudel bewegt sich das Wasser nahe am Abfluss deutlich schneller als am Rand der Wanne. Je mehr Wasser abfließt, desto schneller wird die Geschwindigkeit im Zentrum und im Verhältnis dazu, desto langsamer die Rotationsgeschwindigkeit am Rand – soweit so gut. So ungefähr stelle ich mir den Prozess in einer Spiralgalaxie vor, würden die Keplerschen Gesetze gelten.

Bevor wir uns jetzt aber den Quietscheentchen zuwenden können, möchte ich sie noch bitten, den Abfluss zu schließen und mit der Hand die Rotation im Zentrum der Wanne zu erhöhen. Geben Sie ruhig ordentlich Gas, vielleicht schaffen Sie es ja, dass das Wasser den oberen Rand der Wanne erreicht und darüber hinaus ins Badezimmer schwappt... und klappt es? Was Sie jetzt tun entspricht der Erwartung der Astronomen, bezüglich dessen was passieren sollte, wenn die beobachteten Rotationsgeschwindigkeiten innerhalb von Spiralgalaxien so hoch sind, wie sie sind - die Sterne in den Außenbahnen der Galaxie werden durch die Fliehkraft ins Badezimmer geschleudert. Stellen wir uns jetzt wieder vor, dass der Prozess im Inneren von Schwarzen Löchern, wie oben beschrieben, der Trennung von Raum und Zeit entspricht, und Raum und Zeit dem System hinzugefügt werden, während der Raum immer flacher wird - wie würde sich das auf Ihre Badewannensituation auswirken? Ich würde annehmen, dass die durch Ihre Hand verursachte höhere Rotationsgeschwindigkeit die Zunahme von Zeit repräsentiert. Die zweidimensionale Ausdehnung des Raumes könnten wir uns so vorstellen, dass während Sie die den Drehimpuls des Wassers erhöhen, die Wanne proportional zur Impulssteigerung größer wird. Der Rand der Wanne wandert also vom Zentrum weg – und zwar mit zunehmender Geschwindigkeit. Auf diese Weise wird verhindert, dass das Wasser überläuft, während die Rotationsgeschwindigkeit weiter erhöht werden kann.

Im Ergebnis bedeutet das nichts anderes, als dass die Fliehkraft nur dann zum Herausschleudern der sich an den Außenbahnen der Galaxie befindlichen Sterne sorgt, wenn ich von einem statischen Raum um sie ausgehe, der einen negativen, einen Gegendruck ausübt. Nehme ich ein beschleunigtes Bezugssystem an, also diesen Druck sukzessive weg, indem ich die Badewanne in dem Maße vergrößere, wie die gesamte Geschwindigkeit innerhalb des Systems wächst, bleibt das Badezimmer trocken.

Und zu guter Letzt würde ich Sie dann noch bitten, den Abfluss der Wanne wieder zu öffnen während Sie stetig die Rotationsgeschwindigkeit des Wassers weiter erhöhen und die Badewanne immer größer und größer wird. Ich weiß, langsam sitzen Sie im Trockenen aber halten Sie durch... denkt man diesen Prozess immer weiter, dann nähert sich das ganze nämlich langsam aber sicher einem zweidimensionalen Szenario. Der Badewannenrand wandert immer weiter weg von Ihnen, die Rotationsgeschwindigkeit wird immer höher, der Wasserstand wird immer flacher - irgendwann ist die Badewanne unendlich groß, verliert dabei aber leider sukzessive eine Raumdimension und alles bewegt sich in Lichtgeschwindigkeit voneinander fort. So, vielen Dank, Sie können wieder aus der Wanne steigen und sich abtrocknen.

Nähmen wir jetzt einmal an, das Universum sähe insgesamt so ähnlich aus wie eine Spiralgalaxie, also wie Ihre Badewanne – in der Mitte ein zugegebener Maßen extrem massereiches Schwarzes Loch und alles drum herum im Wesentlichen auf einem spiralierenden Weg um dieses Zentrum herum. Überall und reichlich Wirbel im System, die die Galaxien darstellen. Und stellen wir uns weiter vor, dass überall in den vielen Schwarzen Löchern, auch in dem Riesending in der Mitte, eine Trennung nach der anderen vollzogen wird. Raum und Zeit gehen getrennte Wege, während die Gravitation allein im Schwarzen Loch zurückbleibt und nach neuem Anschluss sucht. Die Zeit vergeht, alles wird immer schneller und größer. Und es wird flacher – klingt komisch, entspricht aber exakt den Erwartungen der Physiker. Denn während wir davon überzeugt sind, dass wir in einem dreidimensionalen Raum leben, sprechen die Astronomen davon, dass das Universum insgesamt irgendwie flach sei. Bei ihren Berechnungen und Beobachtungen nämlich scheint es so, als ob auf lange, also auf sehr sehr lange Distanzen der Raum nicht krumm ist, wie die Oberfläche des Rosinenkuchenuniversums, sondern flach. Überall scheint die Euklidische Geometrie zu gelten, sodass die Summe der Winkel eines Dreiecks immer 180 Grad beträgt. Würden Sie ein Dreieck auf der Oberfläche des Rosinenkuchens auseinanderfalten, sodass die Linie schließlich der Oberfläche des Kuchens entspräche, dann wäre die Winkelsumme des Dreiecks jedoch größer als 180 Grad. Bei allem was die Physik aber heute weiß, muss man wohl davon ausgehen, dass das Universum weniger wie ein Rosinenkuchen aussieht, sondern eher wie eine Scheibe.

Damit auch dieses kleine Rätsel noch gelöst wird, bitte ich Sie noch ein letztes Mal, sich mit mir auf ein kleines Gedankenexperiment einzulassen. Nein, keine Angst, Sie müssen nicht nochmal in die Badewanne steigen – wir kommen zurück in die Küche, zurück zum Backofen, indem sich das Rosinenkuchenuniversum zwischenzeitlich prächtig entwickelt hat. Sieht sehr lecker aus - alles wird größer, alles entfernt sich immer schneller voneinander – Sie können schonmal den Kaffee kochen. Bevor Sie das tun, stellen Sie sich aber bitte noch kurz vor, was passieren würde, wenn Sie diesen „Wachstumsprozess“ so beeinflussen könnten, dass die Ausdehnung des Kuchens nur in zwei und nicht in alle drei Raumdimensionen erfolgen würde. Der Kuchen wird also größer aber nicht, indem er in alle Richtungen gleich wächst, sondern nur in zwei. Was passiert? Richtig, der Kuchen wird flacher! Was passiert noch? Genau, die Rosinen bewegen sich nicht mehr auf einer graden Linie vom Zentrum der Backform weg, sondern fangen an zu rotieren. Denken Sie diesen Prozess einfach weiter und weiter und Sie sehen, wie der Kuchen immer flacher und flacher wird und sich die Rosinen immer schneller und schneller in einer Kreisbahn bewegen. Schließlich ist auch der Kuchen, leider, wie die Badewanne und das Trampolinnetz ganz zweidimensional und alles ist zu Ende, oder am Anfang.

Und so fügt sich alles schön geschmeidig zusammen, und genauso stelle ich mir daher das Universum vor, indem es weder dunkle Materie noch dunkle Energie braucht. Der Trennungsprozess von Raum und Zeit innerhalb von Schwarzen Löchern sorgt dafür, dass immer mehr starke Kernkraft in Form von zweidimensionalem Raum sowie schwache Wechselwirkung in Form von Beschleunigung unabhängig voneinander das weiterhin bestehende dreidimensional Universum „ausfüllen“. Das führt dazu, dass der Raum immer zweidimensionaler, das Universum also flacher wird und sich alles was noch das ist, stetig und immer schneller beschleunigt. Das wiederum hat zur Folge, dass sich alles im Universum immer schneller voneinander fortbewegt während das Universum dabei immer flacher wird. Irgendwann wird sich alles in maximaler, also in Lichtgeschwindigkeit voneinander entfernen und zwar zu dem Zeitpunkt, indem das Universum vollständig zweidimensional, also zu einem Feld geworden ist. Ich gehe davon aus, dass zu exakt diesem Zeitpunkt der gesamte Raum und alles an Zeit in den Schwarzen Löchern voneinander „getrennt“ wurden. Es existiert also keine Materie mehr, nur noch drei voneinander getrennte Grundkräfte im zweidimensionalen Raum.

Und als kleine Gutenachtgeschichte zum Schluss noch die Mär vom Ende und vom Anfang: Eine der drei Grundkräfte, die seit der ersten Trennung von Raum und Zeit ganz traurig in ihrem Schwarzen Loch im Zentrum des Universums hockt, ist die Gravitation. Immer weniger gibt es im Universum zu verbinden, immer schneller driftet alles auseinander, immer anstrengender wird es, noch den letzten Rest Verbindung aufrecht zu erhalten. Und als alles mit Lichtgeschwindigkeit auseinanderstrebt, der Zeitpunkt also, an dem der Zeitfaden der unten aus dem Trampolinnetz herauskommt und der Raum vollständig zweidimensional in einem rechten Winkel zu dem Zeitfaden verläuft, da kann auch die Gravitation nicht mehr, die Verbindung reißt endgültig ab – nichts ist mehr miteinander verbunden. Aber siehe da – kaum reißt die Verbindung, schwingt das zweidimensionale Raumnetz einmal durch und reißt auf der anderen Seite. Und aus diesem Riss heraus entsteht ein neues Universum, noch nicht groß, nur eine Plancklänge mal eine Planckzeit misst diese winzige Welt, aber immerhin, ein Anfang ist gemacht.

Etwas weniger prosaisch könnte man auch sagen, dass eine Energie, die von ihrer Natur aus Verbindung oder auch Gleichzeitigkeit ist und die nichts hat, um es miteinander zu verbinden, nicht traurig, sondern in diesem Zustand instabil ist. Sie sorgt dafür, dass das zweidimensionale Energiefeld der starken Kernkraft, das aufgrund der elektroschwachen Wechselwirkung schwingt, diesen Schwingungszustand irgendwann durchbricht, das zweidimensional schwingende Netz reißt und sich starke Kernkraft und elektroschwache Wechselwirkung, verbunden durch die Gravitation wieder in einem dreidimensionalen Raum und der

Zeit Ausdruck verschaffen - und alles geht von vorne los.

Betrachtet man das Ganze also nicht als Ende, sondern als Anfang, dann gibt es zunächst die starke Kernkraft, dargestellt als zweidimensionale Fläche - ein unendliches Trampolinnetz, das alles darstellt was ist. In einem solchen zweidimensionalen Raum gibt es keine Veränderung, sodass die elektroschwache Wechselwirkung als Zeit nicht darstellbar ist. Will man Veränderungen in diesem Bild darstellen, braucht es die dritte Raumdimension – das Trampolinnetz fängt zu schwingen an, sodass man auch sagen könnte, dass die elektroschwache Wechselwirkung die dritte Raumdimension aufspannt. Und wenn in diesem Bild die starke Kernkraft das Netz und die elektroschwache Wechselwirkung die Schwingung des Netzes darstellen, dann ist die Gravitation nicht mehr die Verbindung, die Beziehung und damit irgendwie das Schöne und Gute was alles zusammenhält, sondern die böse Schere, die das Netz zerschneidet und damit das Eine vom Anderen trennt. Aber das Philosophieren über die Ambivalenz des Guten und Schönen heben wir uns für später auf - lassen Sie uns zunächst noch ein bisschen bei der kausalen Betrachtungsweise der Welt und damit bei den Naturwissenschaften verbleiben und dem Zeitstrahl folgen. Kurze Pause, und dann sehen wir sehen uns in ein paar Milliarden Jahren wieder.

IV. SURVIVAL OF THE BEDÜRFNISBEFRIEDIGER

Wäre dieses Buch ein Historienroman, dann wären seit dem letzten Kapitel ca. 10 Mrd. Jahre vergangen. Jedenfalls ist das laut der Wissenschaft so ungefähr die Länge des Handlungslochs zwischen dem zuletzt besprochenen Urknall und der Entstehung des Lebens auf der Erde und dem was daraus wurde - dem nächsten Thema, dem wir uns widmen wollen. In der Zwischenzeit ist natürlich viel passiert - Elemente und andere Materiestrukturen haben sich entwickelt, alles fliegt wild im Universum durch- und aneinander, ex- und implodiert und bildet sich irgendwann in Sternen und Planeten etc. aus. So auch geschehen mit und in unserem Sonnensystem und in diesem auf unserem lieben Heimatplaneten, wo zudem, niemand weiß genau wann und wie, vielleicht mit einem Plopp oder auch geräuschlos, das erste Lebewesen das damals noch ziemlich diffuse Licht der Welt erblickte. Für diesen Zeitraum, also zwischen dem Urknall und der Entstehung des Lebens auf der Erde, unterstelle ich, dass nichts passiert ist, als dass die drei im letzten Kapitel besprochenen Grundkräfte gewirkt haben und sich aus ihnen dieses beliebig komplex gewordene Universum in seinem gesamten Erscheinungsbild entwickelt hat. Niemand hat zwischenzeitlich etwas hinzugefügt, nachgesalzen oder mit anderen Ingredienzien abgeschmeckt. Alles ist Ausdruck dieser drei Grundkräfte und nichts ist außer diesen. Das jedenfalls ist meine Annahme, von der aus es hier weitergehen soll.

Nach wohl herrschender Begriffsauslegung beschreibt der Zeitpunkt, zu dem die erste Zelle entstand, auch den Beginn der Evolutionsgeschichte. Zwar hat es noch einmal ca. 3,6 Mrd. Jahre gedauert, bevor ein Herr Charles Darwin zunächst auf der Beagle ein paar Jahre die Welt umsegelte, um dann, weitere 20 Jahre später, mit einer Theorie in die Öffentlichkeit zu treten, die heute weitestgehend schlicht als die „Evolutionstheorie" bezeichnet wird und die in der Biologie seither als das Standardmodell gilt. Aber selbst wenn wir erst viel später gelernt haben, schöne Worte für das zu finden, was sich seinerzeit in der Ursuppe regte, so ist es doch dieser Zeitpunkt, der die eigentliche Zäsur darstellt. Denn ab jetzt schauen wir auf das „Wunder" des Lebens. Wir finden das wahrscheinlich deshalb so wunderbar, weil wir Teil desselben sind und uns insgesamt ja auch für ziemlich wunderbar halten. Und man kann sich ja auch wundern, jedenfalls solange die Frage: „Und wie genau nochmal ist das abgelaufen mit der ersten Zelle“? nicht wirklich gut beantwortet ist. Die Wissenschaften jedenfalls nehmen diesen Zeitpunkt zum Anlass, den Staffelstab von der Physik und der Chemie an die Biologie zu übergeben. Die Einen reden über das davor, die Anderen über das danach. Die Ziellinie des Einen oder der Startschuss des Anderen, da sind sich alle einig, die müssen schon irgendwie da gewesen sein, aber so richtig genau, also ich meine richtig richtig genau, wissen wir es auch nicht. Der Vorteil der Wissenschaften ist, dass sie dieses Fragezeichen bis auf weiteres aussitzen können. Alle anderen Welterklärungstheorien brauchen da etwas mehr. Und wie immer, wenn wir Menschen es mit unserer eigenen Unwissenheit nicht mehr aushalten, stellen wir die Frage: „Who's to blame?“ Es kann doch nicht einfach so und ohne Grund! Also hatte irgendjemand da ganz sicher seine Hand im Spiel! Und auch wenn ich kein Naturwissenschaftlicher bin, ich lasse das Fragezeichen an dieser Stelle dennoch einfach mal stehen und unterstelle als Grundlage für das was da noch folgt in diesem Buch, das alles was vor der ersten Zelle da war, die drei Grundkräfte waren und dass alles was in der ersten und seither in jeder Zelle wirkt, nichts anderes sein kann. Ich addiere keinen göttlichen Funken und auch keinen großen grünen Arkelanfall, ich addiere nichts. Schauen wir doch mal, was bei dieser Rechnung herauskommt.

1. Vom Zufall und seiner Umwelt

Die Evolutionstheorie geht von der Annahme aus, dass sich die Arten und deren Weiterentwicklung als Folge der natürlichen Selektion ergeben. Natürliche Selektion kann definiert werden als „Reduzierung des Fortpflanzungserfolgs bestimmter Individuen einer Population mit der Folge, dass andere Individuen, die im Rückblick als „überlebenstüchtiger“ erkennbar sind, sich stärker vermehren“. „Die entscheidenden Einflüsse üben äußere Faktoren der Umwelt, sog. Selektionsfaktoren, aus. „Überlebenstüchtigkeit“ (Fitness) bedeutet nicht das „Überleben der Stärksten“. Sie kann auch Kooperation und Altruismus einschließen. Entscheidend ist, dass die Erbanlagen von Individuen nicht mit der gleichen Wahrscheinlichkeit weitergegeben werden.“[3]

[3] In: Wikipedia, Die freie Enzyklopädie. Bearbeitungsstand: 5. September 2017, 07:59 UTC. URL:

In weniger wissenschaftlichem Duktus könnte man auch sagen: Die Umwelt und damit die Rahmenbedingungen für Lebewesen verändern sich stetig. Auch das Erbgut der Lebewesen verändert sich stetig durch Mutationen, die zufällig und nicht zielgerichtet erfolgen. Passt eine solch zufällige Veränderung des Erbguts eines Lebewesens gut zur Veränderung der Umweltbedingungen, dann wird sich diese Erbgutveränderung im Laufe vieler Generationen dieser Arten von Lebewesen durch Vererbung durchsetzen, weil diejenigen Lebewesen, die die Mutation in sich tragen, bessere Chancen haben zu überleben und sich fortzupflanzen. Oder noch schlichter: Draußen ist es kalt und daher sind Fell, das Fell eines anderen, gemeinsames Kuscheln oder Zentralheizungen gute Ideen, wenn es darum geht, einen Partner fürs Leben zu finden.

Diese Theorie ist so erfolgreich, weil sie schlüssig erklären kann, wie die Entwicklung der Arten vonstatten geht. Allerdings wird sie häufig in dem Sinne missverstanden, als dass die Natur mit der Evolution einen Plan oder ein höheres Ziel verfolge. Mir geht es manchmal auch so, z.B. wenn ich darüber staune, wie unfassbar clever es ist, dass Giraffen so lange Hälse haben, damit sie auch in dürren Gegenden an die Blätter von Bäumen herankommen. Und ich muss mich dann immer daran erinnern, dass es nach der Evolutionstheorie nicht clever, sondern Zufall ist. Es existiert nämlich kein Evolutionsgremium, dass z.B. in Sondersitzungen zur Klimaveränderung zusammensitzt und sich überlegt, ob nun eine Genmutation mit Folge dünneren Fells oder eine Genmutation mit der Folge eines größeren Gehirns die bessere Alternative ist, um auf die Veränderung angemessen zu reagieren. Trial and Error ist das Prinzip. Wenn Trial zu oft zu Error führt, dann stirbt die Art halt aus. Die Natur zuckt mit den Achseln und macht einfach mit was anderem weiter. Im Grunde beschreibt die Evolutionstheorie also nicht warum Arten sich verändern oder gar warum Leben entstanden ist, sie beschreibt lediglich den Veränderungsprozess, also das „Wie“ sich die Arten verändern.

Und um dies tun zu können gründet sie ihre Aussage a priori zunächst auf zwei Arbeitshypothesen:

1. Die lebendige Natur kann in Kategorien, in Arten unterteilt werden.

---

https://de.wikipedia.org/w/index.php?title=Selektion_(Evolution)&oldid=168793962 (Abgerufen: 27. September 2017, 08:41 UTC)

2. „Erfolg“ im Sinne der Theorie bedeutet Erhöhung der Reproduktionswahrscheinlichkeit.

Diese beiden Hypothesen sind sinnvoll, um eine Theorie zu schaffen, die den Veränderungsprozess bei der Entwicklung bestimmter Gruppen von sich ähnelnden Lebewesen erklären soll. Die Kategorisierung in Arten ist notwendig, weil es, um eine Veränderung zu beschreiben, zunächst eine Referenz geben muss, von der aus man die Veränderung beobachten kann. Man könnte also mal wieder sagen: Ohne Bezugssystem keine Information. Und die Annahme, dass es bei der ganzen Angelegenheit um die Reproduktion des Lebens von sich selbst geht, scheint ganz einfach der Beobachtung zu entsprechen. Lebewesen werden „geboren“ und „sterben“ und da das Leben nicht immer aus dem Nichts mit dem ersten Einzeller von Neuem beginnt und das Leben an sich bis heute noch nicht ausgestorben ist, scheint so etwas wie ein Reproduktionsantrieb im Leben selbst angelegt zu sein. Will man nun die beobachteten Veränderungen von einer Generation zur nächsten beschreiben und bewerten, so ist es naheliegend als Kriterium für „erfolgreiche“ Veränderungen die Erhöhung der Reproduktionswahrscheinlichkeit heranzuziehen. Soweit so unproblematisch. Leider sind in dieser Logik jedoch einige Fallstricke angelegt, in denen man sich bei mangelnder Vorsicht leicht verheddern kann.

Denn die einfache Gleichung „Erfolg“ gleich „Reproduktion“ wird bei einigen Naturbeobachtungen unmittelbar vor größere Erklärungsnotstände gestellt. So gibt es beispielsweise nicht wenige Arten, bei denen sich nur einzelne Exemplare fortpflanzen und der Großteil der Individuen nicht einmal theoretisch in der Lage wäre, sich zu replizieren. Somit kann es, laut einiger Evolutionstheoretiker des 20. Jahrhunderts, zumindest nicht bei jeder Art um die Fortpflanzung des einzelnen Individuums gehen, sondern höchstens noch um die Erhaltung der Art. Das scheint auf den ersten Blick ja durchaus auch schlüssig aber leider nur solange, bis man ein bisschen nachfragt und erfährt, dass die Biologie sich über das was eine „Art“ sein soll, selbst nicht ganz im Klaren ist. Das kann nicht verwundern, wenn man sich vorstellt, dass mehrere Mutationen ja irgendwann jede Art zu einer anderen werden lässt, die die alte Art potentiell aufgrund besserer evolutorischer Fitness aus Ihrem Lebensraum verdrängen und zum Aussterben verurteilen könnte. Müsste dann das Prinzip der Erhaltung der Art nicht streng genommen dazu führen, dass die Individuen einer Art, die eine Mutation aufweisen, die nach der biologischen Definition eine neue Art begründen würden, von den Anderen zumindest links liegen gelassen, vielleicht aber auch vorsichtshalber den Löwen zum Fraß vorgeworfen werden müssten, damit sie sich nicht fortpflanzen und letztlich dafür sorgen, dass die „alte“ Art ausstirbt?

Des Weiteren besteht die Gefahr, dass man das Kriterium „Reproduktionserfolg“ mit der Artenhypothese auf unheilsame Weise verknüpft und in beidem zusammen eine Intentionalität der Natur bezüglich des Erhalts bestimmter Arten zu entdecken denkt. In diesem Fall würden sich die Arten also miteinander in einem Wettbewerb, im Kampf ums Überleben befinden. „Gute“ und „starke“ Arten überleben und „schlechte“, „schwache“ Arten sterben aus. Tauscht man jetzt das Wort „Arten“ noch durch das Wort „Rassen“ und behauptet, dass das eben eine Gesetzlichkeit der Natur sei, so hat man ein Theoriemonster geschaffen, was von der Diskriminierung bis zum Massenmord potentiell alles zu rechtfertigen weiß. Dieses Konzept der Arterhaltung als evolutorische Intentionalität, die dem Individuum eine biologische Disposition bezüglich des Überlebens der Mitglieder der eigenen Art unterstellt, scheint erfreulicherweise in der Biologie seit längerem nicht mehr ernsthaft vertreten zu werden. Leider gilt das Gleiche offensichtlich nicht für die politische Ideologie, wie man aus dem Wiederaufleben längst überkommen geglaubter Argumentationen von Politkern in diesen Tagen konstatieren muss.

Doch auch in der Biologie hat man sich nicht gänzlich von der Verknüpfung von Kategorie und Erfolg gelöst. Die daraus folgende These der Intentionalität des natürlichen Reproduktionsvorgangs bildet nach wie vor die Grundlage für neuere Evolutionstheorien, die das Konzept der Artenselektion durch das Konzept der Verwandtenselektion oder das sogenannte egoistische Gen substituiert haben.

Die Annahme, dass es in der Evolution intentional um den Erfolg bei der Reproduktion zu Gunsten einer bestimmten Gruppe, z.B. der Familie gehen würde, führt in der Wissenschaft notwendigerweise zu dem Versuch, diese Annahme durch Beobachtungen in der Natur zu bestätigen. Weil wir aber die lebendige Natur, mit Ausnahme der Menschen, nicht fragen können, warum sie sich so verhält, wie sie sich verhält, versuchen wir allein aus dem beobachteten Verhalten der Lebewesen auf die Bestätigung unserer Theorie zu schließen.

Wenn es nun in der Evolution allein um den Reproduktionserfolg zu Gunsten einer bestimmten Gruppe von Lebewesen ginge, dann müsste nach der wissenschaftlichen Logik auch das gesamte Verhalten aller Lebewesen dieser Gruppe durch diesen Zweck erklärbar sein. Das ist zwar im Grunde ein Zirkelschluss aber so oder so ähnlich stelle ich mir das Gedankengebäude der Evolutionstheoretiker vor, die auf die Idee gekommen sind, für das Verhalten von Tieren eine Kosten-Nutzen-Analyse bezüglich des Reproduktionserfolges durchführen. Auf der Kostenseite zählen Dinge wie z.B. Energieaufwand oder das Eingehen von Risiken bzgl. externer Bedrohungen. Auf der Nutzenseite zählt allein der Reproduktionserfolg. Aus der Beobachtung, dass Leben irgendwann einmal entstanden und seither nicht wieder verschwunden ist, wird also gefolgert, dass der Zweck des Lebens allein die Erhaltung seines selbst ist. Und weil das so sei und Tiere im Gegensatz zum Menschen reine Reiz-Reaktions-Maschinen seien, müsse sich auch das Verhalten der Tiere allein aus diesem Reproduktionsziel erklären lassen.

Richard Dawkins hat diese Idee mit seiner Theorie über das „egoistische Gen" auf die Spitze getrieben. Demnach wären es die Gene, die ihr „Überleben" sichern wollten und sich dazu der Tiere und Pflanzen bedienten, die wie Avatare der Gene deren Kampf um die Weitergabe von Generation zu Generation führten. Laut Dawkins sei damit auch erklärt, warum es in der Tierwelt häufig zu altruistischem Verhalten und sogar zum altruistischen Selbstmord kommt – auf das Individuum käme es ja nicht an, sodass die Gene das eine oder andere ruhig in den altruistischen Selbstmord schicken könnten, solange dieser die Wahrscheinlichkeit erhöht, dass das Gen, getragen durch ein anderes Individuum der gleichen Spezies, Familie oder sozialen Gruppe an die nächste Generation weitergegeben werden kann.

Lustige Vorstellung – ein Gen, nennen wir es einmal Darth Gender - überlegt sich, dass die Tier-Maschine, in der es haust leider nicht gegen alle Gefahren da draußen gewappnet ist. In der aktuellen Generation lässt sich das ja nun leider nicht mehr ändern. Leider funktioniert auf Genebene auch die Telekommunikation noch nicht zuverlässig, sodass keine Generalversammlung aller Gene in den anderen grade lebenden Tier-Maschinen der gleichen Art oder Familie einberufen und versucht werden kann, diese in den Kampf gegen die übermächtigen Gefahren und damit zum Selbstmord zu seinen Gunsten zu überreden. Darth Gender veranlasst daher durch Mutationen für die nächste Generation einige Exemplare, die sich selbst opfern, um Darth jun. das Überleben zu sichern und damit dessen Reproduktionserfolg zu erhöhen.

Dawkins Theorie zeigt m.E. beispielshaft, zu welchen Problemen die Annahme führt, es gäbe so etwas wie einen Selbstzweck namens „Leben“, egal ob es nun die Gene oder doch das lebende System drumherum betrifft. Um erklären zu können, warum in vielen Sozialverbänden Verhalten von Tieren beobachtet wird, das offensichtlich keine Verbesserung des eigenen Reproduktionserfolgs verspricht und in der Annahme, dass das einzelne Lebewesen selbst nur Vehikel der Lebenserhaltung an sich ist, braucht es jemanden, der von der ganzen Angelegenheit profitiert. Da es das einzelne Individuum nach diesen Theorien nicht sein kann, wird der Vorteil der Gruppe, bestimmter anderer Gruppenmitglieder oder aber des Gens als Motivation für das ansonsten nicht erklärbare Verhalten herangezogen.

Der Evolutionsbiologe William D. Hamilton hat diese Annahme in eine konkretere Formel der Kosten-Nutzen-Rechnung gebracht, die zu der Verhaltensvorhersage führt, dass ein Individuum im Extremfall altruistischen Selbstmord begeht, wenn auf diese Weise das Leben von mehr als zwei Kindern, vier Enkeln oder acht Cousins gerettet werden kann. Für den Laien stellt sich natürlich sofort die Frage, wie ein einzelnes Individuum z.B. eine Ameise bei seinem Selbstmord sicher sein kann, dass das auch so sein wird? Und sagt es seinem Kumpel kurz vor seinem Ableben noch so was wie: „Lass mich ruhig zurück aber versprich mir, dass du auf die Kleinen aufpasst!“, bevor es mit dem wohligen Gefühl als Held zu sterben, dahinscheidet? Kommt die suizidale Ameise vielleicht sogar in den Ameisenhimmel, wo 138 wunderschöne Ameisenjungfrauen auf sie warten?

Der Biologe antwortet natürlich, dass die Ameise bei ihrem Ableben einem inneren Gen-Zwang folgt und als Reiz-Reaktions-Maschine gar keine Entscheidungsfreiheit hat, ob es sich nun opfert oder es doch lieber anderen überlässt, als Helden zu sterben.

Ich muss gestehen, dass ich Mühe mit diesen Theorien habe, weil sie Zwecke unterstellen, die außerhalb des einzelnen lebenden Systems liegen. Sie unterstellen, dass bestimmte Verhaltensweisen, die im Sinne der Evolutionstheorie für das einzelne Individuum negativ sind, durch ein Gen gleichwohl zu diesem Verhalten gezwungen werden, weil es für die Verwandtschaft oder bestimmte Gene einen Vorteil in sich birgt. Erfreulicherweise wird mein Zweifel durch neuere wissenschaftliche Erkenntnisse als nicht ganz falsch bestätigt. So wurden beispielsweise Verhaltensweisen bei Bienenvölkern beobachtet, die sich mit der

Hamiltonschen Theorie nicht vereinbaren lassen, sodass man wohl davon ausgehen muss, dass in dessen Kosten-Nutzen-Rechnung einige Posten fehlen.

Im Ergebnis erscheint es mir sinnvoll, die Kategorisierung in verschiedene Arten und das Bewertungskriterium „Reproduktionserfolg“ in der Evolutionstheorie als das zu nehmen, was sie sind: a priori Annahmen, die die Grundlage für eine wissenschaftliche Theorie bilden, die erklärt wie etwas funktioniert und nicht warum und damit den Sinn des Lebens mit der Erhaltung seines selbst gleich mitdefiniert. Denkt man Evolution nämlich ohne Kategorien und ohne Intention ist sie schlicht der bisher erfolgte Ablauf von Geburt und Tod einzelner Lebewesen und die Veränderung derselben von Generation zu Generation. Die Kategorisierung in verschiedene Arten ist also ein von Menschen erdachtes Ordnungsprinzip, das beobachtete Ähnlichkeiten von Individuen beschreibt und damit dem Menschen hilft, sich einen Überblick zu verschaffen. Die Natur denkt aber nicht in Ordnungsprinzipien und auch nicht in Erfolgskategorien, sondern schafft durch permanente Veränderung einen Ablauf der Dinge, der nicht durch Zäsuren, wie das Aussterben einer Art oder das Überleben der Familie, in zeitliche Abschnitte geteilt wird. Das Prinzip der „Erhaltung“ der Arten, des Stammes oder der Familie stellt also ein menschliches Konstrukt dar, was uns Zusammenhänge darüber wie etwas abläuft erkennen und erklären hilft – als evolutorisches Prinzip im Sinne einer bestimmten Intentionalität der Natur und damit einer Sinngebung, wäre es missverstanden.

Gleiches gilt für die Annahme, dass das Leben, einmal entstanden, sich selbst erhalten wolle. Dieses Missverständnis liegt m.E. darin begründet, dass die Evolutionstheorie den Reproduktionserfolg zwar lediglich als Mechanismus beschreibt, der erklärt, wie es zum Aussterben bestimmter Arten mangels Anpassung an geänderte Umweltbedingungen kommt, der Begriff „Erfolg“ jedoch eine Intentionalität nahelegt. Und wenn es in der Natur weder um die Fortpflanzung des einzelnen Individuums gehen kann und auch nicht um die Erhaltung der Art, Familie oder Sozialgemeinschaft, dann würde sich Reproduktionserfolg allein auf das Kriterium der Erhaltung des Lebens an sich beschränken. Das Leben als Selbstzweck also.

Wenn aber das Leben um des Lebens willen existiert, stellt sich die Frage, warum es die Natur nicht bei so erfolgreichen Spezies wie dem

Bärtierchen belassen hat, das Frost aushält und so gut die Luft anhalten kann, dass es sogar ein paar Jahre im All überlebt. Wenn der Zweck der Übung das Überleben des Lebens ist, dann gibt es keinen Grund, warum all diese tollen aber nicht überlebensfähigen Arten entstanden sind, die dann im evolutionsbiologischen Sinn keinen Sinn machen - schließlich sind die meisten Arten bisher nicht erfolgreich gewesen und daher ausgestorben.

„Halt, halt“ ruft der Evolutionsbiologe, „Mutationen, Du hast die Mutationen vergessen!“ Und er hat Recht, die Mutationen oder auch der Zufall fehlt in dieser Gleichung. Bei der Reproduktion von sich selbst macht die Natur Fehler, manchmal kleine, manchmal größere, und bei der Anfertigung von Genkopien wirkt sich dieser Umstand darin aus, dass Folgegenerationen mit Veränderungen auf die Welt kommen, die im besten Fall dazu geeignet sind, das Individuum in seiner Auseinandersetzung mit der Umwelt und deren Veränderungen besser auszustatten als die Verwandten. In der Terminologie der Evolutionsbiologie taucht in diesem Kontext der Auswirkungen von Umweltveränderungen auf eine Spezies häufig der Begriff des „Evolutionsdrucks“ auf. Ich missverstehe diesen Begriff stets in dem Sinne, dass bei Erhöhung des Evolutionsdrucks auch eine größere Wahrscheinlichkeit von Mutationen oder gar die Entwicklungsgeschwindigkeit des Evolutionsprozesses erhöht würden. Die Evolutionstheorie aber beschreibt zunächst und vor allem einen reaktiven Prozess – die Umweltbedingungen ändern sich, die Art reagiert durch Aussterben. Starke Umweltveränderungen führen daher nicht zu einem Druck auf die Entwicklung einer Art in eine bestimmte Richtung, sondern beschleunigen das Aussterben derer, die nicht aufgrund zufälliger Mutationen mit diesen Bedingungen klarkommen. Je mehr Individuen einer Generation vom Wetter hinweggerafft werden, desto höher die Wahrscheinlichkeit, dass diejenigen mit Regenschirm bei der Brautschau erfolgreich sein werden. Ich würde daher auch eher von einem Evolutionssog als von einem Druck sprechen, aber in der Sache tut das natürlich nichts zur Sache.

Denn worauf ich an dieser Stelle hinauswill, ist der Umstand, dass die Evolutionstheorie in ihrem reaktiven Bestandteil annimmt, dass das Leben ausstirbt, weil die natürliche Reaktion einer Spezies auf geänderte Umweltbedingungen das Aussterben ist. Neben diesem reaktiven Theoriebestandteil beinhaltet die Evolutionstheorie aber auch einen aktiven Bestandteil, der durch die zufälligen Mutationen beschrieben wird, also absichtslose Fehler der Natur bei der Reproduktion von sich selbst, die zu Veränderungen der Arten führen, die zufällig die Reproduktionswahrscheinlichkeit erhöhen. Während der reaktive Theoriebestandteil noch als zielgerichtet missverstanden werden könnte, schließt der aktive Theoriebestandteil, der Zufall, hingegen jede Intentionalität des Lebens aus. Alles zusammen erklärt also schlüssig, wie es zu der Veränderung der Arten kommt aber liefert eben keinen Sinn für die ganze Übung. Und diesen sollte man m.E. auch nicht durch Theorien über die Erhaltung von Arten oder ähnlichem in die Theorie hineininterpretieren.

2. The missing link

Obwohl die Evolutionstheorie in der Wissenschaft so erfolgreich ist, dass man schon fast dazu neigen könnte, sie als wahr zu bezeichnen, gibt es auch Menschen, die sich einfach nicht vorstellen können, dass damit schon alles erklärt sei. All diese perfekt zueinander passenden Dinge in der Natur, z.B. dass Giraffen genau so lange Hälse haben, dass sie in kargen Gegenden an die Blätter von Bäumen herankommen, die könnten doch nicht durch Zufall entstanden sein. Nun sind sich zumindest einige Vertreter dieser als „Kreationismus“ bezeichneten und religiös motivierten Theorie auch im Klaren darüber, dass der Umstand, dass man sich das so nicht vorstellen könne, als Argument gegen eine wissenschaftliche Theorie nicht viel taugt. Und deshalb ist das wohl beliebteste Argument dieser Vertreter, dass die Zeit seit der Entstehung des Lebens für die Entwicklung solch unterschiedlicher Arten, die in so differenzierten Ausprägungen und so perfekt in einem System ineinandergreifen, nach dem Prinzip von Versuch und Irrtum nicht ausreichend gewesen sei. Es bräuchte vielmehr eine aktive, eine kreative und zielgerichtete Gestaltung dieses Prozesses und dazu würde sich Gott doch als Erklärung anbieten.

Das Zeitargument der Kreationisten, so nachvollziehbar es auf den ersten Blick auch scheinen mag, ist allerdings gar keines. Denn um es zu einem zu machen, müssten die Kreationisten nicht nur behaupten, dass die Zeit nicht ausgereicht hätte, sondern sie müssten es statistisch auch beweisen, zumindest aber nachvollziehbar machen können. Weder die Vertreter der Evolutionstheorie noch die Kreationisten aber haben auch nur ansatzweise das Werkzeug zur Hand, um eine valide statistische

Aussage darüber machen zu können, in welcher Zeit sich bei einer bestimmten Mutationswahrscheinlichkeit Arten „erfolgreich" verändern. Dazu müsste man nämlich nicht nur wissen, wie häufig Mutationen zu Veränderungen des Erbguts und diese wiederum zu signifikanten Veränderungen der Arten führen, sondern man müsste zudem auch noch wissen, wie diese die Wahrscheinlichkeit der Vererbung aufgrund erhöhter evolutionärer Fitness beeinflusste. Um letzteres zu kennen, müsste man wiederum die vollständigen Umweltbedingungen jedes einzelnen Individuums zu jeder beliebigen Zeit kennen. Was wir aber tatsächlich von der Vergangenheit der letzten paar Milliarden Jahre zu wissen glauben, ist im Verhältnis zur Realität nicht einmal ein Tropfen auf dem heißen Stein.

Keine der beiden Theorien kann also beweisen, dass die Zeit für die reaktive und ungesteuerte Entwicklung im Sinne der Evolutionstheorie ausgereicht hat oder dass es einen aktiv gestaltenden kreativen Designer dafür brauchte. Die Evolutionstheorie, die aber ansonsten schon vieles wissenschaftlich überprüfbar erklärt und nicht nur etwas behauptet, ist damit nicht wiederlegt und sollte jedenfalls diejenigen, die weiter auf der Suche nach der Wahrheit sind, vorzugswürdig erscheinen. Ein bisschen flapsiger könnte man den Kreationisten auch entgegenhalten: Wenn es einen intelligenten Designer gibt, warum macht er sich so einen Stress? Er könnte doch anstatt immer kleinteilig an jeder Spezies rumzuschrauben, damit sie besser mit den sich ändernden Umweltbedingungen klarkommt, einfach dafür sorgen, dass sich die Umweltbedingungen nicht ändern.

Auch wenn ich kein Freund der kreationistischen Idee bin, steckt in dem Gedanken, dass da noch was fehlt, vielleicht doch ein interessanter Kern. Ich habe oben erläutert, dass die Evolutionstheorie im Wesentlichen eine reaktive Theorie ist, indem sie sagt, dass sich die Umwelt ändert und die zufällige Veränderung der Spezies im Grunde nur als Weiterentwicklung erscheint. Die „Weiterentwicklung" der Arten erfolgt also reaktiv auf die Veränderung der Umweltbedingungen. Der aktive Bestandteil der Evolutionstheorie beschränkt sich auf die Feststellung, dass der Zufall über den Rest entscheidet. Die Kreationisten hingegen fordern eine aktive, zielgerichtete Gestaltung. Dieser aktive, gestaltende Teil scheint ihnen ganz einfach notwendig. Und ich muss gestehen, auch wenn zunächst nur gefühlt, dass ich das nachvollziehen kann, auch wenn ich nicht glaube, dass es sich dabei um Gott handelt.

Schauen wir uns noch einmal an, was das Leben an sich nach heutigem Stand der Erkenntnis überhaupt ist. Vielleicht steckt darin ja doch ein Erkenntnisgewinn in Bezug auf die Frage, wie und warum es sich in so vielfältiger und differenzierter Form zum Ausdruck bringt, der mehr ist, als die Annahme reinen Mutationszufalls.

Die Wissenschaft nennt bei ihren Versuchen, das Leben zu definieren eine Reihe von Eigenschaften, die gegeben sein müssten, damit man vom „Leben" sprechen könne. Häufig handelt es sich dabei um folgende Eigenschaften[4]:

a.) Ein Lebewesen ist stofflich, besteht also aus Materie.
b.) Lebewesen betreiben Stoffwechsel, stehen also mit ihrer Umwelt in Wechselwirkung.
c.) Lebewesen organisieren und regulieren sich selbst, sind also offene System, die sich einem Gleichgewichtszustand, den sie selbst aufrechterhalten (auch „Homöostase" genannt) befinden.
d.) Lebewesen pflanzen sich fort.
e.) Lebewesen wachsen und sind zur Entwicklung fähig und
f.) sie sind reizbar, reagieren also auf Veränderungen ihre Umwelt.

Diese Auflistung von Eigenschaften funktioniert gut, solange man etwas begutachtet, bei dem man ohnehin sicher ist, dass man es als lebendig betrachten will und dann feststellt, dass es über all diese Eigenschaften verfügt. Bei manchen Individuen einer Spezies wird die eine oder andere Eigenschaft nicht erfüllt - so können sich in vielen Insektenarten beispielsweise nicht alle Individuen fortpflanzen. Aber wenn wir eine Arbeitsbiene sehen, dann zweifeln wir trotzdem nicht daran, dass diese sehr lebendig ist. Und der Einzeller ist Einzeller, wenn er durch Zelltrennung entstanden ist, wächst und entwickelt sich danach aber nicht mehr, erfüllt also auch nicht alle Kriterien und wird von uns trotzdem als lebendig identifiziert.

Auch wenn im Umkehrschluss der Definition überprüft werden soll, ob das was wir als nicht lebendig kennen, auch nach dieser Definition definitiv nicht lebendig ist, kann die Definition zu merkwürdigen Ergebnisse führen. Die Erde mit allem drum und drauf ist

---

[4] In: Wikipedia, Die freie Enzyklopädie. Bearbeitungsstand: 26. September 2017, 14:15 UTC. URL: https://de.wikipedia.org/w/index.php?title=Leben&oldid=169447368 (Abgerufen: 27. September 2017, 08:43 UTC)

ein aus Materie gestaltetes System, welches Energie aufnimmt und diese umwandelt, sich dabei als offenes System in einem Gleichgewichtszustand befindet und auf Veränderungen der Umwelt reagiert. O.k. sie wächst und reproduziert sich nicht, aber diese beiden Eigenschaften, sind wie oben gezeigt, auch nicht zwingend notwendig, um eindeutig von etwas Lebendigem sprechen zu können. Im Ergebnis kann mal also sagen, die Aufzählung von Eigenschaften durch die Biologie reicht aus, um in der Biologie bezüglich des Begriffs „Leben" für ausreichend Klarheit zu sorgen, hilft uns aber nicht dabei, eindeutig beschreiben zu können, was nun lebendig und ist und was nicht.

Wenn uns die Fachleute der organischen Verbindungen, die Biologen, keine eindeutigen Antworten geben können, dann fragen wir doch mal bei den Fachleuten für anorganische Verbindungen, den Chemikern nach. Schließlich erklären die ja alles bis zur ersten Zelle, bevor die Biologen dann übernehmen. Die Chemiker erklären uns, dass und wie aus einfachen Stoffen, z.B. Wasserstoff durch Umwandlung und Kombination mit anderen Stoffen, komplexe Stoffe, z.B. Wasser entsteht. Die Chemie erklärt uns auch, dass durch Umwandlung von komplexen Stoffen sehr komplexe Stoffe, z.B. Aminosäuren entstehen. Und die Chemie erklärt uns schließlich, dass aus den sehr komplexen, extrem komplexe Stoffe entstehen können, z.B. Proteine. Das Problem an dem letzten Satz ist aber leider das Wörtchen „können". Die Chemie hat zwar eine Vorstellung davon, wie aus Aminosäuren der große Schritt zu Proteinen vonstattengehen könnte, hat es bisher aber nur geschafft unter großer Hitzeeinwirkung proteinähnliche Substanzen und Vorstufen von Nucleinsäuren, dem eigentlichen Lebensbaustein, aus Aminosäuren zu generieren. Der Schritt zur Reproduktion des Lebens ist bisher noch nicht gelungen und derzeit wohl auch nicht konkret in Sichtweite. Da stimmt die Chemie wohl nicht so richtig, aber wenn sich Experiment und Kreativität ein bisschen besser kennenlernen – vielleicht funkts ja doch noch bei den beiden.

Nochmal kurz zusammengefasst: Die Chemie beschreibt, wie immer komplexere Stoffe entstehen und damit im Grunde einen Prozess, der beliebige Komplexität erreichen kann. Und auch wenn der Schritt experimentell noch nicht nachvollzogen ist, könnte man von diesem Standpunkt aus gesehen also sagen, dass das Leben nichts anderes als extrem komplexe chemische Prozesse und Stoffbildung in extrem hoher Geschwindigkeit ist. Und wenn das so wäre, dann gäbe es auch kein Prinzip, das sich das Leben selbst erhalten will, sondern lediglich etwas, das auch schon in der Chemie steckte, als das Leben noch nicht entstanden war. Und dann wiederum könnte man behaupten, dass es der Natur eigentlich egal ist, ob es Leben gibt oder nicht. Irgendwann war es da, weil die Umstände es haben entstehen lassen. Und weil es da ist und die Umstände es zulassen, entwickelt es sich so, wie die Umstände es zulassen.

Falls Sie sich übrigens gerade fragen, wozu diese Gedankengymnastik: Wenn mit Beginn des Lebens das Leben als Zweck des Lebens entstanden wäre, wie ihn einige Subtheorien der Evolutionstheorie m.E. a priori annehmen, dann könnte ich die ganze Idee mit dem universellen Bezugsystem von Raum (starke Kernkraft) / Verbindung (Gravitation) und Zeit (elektroschwache Wechselwirkung) vergessen, weil dann eine weitere „Energie" die Bühne betreten hätte und alles ab der ersten Zelle dann nach potentiell anderen Regeln spielen würde. Man gut ist das aber nicht der Fall.

Und nun ahnen Sie sicher schon, worauf ich hinauswill: Wenn man das Leben als den Sinn des Lebens ausgeschlossen hat, könnte man das Ganze ja auch nochmal von vorne denken. Würde man die Nutzenseite der Rechnung der Evolutionstheorie reformieren und die Triade der Grundkräfte an die Stelle des Reproduktionserfolgs setzen, könnte das vielleicht den Charme haben, dass jede einzelne suizidale Ameise wenigstens glücklich ist, wenn sie das Zeitige segnet und man keine außerhalb des Individuums liegenden, übergeordneten Gründe z.B. für altruistisches Verhalten von Tieren mehr benötigt. Oder anders gesagt: Wenn man das universelle Bezugssystem einmal auf die Evolution anwendet – wo könnten wir es wiederentdecken, und ist es vielleicht möglich, eine neue Definition von „erfolgreich" zu finden, wenn „Überleben um des Überlebens willen" als Grund ausscheidet?

3. Fungi Grandioso

Die Welt der Lebewesen teilt sich in Flora und Fauna. So dachte ich jedenfalls immer. Allerdings gibt es noch eine dritte Kategorie von Lebewesen, die sich deutlich von Pflanzen und Tieren unterscheidet und von der wahrscheinlich mehr Arten existieren als es Pflanzenarten gibt. Wenn man den Unterschied dieser Art von Lebewesen zu Tieren und Pflanzen beschreiben wollte, dann könnte man sagen, sie sind sowohl als auch, gleichzeitig! Bei diesen Lebewesen handelt es sich um die Pilze.

Als ich das das erste Mal gelesen habe, da hat das Wort „Pilze“ mit einem Fragezeichen dahinter, für kurze Zeit den Raum zwischen meinem rechten und meinem linken Ohr vollständig ausgefüllt und sich nicht bewegt. Vielleicht ging Ihnen das ja eben so ähnlich. Und darum nochmal langsam und mit ein paar mehr Informationen drum herum.

Flora – Die Welt der Pflanzen definiert ihre Bewohner als Lebewesen, die ihre Energie aus Licht gewinnen und dazu den Ihnen sicher aus der Schule in Erinnerung gebliebenen Prozess namens „Photosynthese“ erfunden haben. Schließlich verwenden sie diese Energie, um aus anorganischen Stoffen organische Stoffe zu bilden. Derzeit gehen Schätzungen davon aus, dass es ca. 320.000 bis 500.000 Pflanzenarten gibt.[5]

Fauna – Die Tierwelt zeichnet sich im Unterschied zur Flora dadurch aus, dass sie ihre Stoffwechselenergie nicht aus Licht, sondern aus Sauerstoff bezieht und sich von anderen Lebewesen, sowohl von Pflanzen als auch von anderen Tieren, ernährt. Bei der Anzahl der Tierarten ist weitestgehend Rätsel raten angesagt, was angesichts von Schätzungen zwischen 5 und 50 Millionen Arten sicher keine übertriebene Behauptung ist.

Fungi – Pilze beziehen ihre Stoffwechselenergie im Gegensatz zu den Pflanzen nicht aus der Photosynthese, zu der sie nicht in der Lage sind. Wie die Tierwelt benötigen sie für ihren Stoffwechsel die von anderen Lebewesen gebildeten organischen Stoffe, die sie im Wege der Zersetzung aufnehmen. Von den Tieren wiederum unterscheiden sie sich durch ihren Zellaufbau, der im Wesentlichen dem der Pflanzen entspricht. Pilze vereinen in sich also Merkmale von Tieren und Pflanzen. Sie sind überall anzutreffen, im Tiermagen, im Boden, im Wasser und gelegentlich auch in meinem Kühlschrank. Außerdem könnte man sagen, dass das sonstige Leben in Tier- und Pflanzenwelt nicht existieren könnte, würde es Pilze nicht geben, denn der von ihnen vollzogene Zersetzungsprozess von organischen Stoffen stellt einen wesentlichen Bestandteil des Kohlenstoffkreislaufs dar. In vielen Fällen bildet der Pilz symbiotische Beziehungen zu Pflanzen, z.B. bei vielen Baumarten, in denen der Baum über seine Wurzeln dem Pilz Energie in

---

[5] In: Wikipedia, Die freie Enzyklopädie. Bearbeitungsstand: 25. September 2017, 20:09 UTC. URL: https://de.wikipedia.org/w/index.php?title=Pflanzen&oldid=169428308 (Abgerufen: 27. September 2017, 08:45 UTC)

Form von Zucker bereitstellt und der Pilz den Baum mit Wasser und Mineralstoffen versorgt. Zusammenfassend könnte man den Pilz für die Welt des Lebendigen also auch als den Energie- und Kohlenstoffbeauftragten der Natur und damit als die Verbindung zwischen Pflanze und Tier bezeichnen.

Verstehen Sie mich bitte nicht falsch, ich will hier keine Werbeveranstaltung für den Fungi Grandioso machen, aber angesichts des Umstandes, dass in meinem Biologieunterricht seinerzeit nur von Flora und Fauna die Rede war, musste das m.E. einfach mal gesagt werden. Und ich sage das natürlich vor allem mit einer gewissen Emphase, weil ich mit den Pilzen jedenfalls schon mal eine Form des Lebens gefunden zu haben glaube, die ich einer der drei Grundkräfte ohne viel Assoziationsleistung zuordnen kann. Per definitionem sind Pilze „gleichzeitig" Tier und Pflanze. Pilze stellen die wichtigste Verbindung im Energie –und Kohlenstoffkreislauf der lebendigen Natur dar. Sie bilden symbiotische Beziehungen mit Pflanzen und Tieren. Ich weiß nicht, wie es Ihnen geht aber mir werden da die Begriffe Verbindung, Gleichzeitigkeit und Interaktion geradezu um die Ohren gehauen.

Wenn Pilze im System des Lebendigen also den vorbezeichneten Triadenbestandteil abdecken, welchen Part übernehmen dann Pflanzen und Tiere? Eine Möglichkeit das herauszufinden wäre, sich die Art und Weise der Energieaufnahme anzuschauen, also wie die beiden Arten von Lebewesen mit ihrer Umwelt bezüglich ihres Stoffwechsels interagieren. Die von Pflanzen betriebene Aufnahme und Umwandlung von Sonnenenergie im Zuge der Photosynthese und als Energielieferant für die pflanzlichen Stoffwechselprozesses könnte man m.E. gut als reaktiv bezeichnen. Tiere versorgen sich hingegen mit Energie aus organischem Material, was sie nicht reaktiv umwandeln, weil es ihnen auf die Haut fällt, sondern aktiv aufnehmen oder schlicht fressen. Betrachten wir jetzt noch die Art und Weise, wie Flora und Fauna in der Welt sind, also wie sich bewegen, dann erscheint es so, als ob Pflanzen von ihrer Umwelt bewegt werden, während Tiere im Gegensatz dazu eher ihre Umwelt bewegen. Pflanzen „bewegen" sich also reaktiv, Tiere „aktiv" in ihrer Umwelt. Und zu guter Letzt noch ein kurzer Blick auf die Zellebene – hier unterscheiden sich Pflanzen und Tiere dadurch, dass pflanzliche Zellen über Zellwände verfügen, die den wesentlichen physischen Stabilitätsfaktor der Zelle ausmachen und Schutz- und Filterfunktion erfüllen, was man m.E. gut als reaktive Funktionen gegenüber der Umwelt beschreiben könnte. Die Stabilität der tierischen Zelle wird hingegen durch ein bewegliches Geflecht von proteinreichen Fasern gewährleistet, während der Zellabschluss lediglich durch eine semipermeable Membran erfolgt, was man im Unterschied zur Pflanzenzelle als aktiven Austausch bezeichnen könnte.

Ich weiß nicht wie es Ihnen geht aber wenn ich mir die Frage stelle, welche der beiden Arten von Lebewesen ich den Begriffen Aktion/Raum zuordnen und welche ich den Begriffen Reaktion/Zeit zuordnen würde, dann wären Tiere aktiv und Pflanzen reaktiv – und zusammen mit dem interaktiven Fungi wird dann das Gesamtsystem draus. Und wenn dem so wäre, dann würde ich annehmen, dass für ein gutes Gelingen der lebendigen Natur, Tiere, Pflanzen und Pilze in einem Gleichgewicht leben müssten, damit das Gesamtsystem der lebenden Natur existieren kann.

Wenn die Behauptung, dass das gesamte Universum aus den drei Grundkräften der Physik besteht und diese nicht nur in der anorganischen, sondern auch in der organischen Materie wirken, dann könnte es darüber hinaus noch interessant sein darüber nachzudenken, wie sich diese Grundkräfte bei der Entwicklung und Ausdifferenzierung von Lebewesen, also im Evolutionsprozess auswirken. Ich denke dabei vor allem zunächst an die Frage, was diese Annahmen für den aktiven Veränderungsprozess von Individuen einer Generation zur nächsten durch zufällige Mutationen bedeuten könnten. Was käme dabei heraus, wenn wir die Triaden bei der Frage wie sich die Evolution abspielt mit einbeziehen?

Die zweite interessante Frage könnte sein, was das dann für eine der klassischen Rechnungen der Biologie, nämlich, dass sich unterschiedliche Verhaltensmerkmale ein und desselben Genotyps, also von Lebewesen mit der gleichen genetischen Ausstattung, und deren Zusammenwirken mit der Umwelt bedeutet, ob also die Rechnung Genotyp + Umwelt = Phänotyp richtig ist. Wird das Verhalten, also quasi die Psyche des Lebewesens, tatsächlich nur durch die reaktiven Lernprozesse des Individuums im Verhältnis zu seiner Umwelt bestimmt? Können wir wirklich all unsere Psychomacken auf schlimme Erfahrungen in unserer Kindheit zurückführen? Fehlt nicht auch an dieser Stelle vielleicht noch ein wesentlicher Faktor in der Rechnung? Aber eins nach dem anderen – widmen wir uns zunächst der Frage, an welcher Stelle die drei Grundkräfte der Physik in der Evolutionsbiologie ihre Wirkung entfalten könnten.

4. Der Zufall und seine Grenzen

Wie beschrieben, geht die Evolutionstheorie davon aus, dass die Entwicklung der Arten im Grunde das Ergebnis des Prozesses des Aussterbens derjenigen Individuen ist, die nicht von einer zufälligen Genmutation profitieren, die dem Individuum im Kampf ums Dasein einen Vorteil verschafft. Kernaussage dieser Theorie ist es also, dass die Entwicklung der Arten nicht zielgerichtet, sondern rein zufällig als Reaktion auf Umweltveränderungen erfolgt. Unterstellt man jetzt, dass alles im Universum aus den drei Grundkräften besteht, stellt sich natürlich die Frage, was angesichts dieses Umstands, das Wort „Zufall" überhaupt bedeuten kann. Ich würde behaupten, dass selbst der Zufall nicht ohne starke Kernkraft, elektroschwache Wechselwirkung und die Gravitation auskommt. Wir verstehen vielleicht nicht wie genau sich diese drei Grundkräfte bei der „zufälligen" Genmutation auswirken mögen, aber das jede Mutation Ausdruck der drei Grundkräfte sein muss, scheint mir jedenfalls eine logische Schlussfolgerung. Verstehen Sie mich an dieser Stelle aber bitte nicht insoweit falsch, als dass Sie annehmen, ich wäre klassischer Materialist und würde deshalb denken, dass alles im Universum eine vorhersagbare Abfolge von Kausalketten wäre. Das halte ich nämlich ehrlich gesagt für Unfug. Alles was ich behaupten möchte ist, dass es nichts gibt, also auch keinen Zufall, der nicht Ausdruck der drei Grundkräfte ist. Und weil Sie spätestens seit meinen Erläuterungen zur Physik um den Dualismus von Welle und Teilchen und um die Heisenbergsche Unschärferelation wissen, wissen Sie auch, dass es seit der Entdeckung der Gleichzeitigkeit mit eindeutigen, materialistisch begründeten Kausalketten in diesem Universum so eine Sache ist.

Zurück zu den drei Grundkräften und deren Wirkung auf zufällige Genmutationen. Nehmen wir einmal an, dass eine Mutation Ausdruck der starken Kernkraft wäre – auf welche, zugegebener Maßen wohl kaum beweisbaren aber immerhin „gefühlt" schlüssigen Assoziationen könnte man kommen? Wahrscheinlich zunächst mal auf gar keine – habe ich Recht? Was aber, wenn wir die triadische Begriffswolke der starken Kernkraft mit hinzunehmen - also Raum / Aktion? Wenn ich mit diesen Begrifflichkeiten assoziiere und mich frage, welche Auswirkungen die Genmutationen bei der nächsten Generation zeitigen könnte, in denen diese Dinge eine prägende Rolle spielen, dann kommt mir in den Sinn, dass die nächste Generation vielleicht größer werden könnte und damit mehr Raum einnimmt, dass die Nahrungsverwertung effektiver wird, weil damit mehr Kraft für Handlung und Gestaltung zur Verfügung steht oder dass Skelettveränderungen eintreten, die schnellkräftige Bewegungen bei der Jagd fördern - im Grunde könnte man alles darunter fassen, was dazu führt, dass diese Lebewesen im Verhältnis zu ihren Vorfahren einen aktiveren, nach außen gerichteten und damit die Umwelt verändernden Lebensstil führen.

Wenn ich jetzt noch herumspekuliere, bei welchen Lebewesen sich die starke Kernkraft in besonders ausgeprägter Form Ausdruck verschafft, dann fallen mir Tiere (anstatt Pflanzen oder Fungi) und hier die Jäger, Fleischfresser, großen Einzelgänger und Tiere mit ausgeprägtem Revierverhalten ein. Es könnte interessant sein, inwieweit man in den Entwicklungslinien der Arten eine immer stärkere Ausprägung einer der drei Grundkräfte erkennen kann, sowohl im heutigen Bestand, als auch in Bezug auf die Evolutionsgeschichte, weil insoweit vielleicht erkennbar würde, was passiert, wenn die Genmutationen nicht reihum, mal durch die eine, mal durch die andere Grundkraft bestimmt wird, sondern z.B. häufig Ausdruck der starken Kernkraft wären. Es würde mich jedenfalls nicht überraschen, wenn z.B. die Dinosaurier seinerzeit einen zu tiefen Schluck aus dieser Pulle genommen haben, zwar immer größer und stärker aber nicht gleichzeitig auch entsprechend schlauer oder kooperativer geworden sind. Ich könnte mir vorstellen, dass in solchen Fällen der „eindimensionalen“ Weiterentwicklung auf lange Sicht die Anpassungsfähigkeit an die Umwelt leidet, weil diese ja auch nur aus den drei Grundkräften besteht und damit die Anfälligkeit für spontanes Aussterben aufgrund von Umweltveränderungen erhöht wird.

Spekulieren wir noch kurz weiter und überlegen, zu welchen Mutationen es kommen könnte, würden diese durch den Einfluss der elektroschwachen Wechselwirkung, also im Sinne der entsprechenden triadischen Begriffswolke „Veränderung / Reaktion“ bestimmt. Ich weiß nicht wie es Ihnen geht, aber mir kommt insoweit in den Sinn, dass die nächste Generation ggf. über verbesserte Sinnesorgane verfügen könnte, die sie in die Lage versetzten die Umwelt besser wahrzunehmen, dass vielleicht auch das Nervensystem komplexer wird, um die durch die Sinne wahrgenommenen Informationen besser verarbeiten zu können und dass alles was einen auf Umwelteinflüsse reagierenden Lebensstil fördert und damit die eigene Sicherheit erhöht, Folge einer solchen

Mutation sein könnte. Als Entwicklungslinie des Lebens kommen mir Pflanzen eher als Tiere und Fungi in den Sinn und bei den Tieren, Pflanzenfresser sowie Flucht- und Herdentiere sowie Tiere, die über ausgeprägte Tarnfähigkeiten verfügen.

Leider verfüge ich nicht über genug Kenntnisse des Stammbaums des Lebens, als dass ich an dieser Stelle präzisere Hypothesen über Parallelen zwischen den hier aufgestellten Behauptungen und den von der Biologie beschriebenen Entwicklungslinien anstellen kann, aber wenn Sie dieses Buch weiterempfehlen, dann könnte ich meinen Verlag vielleicht davon überzeugen, dass ich noch ein Buch schreiben sollte. Lassen Sie uns aber vorher und zum Abschluss dieses Gedankenganges noch einen kurzen Blick auf die Gravitation, also auf die Begriffswolke Gleichzeitigkeit / Interaktion / Verbindung werfen und überlegen, welche Art von Mutationen diese Grundenergie wohl bewirken könnte. In Bezug auf den Aufbau und die Bestandteile des Lebewesens könnte ich mir vorstellen, dass sich diese Grundenergie durch alles was verbindet, also durch das Skelett, durch die Blutgefäße und das Herz, durch Muskulatur und Bindegewebe Ausdruck verleiht. Bei Mutationen, die von dieser Energie beeinflusst werden, könnte ich mir zudem vorstellen, dass alles, was die Fähigkeit des Lebewesens mit anderen Lebewesen oder mit seiner Umwelt insgesamt zu kooperieren und Symbiosen einzugehen, Ausdruck dieser Energie ist. Dann würden z.B. die Veränderungen derjenigen Organe, die für die Kommunikation mit Artgenossen oder den Kontakt mit Umwelt verantwortlich sind, durch von dieser Grundenergie getriebene Mutationen bewirkt.

Als Entwicklungsrichtung der lebendigen Natur sehe ich wie erwähnt am ehesten den Fungi Grandioso als Ergebnis dieses Energieeinflusses. Und bei den Tieren muss ich vor allem an diejenigen Arten denken, bei denen wir von Schwarmintelligenz sprechen oder bei denen es regelmäßig zu altruistischen Selbstmorden kommt – und daher natürlich auch wieder an unsere suizidale Ameise namens Forelius pusillus, die im brasilianischen Zuckerrohrfeld dabei beobachtet werden kann, wie sie zusammen mit einigen ihrer Artgenossen abends den Eingang zum Nest mit dem eigenen Körper verschließt und damit selbiges, jedenfalls so unsere Deutung, vor Eindringlingen schützt und die in der darauf folgenden Nacht aufgrund dieser Entscheidung das Zeitige segnet.

Wenn man davon ausgeht, dass alle Lebewesen Ausdruck der drei

Grundenergien sind und bei der Weiterentwicklung von Arten durch Mutationen ebenfalls diese drei maßgebend und jede von ihnen in Bezug auf bestimmte Ausprägungen der nächsten Generation richtungsweisend ist, dann wäre das selbst gewählte Dahinscheiden dieser Ameise nicht mehr als an das Überleben einer bestimmten Anzahl von unmittelbaren Angehörigen gebundenes Verhalten, sondern eher Ausdruck ihres ausgeprägt kooperativen Seins und damit als dessen, was die Ameise ist zu verstehen – sie stirbt also entsprechend ihrer eigenen Natur und aus sich heraus und nicht, weil ein Genzwang, einen außer ihr liegenden höheren Zweck verfolgend, sie dazu vergewaltigt – man dürfte dann davon ausgehen, dass sie glücklich ist, wenn sie von uns scheidet, und ich finde ja, dass das eine gute Nachricht wäre.

Und wenn das alles so wäre, also der Zufall bei der genetischen Mutation ein Zufall mit Orientierung beziehungsweise drei potentiellen Entwicklungsrichtungen wäre, dann könnte darin auch die Erklärung liegen, dass die Evolutionsgeschwindigkeit so hoch ist und alles so schön ineinandergreift. Denn wenn alles mit drei unterschiedlichen Ausdrucksformen, mit Fauna, Flora und Fungi begonnen hat und es diese notwendigerweise braucht, um ein funktionierendes Ganzes zu schaffen und sich von hier aus alles weiterentwickelt, dann verlangt jede Veränderung des Gleichgewichts dieser drei eine Korrektur, um das System im wahrsten Sinne am Leben zu halten. Jede Mutation verändert dann den bisherigen Genbestand also entweder mit ein bisschen mehr Aktion, etwas mehr Interaktion oder einem Schuss Reaktion – je nachdem, was es braucht, um das Gleichgewicht wieder herzustellen.

5. Triade + Umwelt = Phänotyp

Kommen wir nun zurück zu der Frage, ob und in welcher Art und Weise sich die drei Grundkräfte auch dabei auswirken, wie sich ein Lebewesen verhält. Und kommen wir dabei zurück zu der Betrachtung der Evolution als der Vererbung von einer Generation eines konkreten Lebewesens und nicht einer Kategorie von Lebewesen zur nächsten. Bei der Reproduktion der Gene von sich selbst kommt es zu Fehlern, den Genmutationen, und diese zeitigen dann Auswirkungen auf die physiologische Ausstattung der nächsten Zellgeneration. In Bezug auf die Frage, wie sich dann das Lebewesen der nächsten Generation verhält, galt bisher die Annahme, dass die genetische Ausstattung, die in einer konkreten Physiologie zum Ausdruck kommt, keinen aktiven Einfluss auf die Verhaltensweise des Lebewesens ausübt. Soll heißen, dass das Verhalten des Lebewesens einzig und allein auf dessen Reaktionen auf seine Umweltbedingungen zurückzuführen sei und sich damit die „psychologische Ausstattung“ des Individuums zu einem bestimmten Zeitpunkt aus der Summe der Umwelteinflüsse auf das Lebewesen bis zu diesem Zeitpunkt ergäbe. Und mit der sich daraus ergebenden Rechnung „Genotyp + Umwelt = Phänotyp“ beschreibt diese Theorie, wie schon die Evolutionstheorie, einen rein reaktiven Prozess – etwas wirkt von außen und formt das Individuum. Die Annahme, dass das Individuum selbst, also aus sich heraus etwas mit sich bringt, was dessen Verhalten von dem Verhalten seiner Artgenossen unterscheidet, ist in diesem Modell nicht vorgesehen.

Für mich als Laien ist diese Betrachtungsweise eher überraschend, weil sie so gar nicht mit meinen Wahrnehmungen und Erfahrungen in Einklang zu bringen scheint. Ein kleines Beispiel: Ich bin Besitzer des süßesten Hundes der Welt, einem Labrador namens Doolin. Und ich würde behaupten wollen, dass er seine entspannte, unaufgeregte und manchmal etwas phlegmatische Art durchs Leben zu gehen schon hatte, als er zu mir kam. Seine ursprüngliche Chefin, ich nenne sie hier mal Petra, ist Ausbilderin von Blindenführhunden, die sie als sehr junge Welpen bekommt und dann nach einem Jahr in die Ausbildung nimmt. Weil Doolin den Gesundheitstest für die Ausbildung nicht bestanden hat, suchte er damals ein neues Zuhause. Als ich Petra nun vor einiger Zeit mal wieder über den Weg lief sagte sie, dass sie damals gar nicht so unglücklich darüber war, dass Doolin nicht in die Ausbildung genommen werden konnte, weil er von Beginn an schon so faul gewesen sei und sie habe schon mehrfach die Erfahrung gemacht, dass die Arbeit mit solch faulen Hunden sehr anstrengend sei. In Petras und auch in meiner Wahrnehmung war Doolin also schon immer ein bisschen phlegmatischer oder auch fauler als die meisten seiner Artgenossen. Sicher, nicht alle dieser Artgenossen haben bis sie zu Petra gekommen sind, die gleichen Umwelterfahrungen gemacht, und auch danach mögen sie ähnlich aber eben nicht identisch gewesen sein, und ich kann daher natürlich nicht ausschließen, dass die oben beschriebene Theorie nicht doch von richtigen Annahmen ausgeht – aber überraschen würde mich das schon ein bisschen.

Erfreulicherweise ist es in diesem Fall und im Unterschied zu vielen anderen Hypothesen in diesem Buch denkbar, die Rechnung „Genoty +

Umwelt = Phänotyp“ durch wissenschaftliche Experimente zu überprüfen. Denn auf der Grundlage dieser Definition dürfte man annehmen, dass geklonte Individuen, die in einer standardisierten und isolierten Umwelt aufwachsen, die gleichen Phänotypen ausbildeten. Und als ob ich es so bestellt hätte, schickt mir ein befreundeter Biologe doch kürzlich einen Link zu einem Artikel in der Zeitschrift Nature, in dem drei Wissenschaftler der Leibniz-Universität in Berlin genau über einen solchen Versuch berichten.

Bierbach, Laskowski und Wolf, so die Namen der drei, untersuchten nämlich das Verhalten von geklonten Amazonasfischen, den Mollys (*Poecilia formosa*). Und obwohl die geklonten Fische in genau definierten und soweit nur eben möglich, identischen Umweltbedingungen aufwuchsen, entwickelten sie signifikant unterschiedliche Verhaltensweisen, wie die Wissenschaftler durch Aufnahmen der sehr unterschiedlichen Bewegungsmuster der genetisch identischen Fische dokumentierten.

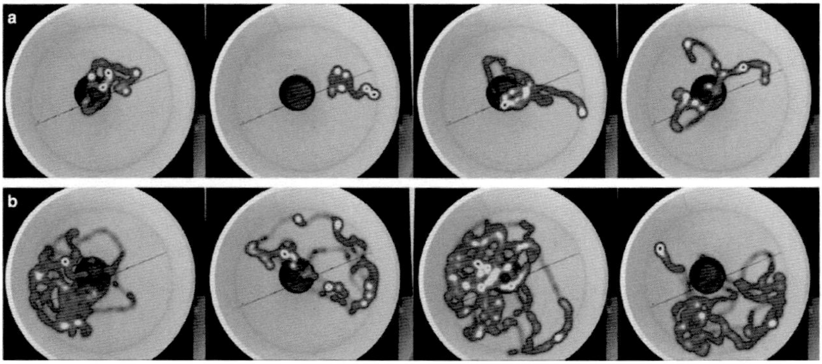

Abb. 5: Bewegungsmuster von zwei genetisch identischen Amazonas Molly Fischen, die in identischer und isolierter Umgebung aufgewachsen sind.

Bierbach, Laskowski und Wolf sind offensichtlich sehr ordentliche und gewissenhafte Wissenschaftler, denn sie beschreiben in ihrem

Artikel[6] selbstkritisch und im Detail, dass es natürlich schlicht unmöglich sei, zu 100% gleiche Umweltbedingungen für die unterschiedlichen Individuen zu schaffen. Und sie betonen, dass es dementsprechend natürlich auch nicht auszuschließen sei, dass etwaige minimale Differenzen in den Umweltbedingungen der geklonten Fische auch der Grund für die Ausprägung unterschiedlicher Phänotypen seien. Schließlich kommen Sie jedoch zu der Aussage, dass die Untersuchungsergebnisse gleichwohl gegen die bisherige Annahme zu sprechen scheinen, dass sich Phänotypen als Summe aus dem Genotyp und den Umwelteinflüssen, die auf das Individuum wirken, ausprägen. Und ich würde mir wünschen, dass sie Recht behalten, weil es natürlich toll in mein Weltbild passt.

Denn wenn dieses Ergebnis tatsächlich richtig wäre, dann müsste es neben der genetischen Ausstattung des Lebewesens noch etwas geben, das jedes Lebewesen von sich aus mit auf die Welt bringt. Denn dann könnte sich das Verhalten von Lebewesen, also das „Wie" ein Lebewesen in der Welt ist, nicht allein aus den Wirkungen der Umwelt auf das Individuum erklären, sondern muss sich zumindest auch aus einem weiteren Umstand ergeben, der sich jedenfalls bisher nicht kausal aus der Genausstattung des Lebewesens extrahieren lässt.

Ich habe natürlich keine Ahnung, wie sich die unterschiedlichen Phänotypen ausbilden, also welche biologischen, chemischen oder physikalischen Kausalprozesse zur Ausprägung des einen oder anderen Phänotypen führen könnten. Aber lassen Sie uns diese wissenschaftliche Kausalitätsfrage auch erst einmal beiseitelegen und anstatt dessen lieber wieder wild spekulieren und zwar darüber, welche unterschiedlichen Phänotypen wir erwarten würden, wenn wir die drei Grundkräfte der Physik und die daraus assoziierten Begriffstriaden zu Grunde legten. Welchen Einfluss auf die „psychologische Grundausstattung" könnten diese drei Kräfte haben? In welchem Verhalten könnten sie sich widerspiegeln? Zur Erinnerung und damit Sie nicht blättern müssen, hier nochmal die Begriffstriaden:

---

[6] Behavioural individuality in clonal fish arises despite near-identical rearing conditions; https://www.nature.com/articles/ncomms15361

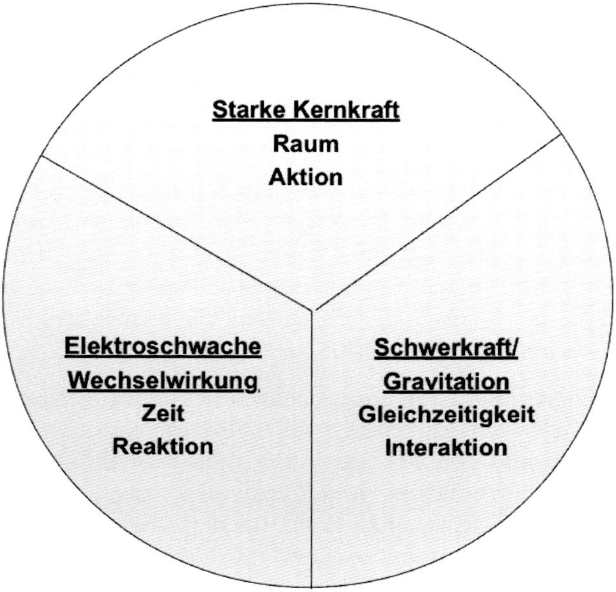

Abb. 6: Triade der Grundkräfte / Grundenergien

Um Missverständnisse zu vermeiden, sei noch einmal kurz beschrieben, um was es an dieser Stelle geht: Es geht nicht um die Frage, ob ein Löwe eher einer aktiven und sein Fressopfer eher einer reaktiven Spezies zugeordnet werden könnte, wie ich es oben behauptet habe. Hier geht es eher um die Frage, ob der eine Löwe im Unterschied zu seinem Artgenossen ein Verhalten aufweist, das eher aktiv und als nach außen gerichtet beschrieben werden kann, während sein Artgenosse vielleicht ein Verhalten an den Tag legt, das dem meines Hundes ähnelt.

Nähmen wir zunächst an, „Raum/Aktion“ wären die bestimmenden inneren Antriebe für das Verhalten eines Lebewesens. In Bezug auf die Verhaltensmuster dieser Individuen würde ich entsprechend forsches, erkundungsfreudiges, vielleicht wagemutiges und impulshaftes also insgesamt ein extrovertiertes, nach außen in einer Hinzu-Bewegung zur Umwelt gerichtetes Verhalten erwarten. Wohingegen ich bei der Begriffswolke „Veränderung/Reaktion“, Verhaltensmuster assoziiere, die mit Zurückhaltung, distanzwahrendem, insgesamt eher introvertierten und zaghaftem Verhalten zu tun hätten – also einer Weg-von-Bewegung als Reaktion auf die Umwelt entsprächen.

Die Biologen unter Ihnen werden an dieser Stelle wahrscheinlich hellhörig, denn diese Beschreibung entspricht im Wesentlichen einem Modell, das sich auf der Grundlage von Verhaltensbeobachtungen unterschiedlichster Arten in den letzten beiden Jahrzehnten entwickelt hat. So beschreibt beispielsweise der Neurobiologe J.M. Koolhass von der Universität Groningen im Jahr 1999 in einem Artikel der Zeitschrift „Neuroscience & Biobehavioral Reviews" unterschiedliche „coping styles", also „Bewältigungsstile" in Bezug auf Umweltbedingungen und bezeichnet diese als entweder „proactive" oder als „reactive". Andere Autoren bezeichnen die beobachteten Verhaltensweisen als „bold", also als kühn, wagemutig, schwungvoll, frech und verwegen im Gegensatz zu „shy", also scheuem und schüchternem Verhalten. Ich weiß nicht wie es Ihnen geht aber mein Eindruck ist, dass die Verhaltensbiologen insoweit eigentlich nichts anderes beschreiben als ich mit meinen Assoziationen im Hinblick auf die Wirkung der ersten beiden Grundkräfte. Man könnte auch sagen: Bis hierhin passt das alles zusammen wie Lolek zu Bolek.

Weil sich im Laufe der Zeit aber Verhaltensbeobachtungen bei unterschiedlichsten Spezies häuften, die sich weder eindeutig der proaktiven noch der reaktiven Verhaltensweise zuordnen ließen, sprechen die Verhaltensbiologen heute weniger häufig von zwei eindeutig voneinander abgrenzbaren Verhaltensklassen, sondern eher von dem „bold-shy-continuum". Ein solches Kontinuum ist natürlich in Sachen Eindeutigkeit und damit für die Forschung nach den Ursachen dieser unterschiedlichen Verhaltensweisen nicht besonders hilfreich. Aber vielleicht kann ich mit meiner Hypothese der drei Grundkräfte und ihren Auswirkungen auf die psychologische Grundausstattung der Individuen der gleichen Spezies den Verhaltensbiologen ja insoweit aus der Patsche helfen. Denn ich hätte ja noch eine dritte Variante im Angebot – den Ausdruck der Gravitation in den Verhaltensmustern bestimmter Lebewesen der gleichen Spezies.

Was also wären unsere Erwartungen an Verhaltensmuster derjenigen Individuen, bei denen sich „Interaktion / Verbindung" primären Ausdruck verleihen? Mir fällt ohne viel Grübeln so etwas wie interaktives, kooperatives und ausgeprägtes Sozialverhalten ein. In Bewegungsmustern ausgedrückt würde ich ein gleichzeitig extro- und introvertiert wirkendendes, also ein Mischverhalten der ersten beiden erwarten, was sich der Umwelt anpasst und sich so selbst in Interaktion mit der Umwelt in einer permanenten Ausgleichsbewegung befindet, die dem Versuch ähnelt, eine Balance herzustellen. Würden wir dem ganzen neben der „bold / activ“ und der „shy / reactive“ Variante noch einen Namen geben müssen, dann würde ich dieses Verhalten „interactive“ taufen.

Fasst man all das zusammen, dann könnte man sagen, dass die Hypothese, die drei physikalischen Grundkräfte wirkten nicht nur in der anorganischen Materie sondern auch in der Welt der Lebewesen, zumindest zu interessanten Überlegungen anregt. Denn wenn an meinen Annahmen etwas dran ist, dann könnte man nämlich einerseits behaupten, dass die Mutationen von Genen zwar zufällig sein mögen, sich das Ergebnis der Mutation jedoch in drei unterschiedliche Entwicklungslinien klassifizieren ließe und damit jede Mutation eine Art Richtungsentscheidung bezüglich der Weiterentwicklung der jeweiligen Art umfasst. Und andererseits legt unsere Betrachtungsweise bezüglich der Verhaltensbiologie nahe, dass auch die Psyche der Lebewesen nicht allein die Summe der Lernerfahrungen des Individuums in seiner Umwelt darstellt, sondern dass jedes Lebewesen ein bestimmtes Setting, eine Grundausrichtung mitbringt, die sein Verhalten und damit sein gesamtes „Sein“ in der Welt ganz wesentlich mitbestimmt. Und wenn das alles so wäre, dann könnte man auch sagen, dass ein Individuum, das entsprechend seiner Ausstattung in Sachen Aktion, Interaktion und Reaktion leben und diese zum Ausdruck bringen kann, im Ergebnis ein alles in allem glückliches Individuum sein müsste. Und für die Entwicklung von einer Art zur nächsten könnte man dann auch sagen, je ausgeglichener sich die drei Grundkräfte in einem Lebewesen Ausdruck verleihen können und das Lebewesen dabei gleichzeitig noch in einem ausbalancierten Verhältnis mit seiner Umwelt existiert, desto erfolgreicher sollte die Art sein, sodass aus dem „Survival of the Fittest“ ein „Survival of the Bedürfnisbefriediger“ würde.

So, und da wir schon einmal dabei sind, uns Gedanken über Verhalten und Psychologie zu machen, lade ich Sie dazu ein, dass Ganze aus dem Tierreich im Allgemeinen ins Tierreich im Speziellen zu übersetzen - kommen wir ab jetzt also zu Ihnen, zu Ihnen ganz persönlich.

V. WIE ALLES GUT WIRD

Jetzt lesen dieses Buch schon eine ganze Weile und das freut mich natürlich sehr! Aber warum lesen Sie? Was treibt Sie an? Ist es Zufall, dass Sie gerade jetzt und gerade dieses Buch lesen? Oder haben Sie sich schon immer für diese Art von Büchern interessiert? Und wenn ja, was ist für Sie gut daran, dieses Buch gerade jetzt und hier zu lesen? Suchen Sie nach Antworten auf Fragen, die Sie sich noch nie gestellt haben oder nach Unterhaltung? Wurde Ihnen das Buch empfohlen oder gar geschenkt? Und wenn es Ihnen empfohlen wurde, warum lesen Sie Bücher, die Ihnen empfohlen wurden? Sie wollen mitreden können? Wollen Sie informiert sein? Oder wollen Sie einfach nur eine gute Grundlage für eigene Entscheidungen haben? Aber warum wollen Sie gute Entscheidungen fällen? Und wann ist eine Entscheidung gut für Sie? Und wäre dieselbe Entscheidung auch gut für jemanden anderes?

Fragen über Fragen und auf den ersten Blick erscheint es ungewöhnlich und anstrengend uns diese Fragen zu stellen. Die Frage nach dem Warum stellen wir uns doch sonst, jedenfalls bewusst, nur in größeren Sachzusammenhängen, bei Dingen die uns wichtig sind oder die die Welt bewegen. Es erscheint uns offensichtlich in der Regel nicht wichtig genug, uns permanent zu fragen, warum esse ich zum Frühstück Müsli und keine Schweinshaxe, warum gehe ich heute Morgen zu dieser Arbeit, zu dieser Uni, zu dieser Schule und nicht zu einer anderen. Wir leben in einem Gefühl der Evidenz, einem Gefühl, dass doch alles klar sei. Aber warum fällt uns die Antwort auf die Frage nach dem Warum trotzdem in den meisten dieser banalen Fragen nicht wirklich leicht. Und warum wird es noch schwerer, wenn wir sie jemandem einleuchtend und mit der gleichen Evidenz beantworten wollen, die sie für uns hat? Wenn es nicht wichtig genug ist, dass wir uns die Frage nach dem Warum bezüglich all dieser Alltäglichkeiten stellen, warum wissen wir trotzdem, dass es gut ist, so wie wir es machen?

Die Antworten auf die Fragen nach unserem Antrieb, nach unserer Motivation, nach unseren Zielen erscheinen uns vielfältig und jeweils von der Situation abhängig. Ein Konzept oder Kategorien, in die wir die Antworten einordnen können, stehen den meisten von uns daher nicht ohne größeres Grübeln zur Verfügung. Und wenn es nicht um Alltäglichkeiten, sondern um die großen existentiellen Fragen geht, dann sind da in der Regel ohnehin nur mehr Gott oder ähnliche alleserklärende

Konzepte als Antwort auf unsere Unwissenheit. Aber vielleicht ist ja im Großen wie im Kleinen doch nicht alles so unergründlich und verborgen, wie wir immer denken, vielleicht gibt es ja etwas, was für uns alle gilt.

Und nun ahnen Sie es sicher schon und Sie ahnen richtig - wie schon oben zur Physik und zur Biologie, werde ich hier die gleiche Frage stellen: Gibt es ein Bezugssystem, anhand dessen sich alle unsere bewussten und unbewussten Entscheidungen einordnen lassen und das zudem noch die Evidenz erklärt, mit der wir den größten Teil unseres Lebens absolvieren, ohne uns über das dahinter liegende Programm immer bewusst zu sein. Und damit stelle ich natürlich nicht nur eine Frage, die gut in dieses Buch passt, sondern genau diejenige, die man auch als Überschrift über die Wissenschaft der Psychologie nutzen könnte: Was erklärt uns das menschliche Verhalten?

Mit der Frage nach unseren Zielen und Motivationen beschäftigt sich die Motivationspsychologie. Vom Wortstamm „movere" aus gesehen, könnte man auch sagen, dass diese Disziplin darüber forscht, was uns bewegt. Als ich angefangen habe, mich ein bisschen mit diesem Zweig der Psychologie zu beschäftigen, war ich zunächst etwas überrascht darüber, was den Kern dieser Wissenschaft in den letzten Jahrzehnten auszumachen schien. Ich hatte erwartet etwas darüber zu erfahren, was das menschliche Verhalten motiviert, also etwas darüber, was uns antreibt und weniger darüber, wie wir unserer Ziele verfolgen, wenn diese wie äußerer Reize, die auf uns wirken, erst einmal gesetzt sind. Das Ziel der meisten Theorien der Motivationspsychologie scheint es aber zu erläutern, wie wir auf äußere Reize reagieren, die a priori als erstrebenswert unterstellt werden. Uns wird also beispielsweise eine Bonuszahlung in Aussicht gestellt, und die Motivationspsychologie versucht nun zu erklären, ob und wenn ja wie diese Aussicht auf Bonuszahlung zu einer Verhaltensänderung führt, wie lange diese anhält und warum sie nicht für immer anhält und so weiter. Und weil das natürlich auch extrem interessante Fragestellungen sind, soll hier beispielhaft kurz die Theorie der Leistungsmotivation exemplarisch vorgestellt werden. Ich sage exemplarisch, weil sie, wie die meisten anderen gängigen Theorien der Motivationspsychologie, zunächst voraussetzt, dass es ein Ziel gibt, dass der Mensch erreichen will, ohne dabei zu fragen, warum es dieses Ziel oder ob es Antriebe gibt, die noch hinter diesen Zielen stehen.

Die Theorie der Leistungsmotivation unterscheidet in ihrem Versuch, menschliches Verhalten und Handeln zu verstehen, zu kategorisieren und letztlich vorherzusagen, grundsätzlich zunächst zwischen Motiv, Motivation und Volition. Motiv sei dabei grob gesagt, eine Art zugrundeliegende mentale Disposition, Motivation die konkrete und zur Handlung motivierende Anreizlage und Volition das kognitive, voluntative Bindeglied zwischen den ersten beiden.

Ein Motiv sei also eine mentale Disposition und zwar eine solche, die uns nach einem bestimmten wertgeladenen Zielzustand streben lässt. Ein Zielzustand, z.B. im Beruf gute Leistungen zu erbringen, wird von einer Person positiv bewertet. Wenn diese ihre Handlungen nach diesem positiv bewerteten Zielzustand ausrichtet, dann könnte man bei dieser Person von einer Disposition sprechen, gute Leistungen zu erbringen. Dieses „Leistungsmotiv" stelle demnach eine Wertungsdisposition dar, die nicht nur kurzfristig, sondern grundsätzlich und langfristig motiviere und damit eine überdauernde Handlungsbereitschaft erzeuge.[7] Jetzt brauche es nur noch eine „Anreizlage" und schon legt die Person los.

Auf Grundlage dieses Verständnisses müsste diese Theorie, um Verhalten und Handlungen wenn schon nicht vorhersagen, zumindest aber erklären zu können, herausfinden, welche menschlichen Motive zu klassifizieren sind, ob es also einen Motivkatalog, eine abschließende und allumfassende Liste aller menschlichen Wertungsdispositionen gibt. Eine derartige Liste scheint jedoch nicht in Sicht und es stellt sich ohnehin die Frage, wie eine solche entstehen könnte, solange nicht geklärt ist, wie es überhaupt zu Wertungsdispositionen kommt.

Das Problem dieser Denkrichtung ist m.E., dass sie außer Acht lässt, dass ein Ziel, ein Motiv, eine Wertungsdisposition nicht selbst etwas Grundlegendes ist, sondern lediglich das Ergebnis von Bewertungserfahrungen sein kann. Soll heißen, dass ich erst zu der Wertungsdisposition „Leistungsmotiv" gelangen kann, wenn ich Leistung zuvor als etwas Positives bewertet habe. Und vor jeder Wertung kommt das Bewertungssystem, anhand dessen eine Wertung erfolgen kann. Jede Bewertung setzt also einen Maßstab, ein Bezugssystem voraus, nach dem etwas bewertet werden kann. Wenn ich nichts habe, nachdem ich bewerten kann, z.B. ob etwas gut oder schlecht ist, dann kann ich auch zu keinem Bewertungsergebnis und damit auch nicht zu einer „Wertungsdisposition" gelangen. Wenn ich der einzige Mensch auf

---

[7] http://www.psychologie.uni-heidelberg.de/ae/allg/lehre/wct/m/M01/M0102beg.htm

der Welt bin und zum ersten Mal einen 100 Meterlauf absolviere, kann ich das Ergebnis z.B. nicht in den Kategorien von gut oder schlecht bewerten. Das Ergebnis ist zunächst also mal wieder nur ein Datum, das ohne Bezugssystem keine Information für mich enthält. Ich brauche für jede Bewertung eine Bezugsgröße, ohne die eine Bewertung logisch nicht denkbar ist. Wenn das Motiv „Leistung" eine Wertungsdisposition darstellen soll, dann muss ich zunächst ergründen, wie ich überhaupt dazu komme z.B. „Leistung" positiv zu bewerten, also welche Bewertungskriterien von mir angelegt werden, um zu meiner Wertung zu gelangen.

Ohne diese Bezugsgrößen zu kennen, kann daher weder eine Motivklassifikation gelingen, noch kann erklärt werden, wie es ontogenetisch, also in der Entwicklung des Menschen, zu der Ausprägung von Motiven kommen kann. Lernerfahrungen, und um solche handelt es sich bei Bewertungserfahrungen, setzen denklogisch Kategorien und damit ein Bezugssystem voraus, was uns in die Lage versetzt, das eine Gute vom anderen Schlechten zu unterscheiden, sowohl bewusst als auch unbewusst. Kurz gesagt: Das Bezugssystem, was uns in die Lage versetzt, unsere Handlungen und Erfahrungen, bewusst und unbewusst als positiv oder negativ zu bewerten, kann nicht erlernt und muss daher schon vorhanden sein, wenn wir das Licht der Welt erblicken. Und das Verständnis dieses Bezugssystems ist m.E. die Grundlage und der Schlüssel für alle weiteren Überlegungen darüber, warum wir etwas kurzfristig tun, warum wir langfristig Ziele verfolgen und warum wir Intentionen bewusst kognitiv erfassen können.

Im Gegensatz dazu setzten die meisten Theorien der Motivationspsychologie der letzten ca. 50 Jahre etwas als erstrebenswert voraus und untersuchten dann, ob und wie dieser Anreiz so gesetzt werden kann, dass er eine Reaktion hervorruft, die nicht nur kurz- sondern auch langfristig vorhält. Das sind natürlich auch interessante Fragen aber im Grunde ist es der „Pawlowsche Hund" zzgl. ein bisschen kognitive Selbststeuerung zur Erklärung, warum wir auch Ziele verfolgen können, die nur durch langfristige Verhaltensänderung erreichbar sind. Untersucht wird die Reaktion des Menschen auf extrinsische, also von außen gesetzte Anreize und damit nur die Wirkung, die von einer Ursache hervorgerufen wird. Nicht erklärt wird, warum wir als Menschen nicht nur reagieren sondern auch agieren, also auch ohne extrinsische Anreize selbst Initiative ergreifen und so uns selbst Ausdruck verleihen.

Die Motivationspsychologie hilft uns also nicht wirklich weiter, wenn wir versuchen wollen herauszufinden, warum wir uns so verhalten, wie wir uns verhalten. Versuchen wir es daher einmal mit der Bedürfnispsychologie.

Sie lesen immer noch! Wenn Duktus und Inhalt Ihnen bis hierher nicht das Buch aus der Hand geschlagen haben, dann können wir „Unterhaltung" als zugrundeliegendes Bedürfnis wohl ausschließen. Irgendetwas muss also Ihr Interesse geweckt haben, sodass Sie nach wie vor am Ball sind. Wenn es Ihnen darum geht, mehr zu erfahren und weitere Informationen zu bekommen, dann folgen Sie wahrscheinlich dem Drang, etwas verstehen oder gar durchdringen zu wollen. Dieses „Verstehenwollen" treibt Sie an und lässt Sie weiterlesen. Nehmen wir einmal an, Sie könnten diese Behauptungen bis hierhin zumindest teilweise unterschreiben - wenn ich aber behaupte, dass es Ihr Bedürfnis nach Sicherheit ist, was Sie dieses Buch lesen lässt, würden Sie mir wahrscheinlich widersprechen. Und dieser Widerspruch beschreibt das Problem der gängigen Erklärungsmodelle der Bedürfnispsychologie ziemlich genau. Denn in unserer Alltagssprache verbinden wir mit dem Begriff „Bedürfnis" häufig einen Mangel und damit etwas potentiell Negatives. Einen Mangel gilt es zu beheben und Ihre Motivation, dieses Buch zu lesen, wird in Ihrer Selbstwahrnehmung aller Wahrscheinlichkeit nach nicht einem zu behebenden Mangel entspringen, sondern eher einem Antrieb.

Um diesem Problem zu begegnen, haben bedürfnispsychologische Theorien zwei Kategorien von Bedürfnissen eingeführt. Einerseits sogenannte Defizitbedürfnisse, also Bedürfnisse im Sinne unseres Alltagsverständnisses, wie z.B. die physiologischen Grundbedürfnisse nach Essen, Trinken, Schlafen und Sex. Andererseits gebe es so etwas wie Wachstumsbedürfnisse, also Bedürfnisse, die den Menschen positiv antreiben, wie das Bedürfnis nach Selbstverwirklichung oder nach Wissen.

Auf den ersten Blick scheint damit eine gute Kategorisierung gefunden, und Sie fühlen sich wahrscheinlich schon viel wohler mit der Selbsterkenntnis, dass Sie dieses Buch aus Ihrem Wissensdurst heraus noch nicht wieder hingelegt haben und nicht, weil Sie krampfhaft versuchen, einen Mangel zu beheben. Und doch ist diese Unterscheidung zwischen Defizit- und Wachstumsbedürfnissen lediglich eine semantische. Tatsächlich unterscheiden sich diese Bedürfniskategorien nämlich überhaupt nicht. Beide sind Erklärungen dafür, dass wir etwas tun und damit Erklärungen für unser Verhalten. Und beide sind nach unserer täglichen Erfahrung zumindest für einen bestimmten Zeitraum zu befriedigen. Sie haben vielleicht, bevor Sie dieses Buch zur Hand genommen haben, gut zu Abend gegessen und damit Ihr physiologisches Bedürfnis nach Essen zumindest vorerst befriedigt (abgesehen von der Tüte Chips auf Ihrem Sofatisch). Und so schade ich es auch finde, irgendwann legen Sie dieses Buch zur Seite, weil Ihr Wissensbedürfnis zumindest für heute befriedigt zu sein scheint. Das Problem besteht also weniger darin, Defizit- und Wachstumsbedürfnisse zu unterscheiden, sondern darin zu erklären, warum Bedürfnisse nach einer Zeit wieder auftauchen und wann welches über das andere scheinbar die Überhand gewinnt.

Letzteres, also z.B. die Frage, wie groß mein Wissensdurst noch sein kann, wenn ich seit drei Tagen nichts mehr getrunken habe und kurz vorm Verdursten stehe, wurde durch verschiedene Theorien und durch das Aufstellen von Über-Unterordnungsmodellen oder durch das Beschreiben von Relationen zwischen den Bedürfnissen und deren Befriedigungsgraden, zu erklären versucht. Es finden sich jedoch immer eine Reihe Beobachtungen menschlichen Verhaltens, die diese Modelle nicht zu erklären vermögen, sodass bisher wohl keines dieser Modelle Allgemeingültigkeit für sich in Anspruch nehmen kann.

Interessanterweise speisen sich die Ungereimtheiten, die den meisten der bedürfnispsychologischen Erklärungsmodellen entgegengehalten werden können, aus ein und derselben Grundannahme, nämlich dass jedes einzelne menschliche Bedürfnis potentiell für einen bestimmten Zeitraum zu befriedigen wäre. Wir stellen uns Bedürfnisse also im Grunde als eine Art Behälter vor, der je nach Zeitpunkt und Befriedigungsgrad unterschiedlich gefüllt ist. Ist der Behälter eher leer, dann haben wir eine große Motivation, ihn aufzufüllen, aber wenn er voll ist, dann kann uns keiner vom Sofa herunterlocken, um uns an diesem Bedürfnis weiter abzuarbeiten.

Und wieder erscheint uns dieses Model zunächst valide, denn viele unserer täglichen Verhaltensweisen und Handlungen, scheinen diesem Bild zu entsprechen. Wie aber kommt es dazu, dass der Behälter, ist er einmal voll, sich auch wieder leert? Oder anders gefragt: Was treibt uns am Montagmorgen nach einem erfüllten Wochenende mit viel gutem Essen, ausreichend Bewegung, guten sozialen Kontakten und Sex aus dem Bett und zur Arbeit, auch wenn wir finanziell so abgesichert sind, dass wir Geld nicht mehr verdienen müssen, um unsere Wochenenden bis zum Lebensende so oder so ähnlich gestalten zu könnten?

Irgendwie muss es Bedürfnisse geben, die nie vollumfänglich zu (er)füllen sind, die uns immer antreiben und keine Ruhe geben. Wenn das aber so ist, dann sind diese Bedürfnisse solche, bei denen das Bild des Behälters nicht passt, die sowohl als Mangel als auch als Antrieb oder als Energie beschrieben werden müssen. Da ich davon ausgehe, dass keine menschliche Handlung und kein menschliches Verhalten rein zufällig geschieht, sondern Ausdruck von etwas ist, müsste es sich dabei um Bedürfnisse handeln, die immer da sind und auf deren Basis ein Erklärungsmodell für alle beobachteten Verhaltensweisen und Handlungen zur Verfügung steht.

Die Bedürfnisse, von denen ich spreche, müssten also sowohl der Antrieb dafür sein, warum sie dieses Buch lesen aber auch dafür, warum Sie während dessen ab und zu einen Schluck Wein trinken, zwischendurch aufstehen, um Ihrer Frau einen Kuss zu geben, in die Küche zu gehen und den Geschirrspüler ausräumen, sich, ohne dass Sie es bewusst wahrnehmen, kurz am Hintern zu kratzen, um sich dann wieder in den Sessel zu setzen um weiterzulesen. Es scheint ein recht sportliches Anliegen, all das in einem einheitlichen Bedürfnis- und oder Motivationsmodell zu erfassen. Aber schauen wir doch mal, wie weit wir bei diesem Anliegen auf der Basis unseres universellen Bezugssystems kommen.

1. Die Gleichzeitigkeit von Antrieb und Mangel

Weil die klassische Betrachtungsweise unserer Grundbedürfnisse als „Mangel von etwas“, das behoben oder befriedigt werden kann oder muss bevor andere Mängel behoben werden können, zu unlösbaren Über- und Unterordnungsfragen der einzelnen Bedürfniskategorien führt, würde ich also vorschlagen, die Definition des Begriffs Bedürfnis wie soeben beschrieben zu erweitern. Zwar erleben wir Bedürfnisse einerseits als etwas, von dem wir zu wenig haben und bei dem es gilt, diesen Mangel zu beheben. Gleichzeitig erleben wir unsere Bedürfnisse jedoch auch als Antrieb und damit als „Ausdruck unseres Selbst“. Verstehen wir unsere Bedürfnisse als Antrieb, dann stellt sich die Frage nicht mehr, ob diese „befriedigt“ werden können, denn ein Antrieb ist entweder da oder er ist nicht da. Man könnte dann aber natürlich noch die Frage danach stellen, woher der Antrieb kommt und ob er immer da ist.

Und diese Frage, also woher der Antrieb kommt, könnte man wie folgt beantworten: Wenn es richtig ist, dass das gesamte Universum aus nichts als den drei Grundkräften starke Kernkraft, elektroschwache Wechselwirkung und Gravitation besteht, dann gilt das für jeden von uns. Auch wir bestehen aus nichts als diesen drei Grundkräften. Und das, was wir zu uns nehmen, um uns als lebendes System als solche zu erhalten, besteht aus nichts als diesen Grundkräften. Nun hatte ich von den drei Grundkräften in den Kapiteln zur Physik und Biologie ja schon ein wenig abstrahiert und behauptet, dass sie auf unterschiedlichen Verständnisebenen auch mit anderen Begrifflichkeiten übersetzt werden könnten.

Zur Erinnerung: Würde man beispielsweise das Bezugssystem „Geometrie" zugrunde legen, dann wären die drei physikalischen Grundkräfte mit Raum, Zeit und Verbindung von Raum und Zeit gut übersetzt. Legte man das System zeitlicher Abläufe von Ursache und Wirkung zu Grunde, so wären starke Kernkraft auch mit Aktion, elektroschwache Wechselwirkung mit Reaktion und Gravitation mit Interaktion gut beschrieben.

Überträgt man das Ganze jetzt auf „aus Materie bestehende Dinge", dann wäre die Aktion ein Impuls oder eine Handlung, die Reaktion wäre eine Veränderung oder Information und die Interaktion könnte man als Gleichzeitigkeit bezeichnen. Wie ich darauf komme? Zu abstrakt? Dann hier ein Beispiel dazu, wie ich darauf komme: Stellen Sie sich ein golfballgroßes Hagelkorn vor, das vom Himmel auf das Dach Ihres Auto herunterkracht. Im Moment des Aufschlags setzt es einen Impuls, der auf das Dach wirkt, das Dach reagiert durch Veränderung, eine Delle entsteht. Diese Veränderung, also die Differenz zwischen dem Zustand Ihres Autodaches vor dem Einschlag und dem danach ist die Information. Und da der Einschlag des Hagelkorns und die Information zeitlich nicht auseinandergehalten werden können, könnte man beides zusammen als Interaktion oder auch Gleichzeitigkeit beschreiben.

Zu guter Vorletzt übersetzen wir das Ganze noch auf lebende Systeme in Bezug auf deren Umwelt. Da es nichts außer den drei Grundkräften gibt und somit auch lebende Systeme in Bezug auf ihre Umwelt nichts anderes als diese drei zum Ausdruck bringen können, könnte man m.E. auch wie folgt weiter assoziieren: Das lebende System bringt die starke Kernkraft, respektive Raum, Aktion und Impuls zum Ausdruck, indem es die Umwelt verändert, also indem es handelt. Handlung in diesem Sinne umfasst also alle räumlichen Veränderungen, inklusive der Veränderung der Schwingungen der das System umgebenden Materie, in unserem Fall der Luft, sodass auch jede Lautäußerung als Handlung in diesem Sinne zu verstehen wäre. Die elektroschwache Wechselwirkung kommt in dem lebenden System in Bezug auf seine Umwelt zum Ausdruck, indem es auf diese reagiert, sich also durch das Wirken der Umwelt auf das lebende System verändert und in der Differenz zwischen dem Zustand vor und nach der durch die Umwelt verursachten Veränderung, liegt die Information. Und zu guter Letzt würde ich behaupten, dass die dritte der Grundkräfte, die Gravitation, respektive Interaktion oder Verbindung sich im lebenden System in Bezug auf seine Umwelt durch Kooperation Ausdruck verschafft.

Was heißt das jetzt in Bezug zum Menschen als spezielle Ausprägung lebender Systeme? Im Gegensatz zum letzten Absatz, in dem ich das lebende System in Bezug zu und damit in seiner Wirkung auf die Umwelt beschrieben (aktiv) habe, möchte ich hier das Ganze einmal umdrehen, also reaktiv betrachten und fragen: Wie wirkt die Umwelt auf das lebende System Mensch? „Reaktion" und damit Veränderung hatten ich soeben auch als Information bezeichnet, sodass diese reaktive Betrachtung auch als Informationsverarbeitungsprozess beschrieben werden könnte, und man daher auch fragen könnte: Was nimmt der Mensch wahr, wenn er die Umwelt in Bezug auf sich selbst begutachtet? Trifft die Umwelt auf die sich im Menschen Ausdruck verschaffende starke Kernkraft, also auf seinen Raum, seine Aktion, Impuls und Handlung, dann erzeugt sie im Menschen die Wirkung, dass er seine räumlichen aber auch seine Handlungsgrenzen wahrnehmen kann. Die Wirkung der Umwelt auf die im Menschen wirkende starke Kernkraft könnte man daher m.E. auch Wahrnehmung der Autonomie des Menschen bezeichnen. Und weil wir uns schnell an das gewöhnen, was wir einmal erlebt und für gut befunden haben, könnte man auch sagen, dass die Erwartung des Menschen an seine Umwelt ist, dass sie ihm Autonomie vermittelt, was insoweit wiederum als Bedürfnis nach Autonomie beschrieben werden kann.

Soweit zur Wirkung der Umwelt auf die sich im Menschen Ausdruck verleihende starke Kernkraft – kommen wir jetzt zur elektroschwachen Wechselwirkung. Was nimmt der Mensch wahr, wenn die Umwelt auf die sich in ihm Ausdruck verschaffende elektroschwache Wechselwirkung, also auf Zeit, Reaktion, Veränderung, Information trifft? Es mag auf den ersten Blick komisch anmuten, aber ich würde behaupten, dass die Wirkung der Veränderung Sicherheit hervorruft, jedenfalls dann und insoweit, als dass die Umwelt diejenigen Veränderungen und damit Informationen hervorruft, die der Mensch als Wirkung der Umwelt auf sich kennt. Die Wirkung dieser Grundkraft auf den Menschen ist also die Erwartungshaltung, dass der Kausalverlauf, der einmal beobachtet wurde, auch beim zweiten Mal wieder so abläuft, wie beim ersten. Und wenn dem so ist, dann ist das Ergebnis Sicherheit und Überblick. Als Reaktion und damit als Erwartungshaltung des Menschen an die Umwelt formuliert, ist es das Bedürfnis nach Sicherheit.

Schließlich noch zur Gravitation, Verbindung, Gleichzeitigkeit, Kooperation – welche wahrnehmbare Wirkung erzeugt die Umwelt auf diese im Menschen wirkende Grundkraft? Die Wahrnehmung von Gleichzeitigkeit ist m.E. die schwierigste der drei Grundkräfte, weil wir in einer kausalen Welt, also in einer Welt, die für uns in Ursache und die zeitlich darauffolgende Wirkung geteilt ist, leben. Ich will Ihnen daher ein kurzes Beispiel geben, wann wir m.E. so etwas wie Gleichzeitigkeit mit unserer Umwelt wahrnehmen können. Stellen Sie sich vor, Sie gehen durch die Fußgängerzone Ihrer Heimatstadt und mit Ihnen tun das eine ganze Menge anderer Menschen, weil am nächsten Tag die Läden geschlossen haben und alle denken, dass sie noch schnell etwas einkaufen müssten, weil sonst der Hungertod auf sie wartet. Von den meisten dieser Menschen nehmen Sie nur wahr, dass Sie auch da sind, insbesondere wenn Sie Ihnen in den Weg laufen. Irgendwann erheben Sie jedoch den Blick und dieser trifft wie durch Zufall auf den Blick eines Ihnen entgegenkommenden Passanten. Damit die Sache angenehm für Sie wird, stellen Sie sich einfach vor, dieser Mensch sei unfassbar attraktiv und interessant. Könnten Sie von dem Moment, in dem sich Ihre Blicke treffen, sagen, ob Sie es waren, der den in diesem Moment entstehenden Kontakt aufgenommen hat oder eher ihr Gegenüber? Hat jemand von Ihnen den ersten Kontaktimpuls gesetzt, auf den der andere reagiert? Und was „passiert" eigentlich während der Kontakt besteht? Ich würde behaupten, dass die Unterscheidung von Ursache und Wirkung in diesem Moment nicht möglich ist. Und ich würde darüber hinaus behaupten, dass man die Dauer des entstandenen Kontaktes zwar messen und damit in ein, zwei oder vielleicht drei Sekundenteile hacken könnte aber dass der Kontakt selbst etwas von Zeitlosig- oder besser von Gleichzeitigkeit hat. Wenn ich diese Erfahrung nun mit bestimmten Menschen in meiner Umwelt immer wieder mache, man sich auf dieser Basis kennenlernt und daraus gegenseitiges Verständnis und Kooperation erwächst, dann entsteht daraus die Erwartungshaltung und damit das Bedürfnis nach Beziehung und Kontakt.

Fassen wir das alles nochmal kurz zusammen: Wenn wir also die drei Grundkräfte der Physik auf das Bezugssystem Mensch übertragen, dann verschaffen sie sich in uns als die drei Grundantriebe Aktion/Handlung, Interaktion/Kontakt und Reaktion/Veränderung Ausdruck. Und in Bezug auf unsere Umwelt übersetzen sich diese in die drei Grundbedürfnisse nach Autonomie, Beziehung und Sicherheit. Und damit könnten wir unsere Triade mit den Begriffsassoziationen wie folgt ergänzen:

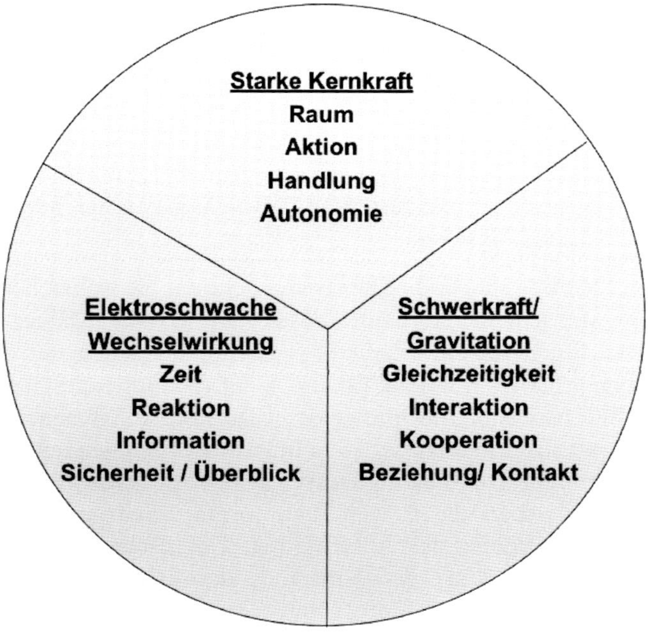

Abb. 7: Triade der Grundkräfte / Grundenergien / Grundbedürfnisse

Wenn dem alles so wäre, dann müsste man von hier aus doch weiter denken und bezüglich so mancher Fragen bezüglich des Wieso und Warum unseres Verhaltens Rückschlüsse ziehen können. Wenn Sie also wissen wollen wie es weitergeht (Sicherheitsbedürfnis), noch ein bisschen Zeit haben weiterzulesen (Autonomie) und Sie die Art und Weise wie ich schreibe nicht unerträglich finden (Beziehung), dann lade ich Sie sich auf das nächste Kapitel und dazu ein, endlich einmal zu klären, ob Sie wirklich ein von Grund auf guter Mensch sind.

2. Gut oder schlecht?

Haben Sie heute Morgen Ihren Müll mal wieder aus dem Küchenfenster auf die Straße geworfen? Und haben Sie danach beim Verlassen Ihrer Wohnung im Vorbeigehen auch nicht vergessen, Ihren Nachbarn ordentlich zu beleidigen, bevor Sie beim Ausparken mit Ihrem Wagen eine Spur der Verwüstung bei den anderen Fahrzeugen hinterlassen haben? Nicht? Warum nicht? Weil Sie Angst davor hatten, man könnte nachvollziehen, dass es Ihr Müll ist, Ihr Nachbar einen fiesen großen Bruder hat und die Schäden nicht von Ihrer Versicherung getragen werden? Verhalten Sie sich also, wie Sie sich verhalten, ausschließlich um zu vermeiden, dass Ihr Verhalten später nachteilige Folgen für Sie hat? Allein deshalb, weil sich ansonsten all das rächen könnte? Sind Sie also eine Reiz-Reaktions-Maschine?

Wenn Sie diese Fragen bejahen, dann gehören Sie wahrscheinlich zu denjenigen Menschen, die heute deswegen so toll Klavier spielen können, weil Ihnen Ihr autoritärer Klavierlehrer immer, wenn Sie einen Fehler gemacht haben, mit dem Taktstock auf die Finger geschlagen hat. Und Sie rufen heute im Job immer dann Ihre beste Arbeitsleistung ab, wenn Ihnen der Chef mal wieder so richtig die Leviten gelesen und dabei natürlich nicht vergessen hat, Ihnen mit dem Verlust des Arbeitsplatzes zu drohen. Sie haben die Fragen nicht bejaht? Sehr gut, ich würde behaupten, Sie befinden sich in der guten Gesellschaft von fast allen anderen Menschen! Klar, der Umstand, dass Ihr Verhalten später nachteilige Folgen zeitigen könnte, spielt schon auch eine Rolle, aber Sie verhalten sich nicht ausschließlich deswegen gut, weil Schlechtes droht. Sie würden, da bin ich mir sicher, Ihren Müll auch dann nicht aus dem Fenster werfen, wenn Sie zu 100 Prozent davon ausgehen könnten, dass niemand jemals herausfinden würde, dass Sie das waren.

Aber woran liegt das? Weil es nicht richtig ist? Weil es falsch und damit nicht gut, sondern schlecht wäre, sich so zu verhalten? Und wenn es gut ist, sich so zu verhalten, verhalten Sie sich so, weil Sie ein guter Mensch sind? Und sind alle Menschen gut? Und waren Sie schon so gut, als Sie auf die Welt gekommen sind, oder haben Sie das mit dem „gut" sein erst später gelernt? Fragen über Fragen und genau einige derjenigen Fragen, die die Moralphilosophie schon seit jeher umtreiben: Ist der Mensch von Natur aus gut, oder ist der Mensch nur des Menschen Wolf. Hat der Mensch die Fähigkeit zur Moral aus seiner Biologie heraus oder handelt es sich dabei nur um die „dünne Tünche der Sozialisation", wie es Richard David Precht in seinem Buch „Die Kunst kein Egoist zu sein" so schön formuliert. Kommt Altruismus aus uns heraus und ist Selbstlosigkeit also ein wesentlicher Bestandteil unserer Natur oder handeln wir streng rational, als homo oeconomicus, allein auf unseren Vorteil bedacht und ist daher jeder Altruismus letztlich nichts als Egoismus im Blümchenkleid, weil reziprok? Sieht man also, wenn man einen Altruisten kratzt, einen Heuchler bluten, wie es der Evolutionspsychologe Michael Ghiselin behauptet?

Ich könnte an dieser Stelle nun versuchen einen kleinen Exkurs über die Philosophiegeschichte bis heute zu schreiben, dazu die Meinungen von Persönlichkeiten der Biologie, der Wirtschaftswissenschaften, der Psychologie und neuerdings auch der Neurobiologie einzuholen und fände für jede Meinung ausreichend Kronzeugen. Sie könnten sich dann nach der Lektüre von ein paar tausend Seiten, mit guten Argumenten gewappnet, eine Meinung aussuchen oder, was ich für wahrscheinlicher halte, nach vielen guten eigenen Gedanken zu dem Ergebnis gelangen, dass man es nicht so genau weiß. Und das wäre sicher auch ein schönes Projekt, aber da ich aber weder Zeit noch Geld habe, müssen wir das hier anders machen. Wir können uns mit diesen Fragen an dieser Stelle nicht länger aufhalten, nicht zuletzt, weil ich nichts dazu beitragen könnte, was nicht vor mir schon jemand gedacht und beschrieben hat und was darauf hin von jemand Anderem mit guten Argumenten widerlegt wurde. Also Haken dran, neues Thema.

Wenn wir hier also schon nicht entscheiden können, ob der Mensch nun eher gut oder doch eher schlecht oder beides oder weder noch ist, dann können wir vielleicht wenigstens die Frage beantworten, was „gut" eigentlich heißt. Oder ein bisschen genauer: Ist „gut" abhängig vom

Betrachter, also subjektiv? Oder gibt es auch das objektiv „Gute", also als etwas Abstraktes, vielleicht als eine Art Essenz im Sinne einer platonischen Idee?

Bei der ersten Frage, also ob „gut" etwas Subjektives ist, haben Sie beim Lesen jedenfalls dann spontan „ja" zu sich selbst gesagt, wenn Sie sich etwas Konkretes vorgestellt haben, z.B. einen leckeren Hackbraten. „Den finde ich gut", ging Ihnen durch den Kopf und wenn Sie sagen: „Ich finde Hackbraten gut", dann haben Sie Hackbraten aus Ihrer persönlichen Sicht, nach Ihrem Gusto bewertet und für gut befunden. Ob man etwas gut „findet", ist also definitiv etwas Subjektives und damit Wandelbares, nicht zuletzt weil Sie wissen, dass Hackbraten vielleicht in den 70ern des letzten Jahrhunderts noch en vogue war, heute aber nicht mehr auf jeder Party der Knaller ist.

„Gut" im Sinne einer Bewertung ist also zwangsläufig abhängig vom Betrachter, und selbst beim Betrachter wechselt die Beurteilung ob nun gut oder schlecht immerzu und hin und her. Der eine mag gern in der Sonne liegen und findet das gut. Der andere liegt lieber im Schatten und findet in der Sonne liegen eher schlecht. Der erste findet in der Sonne liegen aber auch nur solange gut, bis er einen Sonnenbrand kriegt und der zweite will sich im Schatten auch nicht den Hintern abfrieren. Der eine findet es gut, morgens früh aufzustehen, um dann in Ruhe eine Stunde im Bett zu sitzen und jede Menge Kaffee zu trinken. Der andere hält das für so ziemlich die beknackteste Idee, die man haben kann, obwohl sich das für den Sonntagmorgen manchmal gar nicht nach einer so schlechten Idee anhört. Ob gut oder schlecht liegt also, wie die Schönheit, im Auge des Betrachters und ist damit subjektive Bewertung.

Und obwohl das eindeutig so stimmt, haben Sie gleichwohl bei der Frage danach, ob es auch das objektiv Gute gibt, gezögert und sich vielleicht gedacht: Nur weil ich etwas subjektiv „gut finde", heißt das noch nicht, dass etwas objektiv „gut ist" und das wiederum heißt natürlich nicht, dass es nicht etwas geben kann, was ich nicht „gut finde", was aber auch unabhängig von mir „gut ist". Das könnte dann das objektiv Gute sein. Man könnte natürlich hier schon fragen, welchen Mehrwert es hat, zu wissen, dass es etwas objektiv Gutes gibt, man es aber nicht findet - aber dazu gleich.

Wie könnten wir ermitteln, ob etwas objektiv gut ist? Vielleicht, indem wir nach etwas suchen, was alle Menschen als „gut" identifizieren? Dann könnte so etwas wie Frieden, Freiheit, Liebe, Gerechtigkeit oder

Altruismus in Frage kommen? Finden doch alle Menschen gut, oder? Und die, die das nicht gut finden, bei denen ist irgendwann irgendetwas durcheinandergekommen und die zählen nicht! So jedenfalls wären meine Gedanken. Allerdings stellt sich die Frage, ob wir damit schon bejahen können, dass es das „objektiv" Gute gibt. Bis hierher ist es ja allein ein vermuteter Konsens der Mehrheit aller subjektiven Sichtweisen auf Begriffe wie Frieden etc.. Also gut, was heißt denn eigentlich objektiv? Ich habe eben einmal bei Wikipedia nachgeschaut – dort heißt es:

„objektiv steht als Adjektiv für:
- unvoreingenommen, nicht von Gefühlen und Vorurteilen bestimmt, siehe Objektivität,
- gegenständlich, wirklich, tatsächlich, unabhängig von einem Subjekt und dessen Bewusstsein existierend, siehe Objektivismus".[8]

„Unabhängig von einem Subjekt" – scheint so, als ob der oben bezeichnete Konsens von Vielen dann wohl nicht mit „objektiv" gleichbedeutend ist. „Wirklich und tatsächlich" - das heißt wohl, dass das objektiv Gute also als etwas Vorgegebenes und nicht als subjektive Bewertung gedacht sein müsste, als etwas was da ist und was es nur noch zu erkennen gilt. Dann stellt sich natürlich wieder die Frage, ob und ggf. wie wir als Subjekte überhaupt etwas Objektives „erkennen" können.

Ich habe ganz zu Beginn dieses Buches bereits die kühne These aufgestellt, dass „Erkennen" den Prozess des Inbezugsetzens der durch unsere Sinne „erhobenen" Daten mit uns selbst als Bezugssystem beschreibt. Auf andere Art und Weise wird aus dem was da ist, für uns nämlich keine Information. Das heißt natürlich nicht, dass nur etwas „ist", wenn es von uns auch wahrgenommen und erkannt wird. Ohne den Erkenntnisprozess enthält es lediglich für uns keine Information – auch nicht darüber, ob es nun gut oder schlecht ist. Was habe ich also davon, wenn es etwas objektiv Gutes gibt, ich es aber nicht finde? Nun, vielleicht haben wir dann etwas davon, wenn wir es sind, also zumindest irgendwie Teile von dem objektiv Guten in uns tragen oder ein Abbild davon sind?

---

[8] In: Wikipedia, Die freie Enzyklopädie. Bearbeitungsstand: 25. Juni 2015, 19:25 UTC. URL: https://de.wikipedia.org/w/index.php?title=Objektiv&oldid=143460479 (Abgerufen: 27. September 2017, 08:35 UTC)

Wie wäre es also mit Gott! Gott ist das Gute und das Gute ist Gott! Dostojewski hat einmal geschrieben: „Wenn Gott nicht existiert, dann ist alles erlaubt.“ Was er offenbar damit meinte, ist das was in der Philosophiegeschichte häufig als Argument und Erklärung dafür genutzt wird, dass es das objektiv Gute geben müsse und dass dieses letztlich nichts anderes als Gott sein könne. Würde es Gott und damit das von der menschlichen Beurteilung unabhängige, objektiv Gute nicht geben, dann gäbe es auch keine Instanz, die menschliches Verhalten letztlich in gut und schlecht einteilen könne, als der Mensch selbst. Das wiederum wäre dann aber wieder subjektiv gut und damit veränder- und verhandelbar, was für den Objektivitätssuchenden keine gute Nachricht ist. In diesem Weltbild gilt: Über dem Menschen ist nur der blaue Himmel und eben Gott. Andere Philosophen, die in dem Kontext auf einen Gott verzichten, wie z.B. Sartre, kommen zu dem gleichen aber umgekehrten Ergebnis wie Dostojewski: Da es keinen Gott gibt, ist alles erlaubt. Oder, frei nach Sartre: Nichts macht mehr Sinn, weil es kein objektiv Gutes und Böses geben kann, eben weil es keinen Gott gibt.

Etwas weniger dramatisch könnte man auch sagen: Es gibt das objektiv Gute, wenn es Gott gibt und es gibt kein objektiv Gutes, wenn es Gott nicht gibt. Selbst wenn das so wäre, fragt man sich aber natürlich, was man daraus lernt? Ich muss gestehen, für mich ist das Ganze nicht hilfreich, solange ich nicht verstehe, wer oder was Gott eigentlich ist. Und auf diese Frage konnte ich bisher keine wirklich überzeugenden Antworten finden. Was es regelmäßig als Antwort auf diese Frage gibt, kann man m.E. damit zusammenfassen, dass Gott letztlich immer die Antwort auf das Unerklärliche ist - und zwar im Guten wie im Schlechten! Für mich heißt das aber erst einmal nur: Immer wenn ich es nicht mehr genau verstehe, das Fragezeichen aber nicht ertragen kann, weil es mich zu sehr verunsichert, dann ist die Antwort Gott. Verstehen Sie mich bitte nicht falsch, ich habe überhaupt nichts gegen diese Antwort, aber im Grunde heißt das doch nichts anderes, als dass Gott ein Fragezeichen mit einem Ausrufezeichen dahinter ist. Für unsere Einstiegsfrage, was denn nun das objektiv „Gute“ ist, ist mir jedenfalls nicht geholfen. Ich tausche das Wort „gut“ mit dem Wort „Gott“ und weiß trotzdem nicht mehr.

Da ich die Frage nach Gott und dem objektiv Guten also nicht beantworten kann, lasse ich sie hier einfach mal offen und komme zurück zum subjektiv Guten. Wie oben besprochen, ist das subjektiv Gute immer das Ergebnis einer persönlichen Bewertung. Und eine

Bewertung ist immer das Ergebnis eines Vergleichs. Ich muss das Gute in Bezug zum Schlechten setzen, sonst kann ich das eine vom anderen nicht unterscheiden. Und Sie ahnen schon, worauf das hier wiederhinaus läuft – ich benötige ein Bezugssystem, um gut von schlecht, richtig von falsch unterscheiden zu können. Was machte also das Gute gut und das Schlechte schlecht, wenn es keinen Gott gäbe?

3. Moral or not Moral, das ist hier die Frage

Das wohl derzeit beliebteste Beispiel, um Menschen für Moralphilosophie und damit dafür zu begeistern darüber nachzudenken, was gut und schlecht, richtig und falsch ist, ist das Gleisarbeiter-Gedankenexperiment des Evolutionsbiologen und Moralphilosophen Marc. D. Hauser, welches auch als der „Moral Sense Test" bekannt geworden ist. Inhalt dieses Tests, der seit dem Jahr 2005 weltweit mehreren hunderttausend Versuchspersonen vorgelegt wurde, ist ein sogenanntes moralisches Dilemma.

Bevor ich Ihnen gleich erzähle, was der Inhalt dieses „moralischen Dilemmas" ist, müssen wir aber einen kleinen Exkurs zur Begriffsklärung machen, damit sichergestellt ist, dass wir hier auch über das Gleiche reden und nachdenken:

Dilemma kommt, laut Wikipedia, aus dem Altgriechischen und bedeutet: „Aus zwei Sätzen bestehend", entspricht damit sinngemäß dem Wort Zwickmühle und beschreibt somit eine Situation, die zwei Möglichkeiten der Entscheidung bietet, die jedoch beide zu einem unerwünschten Resultat führen. Diese Situation werde aufgrund ihrer Ausweglosigkeit als „paradox" empfunden.[9]

Man gut ist das Wörtchen „paradox" im gleichen Wiki-Beitrag verlinkt, sodass wir uns auch bezüglich dieses Begriffs gleich noch schlau machen können: „Ein Paradoxon ist ein Befund, eine Aussage oder Erscheinung, die dem allgemein Erwarteten, der herrschenden Meinung oder Ähnlichem auf unerwartete Weise zuwiderläuft oder beim üblichen Verständnis der betroffenen Gegenstände bzw. Begriffe zu einem

---

[9] In: Wikipedia, Die freie Enzyklopädie. Bearbeitungsstand: 6. Juni 2017, 11:08 UTC. URL: https://de.wikipedia.org/w/index.php?title=Dilemma&oldid=166131683 (Abgerufen: 27. September 2017, 08:33 UTC)

Widerspruch führt."[10]

Das klingt vernünftig oder was meinen Sie? Wenn man bestimmte Begriffe, also z.B. gut und schlecht, richtig und falsch als Bewertungskriterien für menschliches Verhalten anlegt und man dann zu dem Ergebnis käme, dass bei zwei Handlungsalternativen beide als gut oder beide als schlecht zu bewerten seien, dann käme das einem vor wie ein Widerspruch in sich. Ich sage hier nicht ohne Grund „es käme einem so vor", weil ich Zweifel habe, dass es so etwas wie objektive Paradoxien überhaupt gibt. Paradoxien sind m.E. immer Ergebnis eines lediglich scheinbaren Wertungswiderspruchs, der sich bei genauer Betrachtung in Wohlgefallen auflöst, wenn man das richtige Bezugssystem zu Grunde legt, z.B. wenn man neben „richtig" und „falsch" auch noch „sowohl als auch" oder Gleichzeitigkeit mit einbezieht. Ein Verhalten könnte dann richtig und falsch zugleich sein - je nachdem welche Perspektive man einnimmt. Erinnern Sie sich noch an den Abschnitt zur Physik? Und dort an die Entdeckung der Gleichzeitigkeit der Natur von Elektronen als Welle und Teilchen? Ich glaube, dass der Philosophie und der Psychologie die Entdeckung der Gleichzeitigkeit ähnlich weiterhelfen könnte, wie es der Physik vor mehr als hundert Jahren weitergeholfen hat. Und Wikipedia sieht das genauso, denn die Erläuterungen zu dem, was das Wort „paradox" eigentlich bedeuten soll, waren mit dem obigen Zitat noch nicht zu Ende. Es folgt nämlich noch folgender Satz: „Die Analyse von Paradoxien kann zu einem tieferen Verständnis der betreffenden Gegenstände bzw. Begriffe oder Situationen führen, was den Widerspruch im besten Fall auflöst." Na dann, lösen wir den Widerspruch doch einmal auf!

Zurück zum „Moral Sense Test" und dessen Inhalt: Stellen Sie sich bitte vor, Sie ständen an einem Bahngleis, auf dem in einiger Entfernung von Ihnen, fünf Gleisarbeiter Ihrem Tagwerk nachgehen. Direkt neben Ihnen befindet sich eine Weiche, von der Sie wissen, dass Sie sie per Hand bedienen können. Plötzlich kommt ein führungsloser Waggon auf Sie zugerollt, den offensichtlich nur Sie wahrnehmen und Sie wissen sicher, dass dieser Waggon die fünf Gleisarbeiter überrollen und töten

---

[10] In: Wikipedia, Die freie Enzyklopädie. Bearbeitungsstand: 25. August 2017, 20:38 UTC. URL:
https://de.wikipedia.org/w/index.php?title=Paradoxon&oldid=168472368
(Abgerufen: 27. September 2017, 08:48 UTC)

wird, wenn Sie nicht die Entscheidung fällen, die Weiche zu betätigen, sodass der Waggon auf dem Nachbargleis weiterrollt. Das Problem ist jedoch, dass sich auch auf diesem Nachbargleis ein Gleisarbeiter befindet, der, und darüber sind Sie sich ebenso zu 100% im Klaren, von dem Waggon erfasst und getötet würde. Was tun Sie?

In einer zweiten Konstellation stellen Sie sich nun bitte vor, Sie stünden auf einer Brücke, unter Ihnen wieder das Gleis mit den fünf Gleisarbeitern. Wieder sehen Sie den führungslosen Waggon auf diese fünf Arbeiter zurollen. Neben Ihnen auf der Brücke steht jedoch ein dicker Mann und Sie wissen ohne jeden Zweifel, dass wenn Sie diesen Mann jetzt von der Brücke auf die Gleise schubsen würden, der Waggon rechtzeitig aufgehalten würde, bevor er die fünf Gleisarbeiter erreicht, sodass diese mit ihrem Leben davonkämen, während der dicke Mann dies mit seinem Leben bezahlen würde. Was tun Sie in diesem Fall?

Statistisch weichen die Antworten auf die beiden Fragen erheblich voneinander ab. So geben ca. 70% der Befragten an, sie würden die Weiche verstellen, aber ca. nur 17% der Befragten würden den Mann von der Brücke stoßen. Hausers Schlussfolgerung aus diesem Ergebnis ist einerseits, dass es für unser inneres Erleben einen erheblichen Unterschied mache, ob man aktiv oder passiv den Tod eines Menschen verursache, selbst wenn das Ergebnis das Gleiche sei.

Das Ergebnis wird daher von einigen Autoren auch in den Kontext unseres Rechtssystems gestellt. Dort wird nämlich ebenfalls zwischen der aktiven Herbeiführung des Todes eines Menschen und der Tötung durch Unterlassen unterschieden. Bestraft für ein Unterlassen werde ich nur, wenn mich eine rechtliche Pflicht zum Eingreifen trifft, die z.B. aus einer besonderen Nähebeziehung zum Opfer oder dann entsteht, wenn ich die potentiell tödliche Gefahr vorher selbst gesetzt habe – die Juristen nennen das Ganze dann „Garantenstellung". Und „Unterlassen" im juristischen Sinne setzt einen Kausalverlauf voraus, den ich nicht unterbreche, obwohl ich eine solche Garantenstellung innehabe. Im Gleisarbeiterbeispiel greife ich durch das Umstellen der Weiche jedoch in einer Art in den Kausalverlauf ein, dass durch meine Handlung ein neuer Kausalverlauf begonnen wird. Ich würde daher behaupten wollen, dass das Umstellen der Weiche gar kein „Unterlassen" im rechtlichen Sinne darstellt, sondern ebenfalls eine aktive Handlung. Sie führt zwar mittelbarer zum Tod des Gleisarbeiters als das Herunterstoßen des dicken Mannes, setzt aber ebenso aktiv einen Kausalverlauf in Gang, der im Tod des Gleisarbeiters endet. Das Begriffspaar aktiv / passiv beschreibt daher den Unterschied der beiden Gedankenexperimente m.E. weniger präzise als das Begriffspaar unmittelbar / mittelbar.

Darüber hinaus scheint die Erkenntnis, dass wir unser eigenes Handeln nicht lediglich nach seinen Folgen, sondern die Handlung selbst beurteilen, auch der (jedenfalls meiner) Intuition zu entsprechen. Denn ob ich 1 Mio. Euro durch ehrliche Arbeit oder durch den Verkauf einer großen Menge Drogen verdiene, würde in meinem Selbstbild einen erheblichen Unterschied machen, auch wenn das Ergebnis das Gleiche ist. Wenn wir unsere Handlungen beurteilen, spielt das Ergebnis unter Umständen also nur eine untergeordnete Rolle.

Hauser kam darüber hinaus aber noch zu einer deutlich weiterreichenden Schlussfolgerung. Er hat seinen Test im Laufe der Jahre nämlich weltweit in vielen unterschiedlichen Ländern und Menschen unterschiedlicher Altersstufen und Bildungsschichten vorgelegt und unabhängig davon immer die nahezu gleichen Ergebnisse erhalten. Hauser folgert daraus, dass es in jedem Menschen ein Grundgerüst der gleichen moralischen Werte geben müsse, das dafür verantwortlich zeichne, dass unabhängig von Alter, Bildungsstand, sozialer oder kultureller Umstände oder Erziehung ein bestimmtes Verhalten als richtig und das andere als falsch empfunden würde. Jeder Mensch werde also, so Hauser, mit einem angeborenen Instinkt für Moral geboren. Moral wäre demnach also biologisch in uns verankert.

Das scheint auf den ersten Blick eine gute Nachricht. Allerdings stellt sich dann die Frage, in welche Richtung dieser „moralische Kompass“ eigentlich zeigt, der genetisch in jedem Menschen verankert ist. Denn zunächst beweist der Test m.E. nur, dass eine große Mehrheit von Menschen in einer bestimmten Situation das Gleiche tun würde, sodass man dieses Verhalten als demokratisch legitimiert richtiges Verhalten bezeichnen könnte. Aber welche Schlüsse können wir aus dem Testergebnis in Bezug auf moralisches Verhalten wirklich ziehen? Was wäre der Inhalt des moralischen Instinkts? Dass mehr Menschen mehr Wert sind als weniger Menschen? Und macht es das Instinkthafte, von allen Menschen auf der Welt Geteilte wirklich zu etwas moralisch Richtigem? Ich würde behaupten, dass sehr viele männliche Menschen, egal wo auf der Welt, morgens aufstehen, um dann irgendeiner Erwerbstätigkeit nachzugehen. Die Vorhersagbarkeit des Verhaltens „Männliche Menschen stehen morgens auf und beginnen bald danach mit ihrer Erwerbstätigkeit" liegt wahrscheinlich sogar höher als die Wahrscheinlichkeit, dass die Weiche umgestellt wird. Gibt es deswegen einen männlichen Arbeitsinstinkt? Und ist Arbeit deswegen moralisch gut und richtig? Und handeln Männer, die keiner Erwerbstätigkeit nachgehen, sondern sich um Haushalt und Kinder kümmern deswegen moralisch weniger wertvoll? Oder sind, um im Gleisarbeiterbeispiel zu bleiben, die 30%, die die Weiche nicht umstellen würden, moralisch irgendwie fehlgeleitet, jedenfalls aber instinktlos?

Wie Sie merken habe ich Zweifel, dass wir ein bestimmtes Verhalten allein aus einer demokratischen Legitimation heraus schon als im moralischen Sinne „richtig" beurteilen sollten. Und dieser Zweifel begründet sich nicht zuletzt auf der Gefahr, dass wir im Umkehrschluss all diejenigen, die dem Standardverhalten nicht entsprechen, moralisch verurteilen und das dieses Urteil in manchen Fällen vielleicht etwas verfrüht ist.

Um zu verdeutlichen worauf ich hinaus will, reichern wir die Sachverhalte doch einmal mit einigen Informationen über die beteiligten Personen an: Die fünf Gleisarbeiter sind nämlich keine unbeschriebenen Blätter. Tatsächlich handelt es sich bei dieser Gruppe um die schlimmsten Verbrecher, Mörder und Vergewaltiger, die die Geschichte der Menschheit je gesehen hat. Und? Kommen Zweifel bei Ihnen auf? Noch nicht? Dann haben Sie vielleicht noch nicht berücksichtigt, dass alle fünf weit über 90 Jahre alt sind und allesamt unter unheilbaren, sehr schmerzhaften Krankheiten leiden, die ihnen eine Lebenserwartung zwischen einem und fünf Tagen belässt. Zweifel? Die Gleisarbeiter haben zudem den Plan, sobald sich die nächste Gelegenheit bietet, mit ihren Spitzhacken den in der Nähe stehenden fünf Aufsehern den Garaus zu machen!

Und nähmen wir dazu noch die Perspektive der Familienangehörigen des gleich sterbenden Gleisarbeiters ein, dieses jungen hoffnungsfrohen Mannes, der diesen Job nur macht, um mit dem verdienten Geld Gutes zu tun, der in seiner Freizeit seine todkranke Mutter pflegt, einmal im Monat zur Blutspende geht und sich, wann immer es ihm möglich ist, zum freiwilligen Dienst ins Kinderhospiz begibt. Wie beurteilen die Verwandten dieses Gleisarbeiters wohl Ihre Entscheidung zu Gunsten der fünf Verbrecher?

Worauf ich hinaus will? Nun, erstens scheint mir die Sache mit dem moralischen Kompass im Sinne von richtigem oder falschem Verhalten immer eine Frage der Perspektive zu sein, und sie bleibt damit zunächst einmal streng subjektiv, auch wenn man durch Mehrheitsbefragungen eine demokratische Legitimation eines Verhaltens auf Basis bestimmter Informationen herbeiführen kann. Und zum anderen halte ich es darauf basierend zwar für richtig, dass alle Menschen von Geburt an, also biologisch über etwas verfügen, was sie dazu bringt, bestimmtes Verhalten mehrheitlich ähnlich zu bewerten. Ich würde es nur nicht als moralischen Instinkt bezeichnen, um die Assoziation zu „objektiv gut" und „objektiv schlecht" zu vermeiden. Ich würde es eher, und das überrascht Sie inzwischen sicher nicht mehr, als einheitliches Bezugssystem zur Beurteilung der Welt und damit auch von menschlichem Verhalten bezeichnen, was jedem Menschen von Natur aus innewohnt. Und dieses Bezugssystem sind die oben beschriebenen Grundbedürfnisse Autonomie, Beziehung und Sicherheit.

Sie sind empört? Genervt? Ungeduldig? Haben Sie genug von theoretischem Sinnieren und fragen sich, ob Sie beim Lesen nicht besser eine Pause und mit etwas anderem weitermachen oder dieses Buch am besten gleich ganz in die Tonne treten sollten? Oder sind Sie unsicher, ob das alles so stimmen kann und haben Zweifel daran, dass man alles in der Welt letztlich auf dieses banale universelle Bezugssystem zurückführen kann? Wenn dem so ist, dann würde ich behaupten, dass die letzten Seiten Ihre Bedürfnisse nach Autonomie, Beziehung und Sicherheit in Bezug auf das Lesen dieses Buches nicht in einem ausgeglichenen Verhältnis befriedigt haben. Und das tut mir natürlich leid und ich gelobe Besserung!

Lassen Sie uns daher schnell wieder praktisch werden und wenden das Ganze auf das Gleisarbeiterbeispiel an. Sie stehen also am Gleis, geradeaus fünf, rechts nebenan, ein Gleisarbeiter, hinter Ihnen der Waggon, der auf Sie zukommt. Sie betätigen die Weiche! Warum ist das für Sie persönlich wenn schon keine gute, dann wenigstens doch eine richtige Entscheidung?

Das beschriebene Szenario, in dem Sie fünf Gleisarbeiter durch das Umstellen der Weiche retten können, unterstellt Ihnen sicheres Wissen über den zukünftigen Kausalverlauf sowie vollständigen Überblick über die Folgen Ihrer Handlung oder Ihres Unterlassens und gibt Ihnen uneingeschränkte Entscheidungs- und Handlungsfreiheit. Soweit so klar – aber welches konkrete Bild entsteht vor Ihrem geistigen Auge, wenn Sie die Beschreibung der Situation hören? Eine vage Vorstellung von

Gleisen, von einer Weiche mit Hebel und von insgesamt 6 Menschen - fünf auf der einen, einer auf der anderen Seite? Details und die genaue Umgebung entstehen erst vor Ihrem geistigen Auge, wenn Sie sich ein wenig Zeit für diese Vorstellungsarbeit nehmen, und selbst dieses Bild bleibt wahrscheinlich ziemlich schematisch. Was auch bei genauerer Betrachtung nicht so recht entstehen will, ist eine konkrete Vorstellung von den Personen, die da vorne irgendwo auf ihren Tod warten. Vor Ihrem inneren Auge sind die Menschen vielleicht noch auf eine bestimmte Art und Weise gekleidet – schließlich handelt es sich um Gleisarbeiter – aber sie sind eigenartig gesichtslos. Im Grunde sind es nur Avatare für das Wort Mensch - Sie wissen nichts über diese Menschen, außer dass es eben Menschen sind. Und m.E. ist es genau dieser Umstand, der die Aufgabe letztlich zu einer bloßen Rechenaufgabe macht. Alle Menschen sind gleich viel Wert und daher sind fünf ausreichend mehr als einer, um bei den meisten Menschen aufkommende Zweifel an der Richtigkeit der Weichenumstellung im Keim zu ersticken.

Schauen wir uns jetzt im Vergleich dazu auch die zweite Variante nochmals genauer an und untersuchen, was den wesentlichen Unterschied dieser beiden Beispiele ausmacht. Vielleicht winkt uns aus diesem Unterschied ja tiefere Erkenntnis. Sie sehen also diesen dicken Mann neben sich. Wenn Sie den jetzt herunterstoßen, retten Sie die fünf Gleisarbeiter. Nun manchen Sie schon! Sie haben doch auch die Weiche umgestellt! Ist es nicht widersprüchlich, sogar feige, hier den Rückzieher zu machen? Wie, Sie schaffen das einfach nicht? O.K., ich entlasse Sie aus dieser sehr unangenehmen Situation – Sie dürfen sich wieder gut und normal fühlen – es war ja nur ein Gedankenexperiment.

Ich hatte Sie oben gebeten, sich ein konkretes Bild der ersten Situation zu machen und hatte angenommen, dass Ihr Bild von den Gleisarbeitern unscharf und schemenhaft geblieben war. Bei dem zweiten Beispiel würde ich unterstellen, dass der dicke Mann Ihnen ziemlich konkret, viel detailreicher und sehr menschlich vorgekommen ist im Vergleich zu den Gleisarbeiteravataren. Die Brücke entsteht vor Ihrem geistigen Auge als Hintergrund, aber der Mann, ja der dicke Mann, der hat eine offensichtlich nicht allzu große Entfernung zu Ihnen, eine konkrete Statur und ist auf eine bestimmte Art gekleidet. Er steht vielleicht so nah, dass Sie sein Gesicht erkennen können. Und Sie sind sich nicht sicher, ob der Mann Sie vielleicht auch schon wahrgenommen, Ihnen sogar zugenickt hat. Sieht der dicke Mann vielleicht sogar jemandem ähnlich, den Sie gut kennen?

Ich habe natürlich keine empirischen Belege, aber ich unterstelle hier einfach einmal, dass Sie in Ihrer Vorstellung einen Bezug zu diesem Mann herstellen und er sehr viel realer „Mensch" ist, als die abstrakten Gleisarbeiter im ersten Beispiel. Und ich würde weiter behaupten, dass es dieser Umstand ist, der den wesentlichen Unterschied der beiden Beispiele macht und der dazu führt, uns nicht handeln zu lassen, während wir bei der Weiche nicht lange überlegen mussten. Der Unterschied zwischen den beiden Beispielen ist m.E. also weniger in dem Umstand zu suchen, dass Sie bei der Weiche mittelbarer den Tod des einen Gleisarbeiters verursachten, als beim unmittelbaren Herabstoßen des dicken Mannes. Der Unterschied liegt vielmehr darin begründet, dass es beim ersten Beispiel ein abstrakter Avatar für den Begriff „Mensch" war, den Sie in den Tod schickten, Sie den dicken Mann aber irgendwie „kennen". Im Ergebnis stehen Sie also zu dem Mann in einer bestimmten, sehr viel näheren Beziehung als zu den Gleisarbeitern. Spätestens durch das Herunterstoßen hätten Sie sogar eine sehr konkrete, körperliche Beziehung zu ihm gehabt. Und ich behaupte, dass es dieser Umstand war, der Sie davon abgehalten hat, zu handeln.

Zusammenfassend könnte man also sagen, dass Sie die Weiche umstellten, weil Sie zu keinem der Gleisarbeiter eine besondere Beziehung hatten. Alle Menschen in dem Beispiel sind auf Beziehungsebene gleichwertig oder gleich gültig. Das Beispiel gibt Ihnen zwar vollständige Sicherheit über den Kausalverlauf und freie Handlungsmöglichkeit also maximale Autonomie. Auf der Ebene von Beziehung und Kontakt enthält es hingegen keinerlei Informationen zur Unterscheidung der Personen bereit, sodass es wie ein Rechenbeispiel wirkt. Würden wir das Beispiel wie oben von mir beschrieben mit Informationen über die verbrecherischen Gleisarbeiter und den jungen hoffnungsfrohen Wohltäter, oder noch gemeiner, mit der Information anreichern, dass Sie neben der Weiche stehen und die von Ihnen in den Tod geschickte Person nicht ein x-beliebiger Gleisarbeiter, sondern Ihr eigenes kleines auf den Gleisen spielendes Kind wäre, dann käme auf der Beziehungsebene eine Unterscheidbarkeit der Personen ins Spiel, welche m.E. zu vollständig anderen statistischen Ergebnissen führen würde. Und erstaunlicher Weise würden sich wahrscheinlich selbst diejenigen, die Sie in der letzten Konstellation für das Unterlassen der Weichenumstellung aus Prinzip noch ins Gefängnis schicken würden, bei der Verurteilung Ihres Verhaltens sehr schlecht fühlen und Sie würden ihnen beim auf anderer Ebene als richtig empfundenen Urteilspruch persönlich sehr leid tun.

Im Ergebnis scheint bei dem Gleisarbeiter-Gedankenexperiment der Unterschied beider Szenarien also in der Intensität der Befriedigung bzw. Nichtbefriedigung des Bedürfnisses nach Beziehung und Kontakt zu liegen. Die Stellschraube, an der bei den Szenarien gegenüber den Probanden gedreht wurde, ist also die Nähe und Distanz, die Intensität der Verbindung zwischen den Befragten und den Beteiligten Personen im Gedankenexperiment. Um das Ganze noch zu verdeutlichen, drehen wir noch ein bisschen weiter an dieser Schraube: Stellen Sie sich vor, Sie stehen wieder an der Weiche. Auf dem einen Gleis stehen fünf Schokoladenweihnachtsmänner, auf der anderen nur einer. Ich gehe davon, dass Sie die Weiche eher nicht verstellen. Machen wir mit einer Schraubenumdrehung weiter: Jetzt befinden sich auf der einen Seite fünf Schokoladenweihnachtsmänner und auf der anderen ein niedliches kleines Kaninchen, was Sie mit großen unschuldigen Augen ansieht. Noch weiter: fünf Schimpansen links, ein Kaninchen rechts. Wie sieht es mit fünf entfernten Bekannten und einem nahen Familienmitglied aus? Ich denke, je mehr wir uns mit den Gegenständen/Tieren/Personen im Beispiel identifizieren und je unterschiedlicher die beiden Seiten, desto unterschiedlicher auch unsere Beziehung zu den Personen und desto schwieriger wird die Entscheidung.

Die Gleisarbeiter sind also deshalb ein interessantes Beispiel, weil die meisten Menschen mit Gleisarbeitern nicht mehr verbindet, als mit dem Menschen an sich und im Allgemeinen. Deshalb stehen die Gleisarbeiter hier im Grunde für die Spezies Mensch. Und natürlich sind wir gegenüber dem Menschen an sich nicht so indifferent wie gegenüber einem Schokoladenweihnachtsmann. Und natürlich sind uns Menschen aber auch Schimpansen in der Regel auch näher als Kaninchen. Und natürlich sind uns manche Menschen näher als andere. Und das finde ich natürlich, weil wir uns in diesen Abstufungen mit den Tieren und Menschen unterschiedlich stark identifizieren, weil wir mehr und mehr von uns in ihnen wiedererkennen. Wir erkennen uns selbst also zu einem immer größeren Anteil und mit dieser Identifikation steigt die Intensität der Verbindung und damit der Zweifel, welche Entscheidung wohl die richtige ist. Wenn wir dann Menschen gegen Menschen aufrechnen sollen, dann ist die Verbindung derart intensiv, dass wir zwar vielleicht noch die Weiche umstellen und damit eine aus unserer Sicht richtige

Entscheidung treffen. Trotzdem verbleibt ein mulmiges Gefühl – die Entscheidung mag sich zwar richtig anfühlen, gut fühlt sie sich deshalb aber noch lange nicht an. Die Identifikation mit dem armen Gleisarbeiter ist einfach zu groß. Schließlich könnten wir selbst dort stehen, und dann fänden wir die Entscheidung vielleicht nicht falsch aber doch irgendwie ungerecht – nicht vom Weichensteller selbst aber doch irgendwie vom Universum. Man könnte also sagen, die Entscheidung, die Weiche umzustellen ist gleichzeitig richtig und falsch, weil sie uns vor eine Situation stellt, bei der beide Alternativen eines unserer drei Grundbedürfnisse, nämlich Beziehung/Verbindung/Kontakt auf hohem Niveau unbefriedigt lassen, während die anderen beiden, also Sicherheit/Überblick und Autonomie/ Handlungsfreiheit als vollständig befriedigt unterstellt werden.

Betrachtet man das Ganze aus der Perspektive der Mengenlehre und geht davon aus, dass es unter den gegebenen Rahmenbedingungen immer ein Maximum an Bedürfnisbefriedigung gibt, was sich auf die drei Grundbedürfnisse verteilt, dann könnte man jede Entscheidung als den Versuch betrachten, jedes der drei Grundbedürfnisse soweit wie möglich und alle drei in einem ausgewogenen Verhältnis zu befriedigen. Die Klarheit des Settings und die Eindeutigkeit der Handlungsoptionen im Gleisarbeiterbeispiel lassen für die Bedürfnisse Sicherheit und Autonomie nicht viel Abwägungs- oder Handlungsspielraum. Wir können weder unsere Informationsverarbeitungskapazitäten zur Schaffung von mehr Sicherheit nutzen, weil alle Informationen vom Beispielgeber vordefiniert sind, und wir haben nur zwei Handlungsalternativen. Einzige Variable in diesem Beispiel ist also die Intensität der Befriedigung des Beziehungsbedürfnisses, und bei diesem wählen wir mangels anderer Unterscheidungskriterien zwischen den Personen allein nach der Anzahl der Menschen. Wir haben die drei Grundbedürfnisse unter den gegebenen Rahmenbedingungen maximal „befriedigt" und halten daher unsere Entscheidung für die richtige. Zusammenfassend könnte man also sagen, dass für alle Menschen, die die vorgegebenen Rahmenbedingungen des Gleisarbeiterbeispiel als die gesamte vorhandene Wirklichkeit akzeptieren, das Umstellen der Weiche das Richtige ist.

Warum aber entscheiden sich nur ca. 2/3 der Befragten dafür die Weiche umzustellen. Was lässt das andere Drittel eine andere Entscheidung fällen? Ist es vielleicht eine größere Empathiefähigkeit und damit eine intensivere Identifikation, also ein größeres Näheempfinden zu Menschen an sich, was diese Gruppe quasi handlungsunfähig macht? Da es sich bei allen Menschen um Gleisarbeiter handelt und damit fünf Mal Nähe, einem Mal Nähe gegenüberstehen, halte ich das für eher unwahrscheinlich. Wahrscheinlicher ist m.E., dass bei dieser Gruppe ein nicht ausräumbarer Restzweifel besteht, ob der Kausalverlauf wirklich zu 100% wie beschrieben eintreten wird, ob beispielsweise die Weiche wirklich funktioniert, ob man es wirklich schafft diese umzulegen oder ob die Menschen auf den Gleisen nicht doch noch rechtzeitig reagieren und sich in Sicherheit bringen oder Batman vorbeikommt und alle auf einmal rettet. Ich würde nämlich behaupten, dass schon die kleinste Änderung im Sachverhalt des Weichenbeispiels zu großen Zweifeln und Unterschieden in der Beurteilung führen würde. Schon eine kleine Unsicherheit darüber, ob wirklich alles so passieren wird wie beschrieben, dürfte auch die meisten der 2/3 Mehrheit in tiefes Grübeln versetzen.

Und vielleicht kann das Drittel, welches die Weiche nicht umstellt, das beschriebene Szenario auch einfach nicht isoliert, sondern nur als Teil eines größeren Systems betrachten. Das wirkliche Leben ist nämlich nicht das hermetisch abgeschlossene System von Gleisen, Weiche und Gleisarbeitern. Das wirkliche Leben ist dieses System als Teil eines größeren Systems, nämlich unserer gesamten Umwelt inklusive aller Fragen, die sich nur in diesem größeren Zusammenhang stellen. Bezieht man dieses System nun aber bei der Beurteilung für oder wider das Weichenstellen ein, dann stellt sich beispielsweise auf einmal die Frage, ob es im Sinne des Allgemeinwohls nicht besser wäre, die Verantwortung über Leben und Tod von Menschen nicht den sehr subjektiven Wahrnehmungen und Erwägungen des Einzelnen zu überlassen, auch wenn das im Einzelfall zu sehr schmerzhaften Ergebnissen führen kann. Folgt es nicht dem Interesse aller, dass Menschenleben nicht gegeneinander aufgerechnet werden dürfen, nicht zuletzt um zu vermeiden, dass jemand über lebenswertes und nicht ganz so lebenswertes Leben entscheidet.

Das Gleisarbeiterbeispiel unterstellt in Bezug auf die Gleisarbeiter einen Entscheider ohne eigene Interessen. Was aber, wenn die Motivation des Entscheiders eine verwerfliche ist? Was wenn der Weichenumsteller die Weiche nicht umstellt, um die fünf zu retten, sondern um diese eine Person, die zufälligerweise der verhasste reiche Erbonkel ist, anlässlich dieser willkommenen Gelegenheit endlich ins Jenseits zu befördern, ihm das Ableben der fünf aber total egal ist?

Ich würde sagen, dass es viele gute Gründe geben könnte, die das Weichenumstellen als falsche Entscheidung erscheinen ließen. Stellt man das Szenario des Gedankenexperiments nämlich in einen größeren Systemzusammenhang, dann gibt es zu viele Eventualitäten und Ungewissheiten und zu wenig sichere Informationen über wesentliche Kriterien für die Entscheidung über richtig oder falsch. Und wenn das so ist, dann stellen wir die Weiche lieber nicht um, weil wir nicht sicher sind, ob es die richtige Entscheidung ist. Während also für die 70%, die die Weiche umstellen, die einzige Variable im Gleisarbeiterbeispiel die Intensität der „Befriedigung" des Beziehungsbedürfnisses ist, stellt sich für die 30%, die die Weiche nicht umstellen, noch eine weitere Variable ein - die Intensität der Befriedigung des Sicherheitsbedürfnisses.

Jetzt haben wir schon zwei Stellschrauben, die das Ergebnis des Gleisarbeiter-Gedankenexperiments zu beeinflussen scheinen – Beziehung und Kontakt einerseits, Sicherheit und Überblick andererseits. Gibt es noch eine dritte? Im Gleisarbeiterbeispiel haben Sie jeweils maximale Freiheit zu entscheiden. Nichts schränkt Ihre Handlungsfreiheit, Ihre Autonomie ein. Wie aber würde es Ihre Entscheidung beeinflussen, wenn Sie wüssten, dass Sie für das Weichenumstellen lebenslängliche Haft erwarten würde? Und wäre es ein Unterschied, wenn nicht nur Sie ins Gefängnis wandern würden, sondern auch Ihr Ehepartner, sodass Ihre Kinder in einem Heim groß würden und damit ihre Zukunft voraussichtlich nicht besonders positiv beeinflusst würde? Ach, und was Sie natürlich auch berücksichtigen sollten ist, dass die von Ihnen geführte Arztpraxis, die insgesamt 25 Menschen Arbeit und Auskommen gibt, sich natürlich in die Insolvenz verabschiedet und Ihre Mitarbeiter aufgrund der angespannten Arbeitsmarktlage über Jahre hinweg mit Hartz IV auskommen, also in Armut leben werden. Reicht? Gut, genug ist genug, ich will Ihnen hier ja nicht unnötig Stress bereiten. Und der Stress, der Ihnen durch diese Vorstellungen bereitet wurde, dürfte mit jeder empfundenen Ungerechtigkeit deutlich gestiegen sein. Selbst wenn Sie immer noch die Weiche umstellen würden, Sie würden sich sehr, sehr ungerecht behandelt fühlen und sich ernsthaft fragen, ob sich die Sache wirklich lohnt, ob das Umstellen der Weiche wirklich die richtige Entscheidung ist. Was ist passiert? Durch die immer unangenehmeren und weiterreichenden Folgen, wurde Ihre Handlungsfreiheit, Ihre Autonomie eingeschränkt.

Und da haben wir sie wieder, die drei Stellschrauben, die das

Ergebnis des Gleisarbeiter-Gedankenexperiments m.E. wesentlich beeinflussen – Autonomie, Beziehung und Sicherheit. Und wenn das so ist, dann sind richtig und falsch, gut und böse in Bezug auf menschliches Verhalten also abhängig von diesen drei Aspekten – sie stellen das universelle Bezugssystem dar und sind somit das objektivierende Werkzeug, das wir nutzen können, wenn wir richtig und falsch, gut und böse voneinander zu unterscheiden suchen. Und daher könnte man auch sagen, dass es im Grunde keinen Unterschied macht, ob es daneben noch etwas objektiv Gutes gibt und ob wir nach diesem beurteilt, eher von Natur aus gut oder von Natur aus schlecht sind. Wenn alles im Universum aus den drei physikalischen Grundkräften besteht und sich diese in und durch uns Ausdruck in Autonomie, Beziehung und Sicherheit verschaffen, dann definieren sie damit gleichzeitig, was wir von der Welt wahrnehmen und erkennen können und sind damit alles was wirklich zählt.

Und weil wir unsere und die Handlungen anderer und überhaupt alles mit diesem Bezugssystem erfassen und daher beurteilen können, inwieweit eine Balance zwischen diesen Drei hergestellt ist oder nicht, können wir damit unter gegebenen äußeren Rahmenbedingungen auch zwischen richtig und falsch, gut und böse unterscheiden, ohne dass das Ergebnis uneingeschränkt verhandelbar wäre. Das philosophische Dilemma, dass es das Gute nur geben könne, wenn es sich von Gott ableitet und dass nichts mehr von Bedeutung wäre, weil alles subjektiv und verhandelbar wäre, wenn es Gott nicht gäbe, ist somit gar keines.

4. Der Unterschied zwischen richtig und gut

Noch kann ich vom zuletzt beschriebenen Gedankenexperiment leider nicht lassen. Denn während ich meine Gedanken dazu niederschrieb ging mir immer durch den Kopf, dass sich die Entscheidung die Weiche umzustellen, wie eine richtige aber nicht wie eine gute Entscheidung anfühlt. Und ich denke, dass das Beispiel daher gut dazu geeignet ist, diesen Unterschied einmal kurz zu beleuchten.

Wenn es richtig ist, dass unser Bedürfnis nach Beziehung und Kontakt die Rechenaufgabe für uns löst, ob es besser ist, einen Arbeiter zu opfern, um fünf Arbeiter zu retten, weil es die einzige Variable in diesem Gedankenexperiment ist, die wir zur Bedürfnisbefriedigungsmaximierung beeinflussen können, warum bleiben wir dann trotz der Überzeugung das Richtige zu tun gleichwohl mit einem Mangel zurück. Ich denke, dass der Umstand, dass wir zu einem der sechs gleichwohl den Kontakt durch unsere bewusste Entscheidung, die Weiche umzustellen auf sehr endgültige Art und Weise verlieren. Wir halten die Entscheidung also für richtig, fühlen uns aber schlecht dabei.

Abstrahieren wir dieses Ergebnis einmal auf eine andere Ebene. Richtig scheint also eine Handlung zu sein, wenn Sicherheit über den durch die Handlung angestoßenen Kausalverlauf herrscht und dieser in einem gewünschten Ergebnis endet, auch wenn das Ergebnis selbst unsere individuellen Bedürfnisse nicht vollumfänglich erfüllt. Kant würde daher wohl sagen, dass man von einer solchen Handlung wollen könne, dass sie ein für alle geltendes allgemeines Gesetz werde. Wann aber wird aus einer richtigen Handlung eine gute?

Versuchen wir es doch noch einmal mit der oben schon beschriebenen Abwandlung des Beispiels. Sie stehen an der Weiche, alles andere ist bekannt. Der Unterschied zum ursprünglichen Beispiel ist, dass Sie wissen, dass Sie für das Umstellen der Weiche eine einjährige Haftstrafe verbüßen müssen. Daran geht kein Weg vorbei. Wie würden Sie sich entscheiden? Würden Sie nach wie vor die Weiche umstellen. Und wenn ja, welchen Unterschied macht das für Sie und Ihr Selbstbild? Ich würde annehmen, dass Sie die Strafe als ungerecht empfinden würden, aber Sie nehmen sie eben in Kauf, weil bei Abwägung aller Für und Wider das Umstellen der Weiche nach wie vor die richtige Entscheidung für Sie ist. Und vielleicht würden Sie sich auch ein bisschen heroisch dabei fühlen, so selbstlos zu handeln. Und für dieses Gefühl müssen Sie sich nicht schämen, denn all diejenigen, die im ursprünglichen Beispiel ebenfalls die Weiche umgestellt haben, stehen an den Gleisen und bewundern Sie ob Ihrer Opferbereitschaft und Charakterstärke. Allen Beobachtern wird warm ums Herz und sie sehen in Ihrer Tat wahrscheinlich mehr Gutes als in ihrer eigenen Entscheidung, die ohne diese negativen Konsequenzen getroffen wurde. Was ist passiert? Was macht den Unterscheid? Aus Ihrer Perspektive haben Sie nichts anderes getan, als unter den gegebenen Umständen die maximale Bedürfnisbefriedigung zu erlangen. Sie haben abgewogen, und die beiden Variablen in dieser Rechnung waren mehr oder weniger Beziehung und Kontakt auf der einen Seite und mehr oder weniger Autonomie auf der anderen.

Für Sie hat also das Bedürfnis nach Beziehung und Kontakt den Ausschlag gegeben und zwar auf Kosten Ihres Bedürfnisses nach uneingeschränkter Autonomie. Und wenn das so ist, dann könnte man sagen, dass wir dazu neigen, das Schöne und Gute in Handlungen dann zu erkennen, bei denen wir uns darüber im Klaren sind, dass der Handelnde eines seiner anderen Grundbedürfnis zu Gunsten seines Bedürfnisses nach Beziehung und Kontakt hintanstellt. Wenn wir uns also zu Lasten von Autonomie und oder Sicherheit und zu Gunsten von Beziehung und Kontakt entscheiden, dann scheint das Schöne und Gute aus unseren Handlungen zu leuchten, dann scheint es sich um echten und schönen Altruismus im Gegensatz zum bösen und hässlichen Egoismus zu handeln. Aber ist das wirklich so? Ist Altruismus gut und Egoismus böse und schließen sich beide gegenseitig aus?

5. Die Kunst drei Egoisten zu sein

Um uns dem Thema Altruismus und Egoismus zu nähern, müssen wir wie immer erst einmal ein gemeinsames Verständnis bezüglich der begrifflichen Bedeutung herstellen. Mein Ihnen in diesen Fällen bereits bekannter Vorschlag ist: Lassen Sie uns doch mal schauen, was uns Wikipedia zu dem Thema zu sagen hat.

Laut Wikipedia bedeutet Altruismus: „Uneigennützigkeit, Selbstlosigkeit, durch Rücksicht auf andere gekennzeichnete Denk- und Handlungsweise“. Der Begriff sei „nach seinem „Schöpfer“ August Comte ein Gegenbegriff zum Egoismus und umfasse demnach eine absichtliche Verhaltensweise, die einem Individuum zugunsten eines anderen Individuums mehr Kosten als Nutzen einbringe. Andere Autoren gehen laut Wikipedia „davon aus, dass altruistisches Handeln zwar nicht mit einem unmittelbaren Nutzen oder Gegenwert verknüpft sein muss, aber schließlich – auf lange Sicht – der Vorteil des Handelnden größer sei als die aufgewandten Kosten.“[11]

Puh, das ist ja mal ein Einstieg. Geht es Ihnen auch so - immer wenn ich etwas über Altruismus lese und ganz ehrlich zu mir selbst bin,

[11] In: Wikipedia, Die freie Enzyklopädie. Bearbeitungsstand: 19. September 2017, 15:20 UTC. URL: https://de.wikipedia.org/w/index.php?title=Altruismus&oldid=169250063 (Abgerufen: 27. September 2017, 08:50 UTC)

habe ich gleich ein latent schlechtes Gewissen, weil ich mir die Frage, ob ich wohl zumindest hin und wieder auch mal altruistisch handele, nicht ganz sicher mit „ja“ beantworten kann? Nun gut, lassen wir das schlechte Gewissen einmal beiseite und widmen uns dem Thema zunächst rein theoretisch.

Altruismus habe also einerseits etwas mit Uneigennützigkeit und Selbstlosigkeit zu tun. Altruismus sei damit quasi das Gegenteil von Egoismus und beschere dem Individuum mehr Kosten als Nutzen. Andere Autoren wiederum vertreten die Ansicht, dass diese Rechnung kurzfristig so scheinen mag, sich langfristig altruistisches Verhalten für das Individuum aber auszahle. Noch weiter zusammengefasst, scheint es also einerseits um die Frage zu gehen, ob etwas selbstlos ist und andererseits scheint der zeitliche Ablauf noch irgendeine Rolle zu spielen.

Ich muss gestehen, dass mich das noch nicht ganz zu zufrieden stellt, weil ich den Bedeutungsgehalt von Selbstlosigkeit noch nicht wirklich verstanden habe. Kann das „Ich“ und kann damit eine Handlung selbstlos sein? Für mich klingt „selbstlos“ irgendwie nach „ohne Beteiligung des Selbst“ und auch noch nach „gegen die eigenen Interessen“. Wie aber habe ich mir das konkret vorzustellen, wenn das Selbst bei der Handlung nicht beteiligt ist oder gegen die eigenen Interessen handelt? Wenn ich mich selbst betrachte, fällt mir die Vorstellung schwer, wie ich etwas tun kann, ohne selbst dabei beteiligt zu sein. Nach meiner Selbstwahrnehmung bin es immer ich der handelt. Jede meiner Handlungen ist also Ausdruck meiner oder meines Selbst. Und das gilt unabhängig davon, ob ich dem Obdachlosen auf dem Weg zur Arbeit ein bisschen Geld in den Pappbecher werfe oder den Hundehaufen des süßesten Hundes der Welt heute mal nicht mit der Tüte von der Wiese kratze, natürlich nicht ohne mich vorher vergewissert zu haben, dass mich niemand beobachtet. Ich würde meinen, dass ich es war, der da in beiden Fällen selbst gehandelt hat. Weder ist mir der gute Geist bei der einen, noch der Teufel bei anderen Handlung ins Gebein gefahren und hat mich als willenlosen Avatar für seine Zwecke missbraucht. Und das ist auch gut so, denn ansonsten könnte ich mich selbst bei der einen nicht gut und bei der anderen Handlung nicht schlecht fühlen und hätte daher überhaupt kein Kriterium zur Hand, warum ich das eine tun und das andere lassen sollte. Im Ergebnis kann ich mir also eine Handlung, die nicht Ausdruck meines Selbst ist, nicht vorstellen.

„Halt, halt!“ werden Sie mir vielleicht jetzt zurufen wollen, „Sie haben in beiden Fällen aus freien Stücken und mit freiem Willen gehandelt. Was aber, wenn Ihnen der Mann auf der Straße nicht nur den Pappbecher für Ihr Kleingeld hingehalten hätte, sondern gleichzeitig noch ein Messer an den Hals?“ Und Sie haben natürlich Recht. Auf den ersten Blick könnte man sagen, dass meine Autonomie in diesem Fall in einem Maße eingeschränkt wäre, dass mein Selbst fremdgesteuert wurde und das Geld damit gegen meine Interessen den Besitzer gewechselt hat, denn ohne das Messer wäre es vielleicht bei mir selbst und in meiner Hosentasche verblieben. Und doch würde ich auch in diesem Fall entgegenhalten: Ich hätte auch die Wahl treffen können, lieber zu sterben als dem Mann mein Geld freiwillig zu geben. Es erscheint zwar absurd wegen ein paar Euro dahinzuscheiden aber es war immer noch mein Selbst, das sich fürs Überleben entschieden hat und nicht irgendjemand Anderer. Ich bleibe also dabei – keine Handlung ohne Selbst und damit auch keine Handlung gegen die eigenen Interessen und Bedürfnisse, jedenfalls zum Zeitpunkt der Handlung. In jedem Moment, in jeder Situation und ohne jede Ausnahme handelt also unser Selbst und jede Handlung entspricht unter den gegebenen Rahmenbedingungen daher auch immer unseren eigenen Interessen und Bedürfnissen.

So wenig wie mir der Begriff der Selbstlosigkeit in diesem Kontext einleuchtet, so wenig halte ich auch von der reinen Kosten-Nutzen-Logik bei der Beurteilung des Verhaltens von Lebewesen, weil sie m.E. suggeriert, dass uns durch unsere Handlungen lediglich Kosten entstehen und diese von uns und anderen Lebewesen immer ins Verhältnis zu zukünftigem Nutzen gestellt werden. In diesem Modell wird unsere Handlung als Investition, als Abgang von etwas aus unserem „Vermögen“ betrachtet. Der Nutzen, der als kausale Folge der Investition und damit nach der Handlung eintritt, stellt in dieser Betrachtung die Vorteile dar, die unserem „Vermögen“ zufließen. Altruistisch wäre eine Handlung dann, wenn unser Anfangsvermögen bei Beginn der Handlung größer ist als unser Endvermögen nachdem wir die Folgen unserer Handlungen zu spüren bekommen haben. Ganz davon abgesehen, dass nicht klar ist, was alles zum Anfangs- und zum Endvermögen hinzugezählt werden soll, ist das Problematische an dieser Sichtweise m.E., dass sie uns dazu verleitet, unsere eigenen Handlungen unter diesen Wirtschaftlichkeitsgesichtspunkten zu beurteilen. „Wenn ich das und das jetzt tue, welche Vorteile erwachsen mir daraus in der Zukunft? Und wenn es nicht überwiegend Vorteile, sondern eher

Nachteile sind – bin ich schon wieder dran mit Altruismus oder sollte mein Mitbewohner diesmal den Müll runterbringen?"

Wenn ich davon ausgehe, dass unser Sein und damit jede Entscheidung und jede Handlung Ausdruck unseres Selbst ist, dann fällt es mir jedoch schwer darin immer eine Verringerung meines „Vermögensbestandes" zu erkennen. Und ich erlebe mich in meinen Entscheidungen und Handlungen auch nicht so, dass ich immer etwas in die Zukunft investiere, um in dieser Zukunft eine Vergütung dafür zu erhalten. Es gibt viele Handlungen, die mich jedenfalls in meiner Wahrnehmung weniger kosten, als dass sie mir durch ihre Ausführung selbst etwas geben und dabei zukünftige Wirkungen und Reaktionen meiner Umwelt überhaupt keine Rolle spielen. Wenn ich beispielsweise meinen Hobbys nachgehe, dann erscheint mir die Handlung häufig als Selbstzweck. Sicher „kostet" jede Minute meines Lebens Energie und anstrengende Handlungen, beispielsweise Sport, dementsprechend mehr Energie und sicher gehe ich mit manchen Handlungen bestimmte Risiken bezüglich meiner körperlichen Unversehrtheit ein. Gleichzeitig kann mir die Handlung selbst aber viel Freude bereiten. Und die Folgen nach Abschluss meiner Handlung kann ich in diesen Fällen häufig ebenfalls nicht unter Nutzenaspekten, also als Zufluss zu meinem „Vermögen" identifizieren. Auch das Spielen eines Musikinstruments kann ich daher in der Kosten-Nutzen-Logik nicht verorten – das Spiel kostet Energie und ist mit dem Ende des Spiels vorbei und zeitigt, jedenfalls wenn ich für mich selbst spiele, auch keinen weiteren zukünftigen Nutzen. Sicher habe ich beim Spielen auch „geübt", sodass mir das Spielen des gleichen Stücks zukünftig weniger Kosten bereiten wird, aber das ist jedenfalls dann ein zu vernachlässigender Nebeneffekt, wenn ich das Stück bereits gut beherrsche und ich nicht übe, sondern eben spiele.

Die Kosten-Nutzen-Logik führt m.E. also insoweit in die Irre, als sie zwischen den Kosten einer Handlung einerseits und dem Nutzen einer Handlung als kausale Folge nach Abschluss der Handlung andererseits unterscheidet, dabei aber nicht berücksichtigt, dass die Handlung selbst schon sowohl Kosten als auch Nutzen gleichzeitig hervorbringt. Ich halte es daher für erkenntnisreicher, wenn wir uns in der Welt anstatt dessen als dynamisches System verstehen, welches stetig bestrebt ist, die drei Grundenergien zum Ausdruck und dabei in eine Balance zu bringen. Denn dann entgehen wir nicht nur einer m.E. eher unheilvollen wirtschaftlichen Bewertung unseres Verhaltens, weil es keine voneinander trennbaren Kosten-Nutzen Seiten mehr gibt, sondern hätten die Möglichkeit die Freude, die in unseren Handlungen selbst angelegt ist, besser wahrzunehmen und als Entscheidungskriterium heranzuziehen.

Betrachtet man das ganze Thema der Selbstlosigkeit also nur aus der Perspektive des handelnden Individuums zum Zeitpunkt der Handlung, so entsteht alles aus dem Individuum selbst und ist somit Ausdruck desselben. Die Handlung folgt immer einem eigenen Antrieb und zwar auch dann, wenn von außen betrachtet, die Folgen nachteilig erscheinen oder die Umwelt einen scheinbaren Zwang auf die Entscheidungsfreiheit des Individuums ausübt. Betrachtet man nur das Individuum zum konkreten Zeitpunkt der Handlung, dann erscheint das Konzept der Selbstlosigkeit als ein Widerspruch in sich.

Etwas anderes könnte sich jedoch ergeben, wenn wir uns selbst in Bezug zu unserer Umwelt setzen, mit der wir uns in einer stetigen Wechselbeziehung befinden. Die Umwelt reagiert auf unsere Handlungen und wir reagieren auf die Handlungen unserer Umwelt. Ich habe dies oben als die „gegebenen Rahmenbedingungen" im Zeitpunkt unserer Handlungen bezeichnet. Versteht man uns und unsere Umwelt als wechselwirkende Systeme, dann setzt dies eine Abfolge von Ursache – Wirkungskausalitäten voraus. Und mit diesen kommt die Zeit ins Spiel, weil die Ursache zeitlich immer vor der Wirkung liegen muss. Worauf ich hinaus will? Nun, ich glaube, dass wir dem Geheimnis des Altruismus nur auf die Spur kommen, wenn wir zwischen unserem Selbst zum konkreten Zeitpunkt unserer Handlung, also dem Ausdruck der drei Grundantriebe einerseits und den zukünftigen und erwarteten Wirkungen unserer Handlung, den Grundbedürfnisses andererseits unterscheiden. Wir selbst handeln im konkreten Zeitpunkt immer im Einklang mit unseren eigenen Interessen und Bedürfnissen und damit egoistisch. Das bedeutet aber m.E. noch nicht, dass wir dem Konzept der „Selbstlosigkeit" und damit dem „Altruismus" auf Nimmer-wiedersehen sagen müssen. Denn unsere Handlungen haben Auswirkungen auf unsere Umwelt. Diese wird durch unsere Handlungen verändert. Und diese Veränderung kann einerseits für Andere von Vorteil sein und gleichzeitig wirkt sie wiederum auf uns zurück - die Umwelt reagiert und verändert uns. Und diese Wirkung kann die Nichtbefriedigung unserer aus Sicht zum Zeitpunkt der Handlung zukünftigen Interessen und Bedürfnisse bewirken.

Es gibt m.E. also zwei Möglichkeiten unser Sein in der Welt zu beschreiben. Einerseits sind wir zu jedem Zeitpunkt, den wir betrachten wollen, selbst in der Welt. In diesem Sein geben wir uns selbst zu jedem beliebigen Zeitpunkt Ausdruck. In diesem Sinne sind wir ein von der Außenwelt unterscheidbares System, was aus sich heraus ist und in dieser Existenz den drei als Antrieb verstandenen Grundbedürfnissen zu jedem beliebigen Zeitpunkt der Gegenwart Ausdruck verleiht. Versteht man die Gegenwart nämlich als den Übergang oder die Grenze von der Vergangenheit zur Zukunft, dann ist die Gegenwart immer ein bestimmter Zeitpunkt im Unterschied zu einem Zeitablauf. Geometrisch ausgedrückt ist die Gegenwart also ein ausdehnungsloser Punkt auf einem Zeitstrahl. Insoweit ist die Gegenwart also zeitlos, weil wir den Beginn und das Ende eines geometrischen Punktes und damit auch der Gegenwart nicht definieren können. In diesem Sinne könnte man unser Sein und damit auch unser Bewusstsein als unendliches Rendezvous von unserem Selbst mit der Gegenwart beschreiben.

Die zweite Sichtweise auf unser Sein in der Welt ist die der Kausalitätsrückkopplungen zwischen uns und unserer Umwelt. Der Moment, in dem wir uns selbst durch unsere Handlung in der Welt zum Ausdruck bringen, ist der Startpunkt dieser Betrachtungsweise – es ist der Moment der Gleichzeitigkeit von uns und der Welt. Ein Kausalverlauf hat noch nicht begonnen - es ist der Null-Zeitpunkt am Beginn einer Handlung, in der wir uns selbst Ausdruck verleihen, ohne schon unsere Umwelt verändert zu haben. Unsere Handlung ist dann eine Aktion, die Hin-zu-Bewegung von uns zur Umwelt, die durch unsere Handlung verändert, geformt wird. Dieses Geformtwerden, könnte man in diesem Bild auch als Weg-von-Bewegung der Umwelt bezeichnen. Diese veränderte Umwelt re-agiert, wirkt sodann also mit einer hin-zu Bewegung auf uns zurück. Wir wiederum nehmen diese Aktion der Umwelt wahr, setzen sie also mit uns selbst als konkretem Ausdruck von Autonomie, Beziehung und Sicherheit in Bezug. Und weil das so ist, spielen bei unseren Entscheidungen natürlich auch immer unsere Erwartungen an die Reaktion unserer Umwelt eine wesentliche Rolle. Wir prognostizieren auf Grundlage unserer bisherigen Kausalitätserfahrungen, wie die Umwelt auf unsere Aktion hin re-agiert und damit was wir zukünftig von der Umwelt als Wirkung auf uns wahrnehmen werden. Und wenn die Wirkung der Umwelt auf uns nicht unseren Erwartungen entspricht, könnte man sagen, dass unsere Bedürfnisse nicht befriedigt werden.

Ich würde also behaupten, dass beide Sichtweisen richtig sind, weil sie sich nicht widersprechen, auch wenn man Gefahr läuft, einen Knoten im Kopf zu bekommen, wenn man versucht, sich selbst nicht zeitlich und damit in einer Kausalitätsschleife mit der Umwelt zu betrachten, sondern lediglich als mit der Umwelt in Verbindung stehendes gleichzeitiges Selbst. Lassen Sie mich daher versuchen, das Ganze nochmal anhand folgender Grafiken zu verdeutlichen:

Sichtweise I – Der Mensch ohne Zeit in der Umwelt

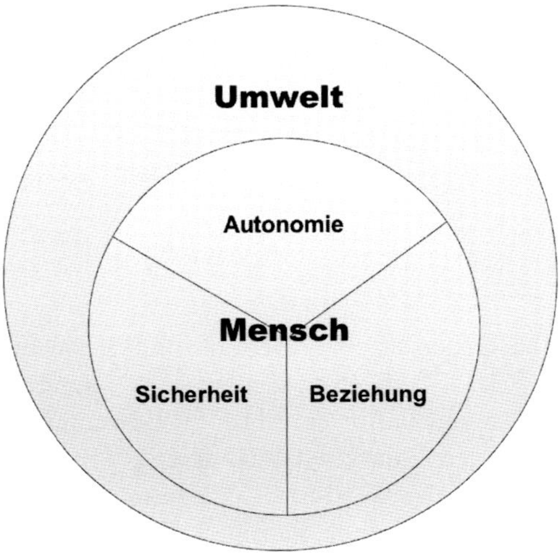

Abb. 8: Mensch – Triade - Umwelt

In dieser ersten Betrachtungsweise, die keine zeitliche Perspektive umfasst, ist der Mensch als Teil der Umwelt, gleichzeitig mit dieser und im abgebildeten Zeitpunkt Ausdruck der drei Grundbedürfnisse Autonomie, Beziehung und Sicherheit. Der Mensch „ist" in diesem Zeitpunkt, und das Konzept der Selbstlosigkeit macht in diesem Kontext daher keinen Sinn. Anders stellt sich die Angelegenheit dann dar, wenn wir uns den Menschen als Teil einer kausalen Wechselwirkungskette mit der Umwelt, also inklusive eines zeitlichen Ablaufs vorstellen:

Sichtweise II – Der Mensch als Teil einer Kausalitätsrückkopplung mit der Umwelt

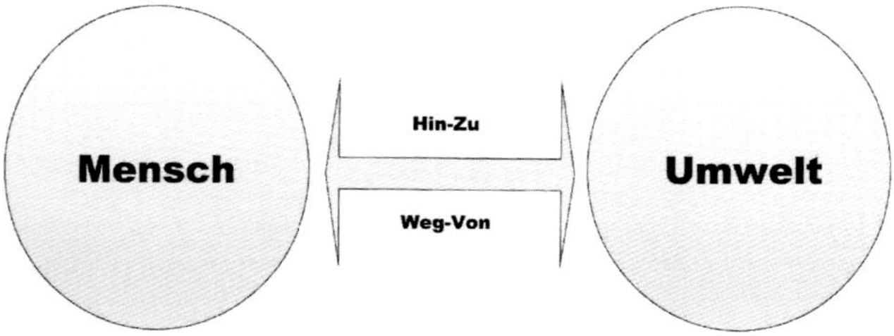

Abb. 9: System Mensch – Umwelt in Ursache und Wirkung

Der Mensch ist in dieser zweiten Betrachtungsweise nicht zeitlos, also gleichzeitig mit der Umwelt, sondern er agiert, startet einen Kausalverlauf und macht damit eine Hin-zu-Bewegung zur Umwelt, die durch diese Aktion des Menschen geändert, geformt wird, was in der Grafik mit dem Begriff der Weg-von-Bewegung zum Ausdruck gebracht werden soll. Im Rahmen einer kausalen Rückkopplung re-agiert die Umwelt nun ihrerseits mit einer Aktion, einer Hinzu-Bewegung zum Menschen, der seinerseits von dieser geformt, verändert wird.

Beide Modelle sind m.E. richtig aber nur in der isolierten Anwendung des zweiten, macht das Konzept des Altruismus im Sinne von Selbstlosigkeit Sinn. Wenn meine Aktion nämlich einzig und allein darin besteht, dass ich etwas gebe, ohne dafür einen entsprechenden Gegenwert als Re-Aktion der Umwelt zu erhalten, dann könnte man von einer selbstlosen Handlung sprechen. In diesem Sinne würde ich also entgegen meiner eigenen Interessen und Bedürfnisse handeln. Ich könnte beispielsweise, wie der hoffnungsvolle junge Mann in meiner Abwandlung des Gleisarbeiterbeispiels, jeden Monat in der Kenntnis zur Blutspende gehen, dass die Mitarbeiter des gemeinnützigen Vereins, die die Blutspende organisieren, eher unfreundliche Gesellen sind und mir für meine Handlung weder Respekt noch Anerkennung zollen. Außerdem bewahre ich absolutes Stillschweigen über meine altruistische Handlung, sodass mich auch sonst niemand für meine Selbstlosigkeit liebhaben kann. Ich bekomme von meiner Umwelt für meine Spendenhandlung also absolut nichts als Gegenleistung. Ich denke, dass die meisten Menschen ein solches Verhalten als altruistisch und damit moralisch als gut bewerten würden.

Allerdings hatte ich auch behauptet, dass beide Modelle gleichzeitig richtig sind. Und wenn ich das erste Modell heranziehe, dann ist meine Blutspende Ausdruck meines Selbst. Während ich also Blut spende, bringe ich unter den gegebenen Rahmenbedingungen meine drei Grundbedürfnisse Autonomie, Beziehung und Sicherheit maximal zum Ausdruck. Und auch wenn die Spendenhandlung sogar ein bisschen körperliche Schmerzen und Unwohlsein mit sich bringt, fühle ich mich bei der Handlung dennoch gut. Und wenn ich mich bei einer Handlung gut fühle, dann könnte ich das auch als „Belohnung" für meine Handlung betrachten und dann handele ich in diesem Sinne nicht selbstlos, sondern im besten Sinne egoistisch.

Ich habe das Blutspendenbeispiel gewählt, weil ich denke, dass es uns immer dann besonders schwerfällt, den in den beiden Modellen scheinbar angelegten Widerspruch zwischen Egoismus und Altruismus aufzuheben, wenn wir durch unsere Handlungen dem Beziehungsbedürfnis Ausdruck verleihen und als „Gegenleistung" nichts bekommen als das gute Gefühl „gut" zu sein. Und ich denke, dass es in diesen Fällen daher hilfreich ist, das Konzept unseres sogenannten Selbstbildes heranzuziehen, um das Ganze besser zu verstehen. Unser Selbstbild basiert auf unserer Fähigkeit, uns selbst als Objekt unserer subjektiven Betrachtung wahrzunehmen. Wir sind in der Lage, uns selbst von der Welt und unsere Interaktion mit der Welt als Ursache-Wirkungsabfolge zu abstrahieren. Und weil wir uns in diesem Sinne als zwei Personen verstehen können, stehen wir auch mit uns selbst in Beziehung. Und es ist m.E. genau dieser Umstand der Fähigkeit zur Selbstbeziehung, der mich dazu befähigt, meine eigenen Handlungen als richtig und gut zu bewerten. Und meinem Selbstbild entspricht es, dass ich etwas gebe von dem Andere profitieren, denen vielleicht sogar das Leben mit meinem Blut gerettet wird, und das ist Belohnung genug. Unmittelbar durch die Handlung erhalte ich also von mir selbst Wertschätzung und zudem mittelbar noch durch mein Wissen darüber, dass die meisten Menschen meine Handlung als moralisch gut bewerten würden und ich manchmal auch entsprechendes in der Zeitung lese. Es ist also die Ausführung der von uns moralisch als gut bewerteten Handlungen, also solcher Handlungen, die unserem Beziehungsbedürfnis offenkundig Ausdruck verleihen, ohne das wir Sicherheit oder Autonomie als Gegenleistung erhalten, die unsere Handlungen nach dem ersten Modell als egoistisch und nach dem zweiten Modell als altruistisch erscheinen lassen. Zu abstrakt, versteht kein Mensch? Na gut, machen wir es noch ein bisschen deutlicher.

6. Vom Menschen als Suizidaler Ameise

Kennen Sie den Film „Batman – The Dark Knight“? Dann können Sie sich vielleicht an eine Szene erinnern, die dem klassischen Setting des sogenannten Gefangenendilemmas nicht unähnlich ist. Versetzen Sie sich bitte in folgende Situation: Zwei Fähren zwischen denen keine Kommunikation stattfinden kann und die unsteuerbar auf einem Fluss treiben. Eine der Fähren ist mit hunderten Strafgefangenen gefüllt, die andere mit ebenso vielen Zivilisten. Auf beiden Fähren ist eine Sprengladung befestigt sowie ein Zünder für die Sprengladung auf der jeweils anderen Fähre. Falls bis genau Mitternacht keine Besatzung das jeweils andere Schiff in die Luft gejagt hat, werden beide Schiffe vom Bösewicht gesprengt. Sie sind Teil der Besatzung unbescholtener Bürger – was tun Sie?

Ich weiß - immer diese unschönen Gedankenexperimente - aber um das Gute zu finden, muss man manchmal auch mal über das Schlechte nachdenken!

Im Film werden auf beiden Fähren Abstimmungen abgehalten, die jeweils zu dem Ergebnis kommen, dass es richtig wäre, die andere Gruppe in die Luft zu sprengen. Und doch findet sich niemand, den Todesknopf höchstpersönlich zu betätigen. Am Ende sorgt Batman natürlich dafür, dass alle gerettet werden, aber das wissen wir ja vorher noch nicht. Was also hätten Sie getan?

Wenn niemand handelt, dann sterben alle – das ist das scheinbar schlechteste aller möglichen Ergebnisse. Drücken Sie ganz schnell den Knopf, retten Sie hunderte von Menschen, schicken aber ebenso viele in den sicheren Tod. Warten Sie zu lange, dann sterben Sie und Ihre Besatzung, während auf der anderen Fähre ebenso viele Menschen gerettet werden. Betrachtet man diese beiden Alternativen von außen und unterscheidet man nicht zwischen mehr oder weniger werten Leben, dann ist es im Grunde egal, wer auf den Knopf drückt. Beides führt zum abstrakt gleichen Ergebnis. Den Knopf nicht zu drücken führt zu mehr Toten als den Knopf zu drücken, soviel ist sicher. Sie haben also wieder maximale Information und damit Sicherheit über den Kausalverlauf und in Bezug auf Ihre Freiheit zu entscheiden, den Knopf zu drücken oder eben nicht, uneingeschränkte Autonomie. Im Grunde könnte man m.E. sagen, es wäre eine falsche Entscheidung, den Knopf nicht zu drücken, weil Sie dann nicht nur für ein paar hundert Tote verantwortlich sind, sondern für über tausend ausgelöschte Menschenleben.

Es scheint so, als ob wieder einmal richtig und gut auseinanderfielen. Ich würde nämlich meinen, dass niemand, der in dieser Situation den Knopf drückt, ein gutes Gefühl hat und meint, eine zweifellos moralisch gute Entscheidung getroffen zu haben. Richtig ja aber gut? Auf keinen Fall! Gut im Sinne von moralisch gut würden wir hingegen die eigene Opferbereitschaft des Knopfdrückers finden. Wenn es also zwei Knöpfe gäbe – einen um sich selbst in die Luft zu sprengen, einen um die andere Seite in die ewigen Jagdgründe zu befördern – und wenn wir uns dann, um des Überlebens der Anderen opfern würden, ja dann würde wieder allen warm ums Herz - wir bekämen posthum einen Orden verliehen und unsere Seite würde als leuchtendes Beispiel für die Menschheit in die Geschichte eingehen. Ohne den zweiten Knopf aber gibt es in der Situation nicht viele moralische Lorbeeren zu gewinnen. Denn der Zweifel, ob man den Knopf nun drücken sollte oder nicht, und das Zögern angesichts der Unsicherheit darüber, ob man mit dieser Verantwortung später so ohne weiteres weiterleben könnte, ohne mit Schuldgefühlen beladen depressiv zu werden – dieses Zögern und Zweifeln ist nur ein schwacher Abklatsch von der moralisch wertvollen Selbstopferung. Klar, irgendwie immer noch besser als den Knopf sofort zu drücken aber eben nicht zu vergleichen mit dem scheinbar eindeutig guten Selbstopfer.

Schauen wir aber nochmal genauer hin – warum fällt es so schwer die richtige Entscheidung auch tatsächlich zu exekutieren? Ich denke der Grund liegt, wie schon beim Gleisarbeiterbeispiel, in dem Umstand begründet, dass es sich auf der anderen Fähre auch um Menschen handelt, denen wir uns sehr nahe fühlen. Je länger wir zögern und je mehr wir uns auf der eigenen Fähre umschauen, desto konkreter können wir uns in die wahrscheinliche Situation auf der anderen hineinversetzen.

Wir identifizieren uns mit den anderen armen, verunsicherten Menschen auf der anderen Fähre, und je mehr wir das tun, desto näher fühlen wir uns einander und desto schwieriger wird es, den Anderen um seiner selbst willen in die Luft zu sprengen. Ausschlaggebend für unser Zögern, unser Verzweiflung ob dieser ungerechten Situation ist also wieder unsere Verbindung mit den Anderen, der Ausdruck unseres Bedürfnisses nach Beziehung und Kontakt - in diesem Beispiel nur deutlich intensiver als noch bei den Gleisarbeitern. Unsere Entscheidung, irgendwann den Zünder für die andere Fähre zu drücken ist unter Abwägung aller Bedürfnisse die richtige, aber wir wählen in diesem Fall Sicherheit und Autonomie zu Lasten unseres Beziehungsbedürfnisses. Und weil das so ist, beurteilen wir die Entscheidung wahrscheinlich als richtig aber nicht als moralisch eindeutig gut. Die Selbstopferungsvariante, in der wir uns anstatt der anderen Besatzung in die Luft sprengen, würde bedeuten, dass wir die Entscheidung zu Lasten unseres Sicherheitsbedürfnisses und zu Gunsten unseres Beziehungsbedürfnisses fällen. Wie oben bereits erwähnt, sind es diese Entscheidungen, die erkennbar Ausdruck unseres Beziehungsbedürfnisses sind und die zu Lasten der anderen beiden Grundbedürfnisse getroffen werden, die wir als moralisch gut bezeichnen.

Wenn das alles so wäre, wie ich hier behaupte, dann bedeutet das m.E. aber entsprechend der oben beschriebenen Modelle auch, dass altruistisches Verhalten kein selbstloses Verhalten, sondern immer gleichzeitig auch egoistisch ist. Denn auch die Entscheidung uns selbst zu opfern ist Ausdruck unseres Selbst. Sie geht zu Lasten zukünftiger Autonomie und Sicherheit und zu Gunsten von Beziehung und Kontakt zum Zeitpunkt der Handlung, aber sie führt unter den gegebenen Rahmenbedingungen gleichwohl zur maximalen Befriedigung unserer Bedürfnisse und führt zu einer guten Selbstbeziehung. Etwas provokant könnte man daher auch behaupten, dass die Entscheidung sich selbst zu Gunsten eines Anderen in die Luft zu sprengen, eine egoistische Entscheidung wäre.

„Aber jetzt mal ehrlich", haben Sie eben vielleicht gedacht „wie kann es bitte egoistisch sein, mich selbst in die Luft zu sprengen, wenn nachher kein Ego mehr da ist, nichts was sich noch egoistisch fühlen könnte? Sein Selbst zu pulverisieren kann doch nicht Ausdruck des Selbst sein! Der versucht hier doch das Schöne und Gute zu Schnödem, Banalen umzudeuten!"

Und wieder haben Sie, bis auf im letzten Punkt, natürlich Recht! Denn das Ganze funktioniert nur, wenn ich den Moment der Entscheidung oder Handlung wiederum ohne das darauffolgende zeitliche Kausalgeschehen betrachte. Ich muss also entsprechend der beiden oben beschriebenen Modelle erneut zwischen dem quasi zeitlosen Moment der Handlung und dem zeitlichen Ablauf danach unterscheiden, um diese Betrachtungsweise aufrechterhalten zu können.

Im Falle der Entscheidung zur Selbstopferung ist unsere Erwartung, dass die Umwelt auf unsere Handlung mit dem Todesstoß und damit der Beendigung unseres zukünftigen Selbst re-agiert. Und obwohl wir diese Erwartung haben, kann es in Fällen sehr naher Beziehungen für uns und zur Aufrechterhaltung unseres Selbstbildes offensichtlich vorteilhaft sein, die Verbindung bis zu unserem Ende mit maximaler Intensität aufrecht zu erhalten und dabei in Kauf zu nehmen, dass dies nur noch für einen sehr kurzen Zeitraum der Fall sein wird. „Ohne Dich ist mein Leben ohnehin sinnlos", könnte ein entsprechender Abschiedsgruß in einem kitschigen Liebesfilm lauten. Und obwohl dieser Satz einerseits Ausdruck maximaler Nähe ist, bringt er gleichzeitig zum Ausdruck, dass das Selbst in Zukunft auch nicht mehr lohnt, wenn die geliebte Person nicht mehr da ist, um das Beziehungsbedürfnis auszuleben.

Es gibt also Konstellationen, in denen die zukünftige Unmöglichkeit, das Beziehungsbedürfnis auszuleben, dazu führt, dass die Existenz des Selbst nicht mehr als Vorteil angesehen wird. Und das ist m.E. weder kitschig noch banal, weil wir zwar ohne weiteres akzeptieren, dass die zukünftige Unmöglichkeit unserer Autonomie zum Ausdruck zu verhelfen durchaus als Grund angesehen wird, die Frage danach zu stellen, ob ein Weiterleben überhaupt noch Sinn macht. So würden nicht wenige Menschen den Tod wählen, anstatt bis zum natürlichen Lebensende in einem Gefängnis dahinzuvegetieren, in dem jede Form der Selbstverwirklichung und Gestaltung des eigenen Lebens vollkommen ausgeschlossen ist. Und auch die absolute Unmöglichkeit der Befriedigung des Sicherheitsbedürfnisses wird als guter Grund für ein vorzeitiges Ende akzeptiert. Denn viele Menschen würden wohl lieber gleich sterben, als für immer in einem nicht änderbaren Zustand der konkreten und unmittelbaren Lebensbedrohung zu leben. Und deshalb ist die obige Erkenntnis weder kitschig noch banal, weil sie zeigt, dass alle drei Grundbedürfnisse auf gleicher Ebene stehen und Beziehung und Kontakt damit nicht ein verzichtbares „wäre schön wenn“ ist, was erst kommt, wenn die anderen grundlegenden Bedürfnisse befriedigt sind, sondern dass unabhängig davon, welches der drei Grundbedürfnisse für die Zukunft vollständig „ausgeschaltet“ wird, ein lebenswertes Leben nicht mehr möglich erscheint. Vom Zeitpunkt der Entscheidung und bis zu unserem nahen Ende kann das kurze Leben also mehr wert sein, als der ganze lange Rest, der ansonsten auf uns warten würde.

Und weil wir in diesem Zeitraum eine so intensive Verbindungserfahrung machen, kann sich m.E. auch das Gefühl einstellen, es ginge uns allein um das Wohl des Anderen. Eine Freundin beschrieb mir ihr Gefühl, wenn sie sich in Krisensituationen um ihre Jungs kümmern oder sorgen würde damit, dass es ihr allein um das Wohl ihrer Kinder gehen würde und sie selbst und ihre Bedürfnisse keine Rolle spielten. Und ich würde einen Teufel tun, dieses Gefühl als falsch zu bezeichnen, weil es gar keine falschen Gefühle gibt. Ich halte es insoweit mit Marshall B. Rosenberg, dem Begründer der Gewaltfreien Kommunikation und unterschreibe dessen Ausspruch: „Gefühle sind die Kinder unserer Bedürfnisse“. Und deshalb ist es m.E. kein Widerspruch zu behaupten, dass meine Freundin in ihrem Kümmern und Sorgen ihrem Bedürfnis nach Beziehung und Kontakt Ausdruck verleiht und damit sie selbst im oben beschriebenen Sinne egoistisch ist. Alles andere wäre ja auch absurd, denn wenn sie nicht sie selbst wäre, wer würde sich dann um die Jungs kümmern? Und gleichzeitig handelt meine Freundin altruistisch, weil sie für ihre Handlungen von den Jungs keine Gegenleistung erwartet (auch wenn das manchmal durchaus schön wäre, wie sie zugibt).

Die Beispiele zeigen m.E., dass unser Beziehungsbedürfnis, unsere Verbindung mit Anderen, eine Intensität erreichen kann, die unsere Bedürfnisse nach Autonomie und Sicherheit als nachrangig erscheinen lassen, sodass nur mehr das eine Gefühl in uns verbleibt, welches in uns diese Verbindung zum Ausdruck bringt. Meine Hypothese dazu, warum wir uns in diesen Fällen gegen die Aussage wehren, dass es uns immer auch um uns und nicht allein um die Anderen geht ist, dass das Grundbedürfnis „Beziehung/Kontakt“ letztlich Ausdruck der Gravitation und damit zeitlos ist. Sie erinnern sich? Ich habe im Kapitel zur Physik dargelegt, das man anknüpfend an die Einsteinsche Beschreibung der Gravitation als geometrische Kraft und damit als Verbindung von Raum und Zeit auch sagen könnte, dass diese Verbindung selbst nicht Teil einer Ursache-Wirkung-Beziehung und somit zeitlos ist. Eine Verbindung besteht solange sie an beiden Enden gehalten wird und zwar gleichzeitig. Wird sie an einer Seite „losgelassen", verliert sie ihre Natur als Verbindung. Gravitation verbindet Raum und Zeit und stellt damit auch das Prinzip der Gleichzeitigkeit auf – ohne Gleichzeitigkeit weder Raum noch Zeit. Wenn es nun tatsächlich die Gravitation ist, die in uns durch das Bedürfnis nach Beziehung und Kontakt zum Ausdruck kommt, dann liegt es m.E. nahe anzunehmen, dass wir in unseren engen Beziehungen zu Anderen die „Erfahrung" von Gleichzeitigkeit und damit von Zeitlosigkeit machen. Diese aber passt nicht wirklich in unsere ansonsten durch Ursache und Wirkung bestimmte Welt, sondern erzeugt bei genauerem Hinsehen immer einen Knoten im Kopf und wirkt damit vielleicht als etwas, bei dem wir als kausalitätsunterworfene Individuen nicht beteiligt sind. Und vielleicht ist das sogar der Grund, warum wir das Schöne und Gute nicht uns selbst zuordnen, sondern als etwas von uns Getrenntes und damit gottähnliches empfinden.

7. Das Missverständnis vom Schönen und Guten

Wenn Sie jetzt immer noch denken, ich will Ihnen das Schöne und Gute nehmen, dann wird es Zeit, dass ich mit diesem Missverständnis aufräume und eine Lanze breche, eine Lanze für das wirklich Gute und Schöne und unsere Verantwortung dafür:

Wenn an meinen Ausführungen zur Moral und zum Altruismus etwas dran ist, dann ist also das Gute und Schöne nicht irgendetwas Externes, sondern es ist Ausdruck unseres Selbst. Und das ist einerseits eine gute Nachricht, denn wir müssen uns nicht immer schlecht fühlen, weil das externe objektiv Gute und Schöne von seinem Podest aus auf uns herabschaut und unter Druck setzt, wir ihm aber nie wirklich gerecht werden, weil wir zumindest zwischendurch ja auch mal an uns denken müssen. Andererseits können wir auch nicht mehr einfach so auf Andere zeigen und diese Anderen für das Schlechte verantwortlich machen und für das Gute in die Pflicht nehmen, denn wenn etwas gut werden soll, dann müssen wir es schon selbst zum Ausdruck bringen.

Ich gehe von der Annahme aus, dass das Universum zu gleichen Teilen aus den drei Grundkräften und damit zu einem Drittel aus Gravitation besteht und dass wir ebenfalls zu einem Drittel aus dem Antrieb Beziehung und Kontakt „bestehen". Damit ist auch ein Drittel unserer Motivation in Bezug auf alles was wir tun und sind durch unser

Bedürfnis nach Beziehung und Kontakt bestimmt. Und wenn das so ist, dann sollten wir das ernst nehmen und nicht als Gefühlsduselei abwerten. Wir sollten die Verantwortung dafür übernehmen, dass alle unsere Bedürfnisse und nicht nur die Bedürfnisse nach Autonomie und Sicherheit befriedigt werden. Denn wenn wir das tun, dann wird es uns m.E. leichter fallen Gutes zu tun, ohne schlechtes Gewissen, dass wir auch zu jeweils einem Drittel aus Autonomie und aus Sicherheit „bestehen". Wir könnten die Notwendigkeit, alle unsere Grundbedürfnisse möglichst ausbalanciert zum Ausdruck zu bringen, auch als Teil unserer kognitiven Abwägungsprozesse bzgl. jedweder Art von Entscheidung mit einkalkulieren und dem „Schönen und Guten" in uns die Bedeutung verleihen, die es verdient. Solange wir aber das „Schöne und Gute" als etwas Objektives, Abstraktes externalisieren und auf ein Podest stellen und nicht als 1/3 unseres Selbst anerkennen, so lange wird der alte, missverstandene Egoismus als Mischung aus Autonomie und Sicherheit die Welt regieren. Wahrer Egoismus setzt Autonomie, Beziehung und Sicherheit in ein ausgewogenes Verhältnis und ist damit die Anleitung zum Glücklichsein.

So, genügend Lanzen gebrochen und bevor ich hier anfange zu predigen und vielleicht etwas zu euphorisch wirke, muss ich gleich noch einem anderen Missverständnis vorbeugen – ich halte Kontakt und Beziehung nicht per se für das Schöne und Gute an sich. Ich verstehe alle drei Grundbedürfnisse als Ausdruck der physikalischen Grundkräfte und damit auch Beziehung und Kontakt zunächst als wertfrei und inhaltslos. Physikalisch betrachtet ist es die Verbindung, die nur solange Verbindung ist, solange sie von zwei Seiten gehalten, bzw. aufrechterhalten wird. Insoweit ist sie selbst zeitlos, ohne Ursache und ohne Wirkung, trägt also selbst zum Schönen und Guten nichts bei, als da zu sein. Ich würde daher eher sagen, dass es Beziehung und Kontakt sind, die unseren Handlungen und damit dem Ausdruck unserer Bedürfnisse nach Autonomie und Sicherheit, den gewissen Glanz verleihen können.

Wie ich das meine? Lassen Sie mich versuchen, das Ganze einmal an einem Beispiel aus dem richtigen Leben zu erläutern. Angesichts der im Jahr 2015 immer größer werdenden Zahl von Flüchtlingen, die auf verschiedenen Routen durch Europa nach Deutschland kam, sagte Frau Merkel auf der Bundespressekonferenz am 31. August 2015 den inzwischen berühmt, berüchtigten Satz „Wir schaffen das!" Was zunächst ganz harmlos und ein bisschen nach Bob der Baumeister klingt, hat in der Folge die politische Diskussion für lange Zeit beherrscht. Aber warum hat dieser Satz eine so große Wirkung in alle Richtungen entfaltet? Wie können sich an drei Wörtern die Gemüter so erhitzen, dass die Einen mit aussortiertem Spielzeug und Nahrung in die Bahnhöfe ziehen und Willkommensspruchbänder hochhalten, während die Anderen von Hass erfüllt Merkels Kopf fordern?

Bevor wir dazu Hypothesen aufstellen können, lassen Sie uns einmal genauer hinschauen, was Frau Merkel da eigentlich gesagt hat. Das erste Wort „Wir" ist Ausdruck von Beziehung und Kontakt. Es stellt eine Verbindung her, keine konkrete aber ausreichend für alle, die sich angesprochen fühlen wollen. Das zweite Wort „schaffen" heißt, dass etwas getan wird und ist somit Ausdruck des Autonomiebedürfnisses. Schließlich noch das Wort „das", welches in dem Kontext der zahlreichen Flüchtlinge nicht vollkommen inhaltslos ist und scheinbar ausreichend Information darüber enthält, welches konkrete Ziel erreicht werden soll. Es gibt also dem Ganzen eine Richtung und eine Struktur, die letztlich Ausdruck des Sicherheitsbedürfnisses ist. Zusammengefasst könnte man sagen, dass Frau Merkel mit drei Wörtern allen drei Grundbedürfnissen Ausdruck verliehen hat, und das ist m.E. immerhin schon mal ziemlich bemerkenswert für eine politische Aussage.

Nun ist das mit der Kommunikation aber so eine Sache. Was ich sage, wird nicht notwendigerweise von Anderen auch so verstanden, wie ich es gemeint habe. Was haben die Menschen also verstanden? Ich würde behaupten, dass diejenigen, die sich grundsätzlich in Deutschland wohlfühlen und sich selbst als Teil einer im weitesten Sinne gut funktionierenden Gemeinschaft erleben, die ihnen einerseits ausreichend Sicherheit gibt, auch morgen noch das vorzufinden und zu verstehen, was ihr Leben ausmacht und andererseits ausreichend Raum, sich zu entfalten und im Wesentlichen frei und selbstbestimmt ihr Leben gestalten zu können - diejenigen dürften sich mit dem „Wir" angesprochen fühlen, und diese Gruppe hat daraus das gemacht, was wir in der Folge als „Willkommenskultur für Andere in Not" bezeichnet haben. Das Schöne und Gute ist entstanden, weil diese Gruppe ihre Autonomie zu Gunsten Anderer und damit zu Gunsten des Beziehungsbedürfnisses und, weil etwas hingegeben wird, zu Lasten des eigenen Sicherheitsbedürfnisses ausübt, um für das zukünftige noch größere und schönere „Wir" diejenigen Voraussetzungen zu schaffen, unter denen alle ihre drei Grundbedürfnisse in guter Balance ausleben können.

Diejenigen aber, die sich nicht als Teil einer solchen Gemeinschaft erleben, weil sie nicht sicher sein können, ob morgen der soziale Abstieg droht und die nicht verstehen, wie es dazu kommen konnte obwohl sie doch stets nach bestem Wissen und Gewissen gehandelt haben und die mit der Unsicherheit auch die Begrenzung fühlen, sich nicht mehr frei und selbstbestimmt der Zukunft zuwenden zu können, zumal ihnen ständig gesagt wird, dass das Ganze alternativlos wäre, ohne das sie verstehen warum - diejenigen fühlen sich durch das „Wir" nicht angesprochen, sondern ausgeschlossen. Sie gehören ja nicht mehr zu dieser verblendeten Gruppe, die die Bedrohung nicht wahrhaben wollen und definieren sich daher einfach selbst als „das Volk" und die Anderen wahlweise als „Gutmenschen", das „Establishment" oder die „Lügenpresse".

In diesem Setting ist Beziehung und Kontakt das was übrig bleibt – keine Sicherheit und keine Autonomie füllen sie mit Inhalt. Alles was es braucht, um wenigstens Beziehung und Kontakt aufrecht zu erhalten ist das, was uns von Anderen unterscheidet. Das „Wir" definiert sich nicht als das verbindende Dafür, sondern als das sich selbst vergewissernde Dagegen. Und schwupps werden die Trumps, Le Pens, Kazcinskis und Orbans und auch die sonstigen „Alternativen" dieser Welt von all denjenigen gewählt, denen vom „Establishment" gesagt wurde, dass die Abschaffung von Sicherheit und Autonomie für diese Gruppe alternativlos ist und für die daher nichts mehr außer Beziehung und Kontakt innerhalb dieser Gruppe übrig geblieben ist, egal ob sie politisch nun eigentlich extrem links, extrem rechts, extrem mittig oder extrem egal sind – Hauptsache gegen die Anderen, Hauptsache eines der drei Grundbedürfnisse wird noch erfüllt.

Mit dem Grundbedürfnis nach Beziehung und Kontakt ist das also so eine Sache – es kann in Verbindung mit Autonomie und Sicherheit das Schöne und Gute in die Welt bringen, es kann aber auch zu Mord und Totschlag führen. Wir sollten also darauf achten, dass immer alle drei in einem möglichst ausbalancierten Verhältnis zum Ausdruck kommen und zwar nicht nur für einen Teil der Gesellschaft, sondern für den größtmöglichen Teil. Oder um es mit Aristoteles zu sagen:

„Vorzüglich aber verlangt die bürgerliche Vereinigung eine solche Disposition der Gemüter, wie sie unter Gleichen und Ähnlichen zu sein pflegt. – Diese Disposition aber, so wie diese Gleichheit selbst, findet am meisten unter denen statt, die im Mittelstande leben. Es muss daher notwendig derjenige Staat am besten

verwaltet und regiert werden, in welchem der Mittelstand der zahlreichste ist."

In diesem Sinne!

VI. ICH UND MEINE PERSÖNLICHKEIT

Wenn es nun tatsächlich so wäre, dass uns alle Menschen auf diesem schönen Planeten, die drei Grundbedürfnisse Autonomie, Beziehung und Sicherheit antreiben und sie gleichzeitig unsere Erwartung an die Welt darstellen, wie kommt es, dass uns unsere Gemeinsamkeiten nicht schon eher wie Schuppen von den Augen gefallen sind? Naheliegend wäre die Annahme, dass uns unsere Gemeinsamkeiten nicht sofort auffallen, weil das was uns voneinander unterscheidet so prägnant ist, dass es uns diesen Blick verstellt. Und wenn man das was den einen vom anderen unterscheidet mit einem Begriff fassen wollte, dann fällt mir das Wort „Persönlichkeit" ein. Ich würde daher vorschlagen, wir schauen uns diesen Begriff einmal genauer an – vielleicht lässt sich dann ja erkennen, wie das was uns verbindet und das was uns unterscheidet miteinander in Beziehung steht.

Was macht unsere Persönlichkeit aus? Hat oder ist jeder eine? Gibt es starke und wenn ja, was unterscheidet diese von den schwachen, und ist eine starke gut und eine schlechte schwach? Hatten wir schon immer eine und wie ist sie überhaupt zu uns gekommen? Und ist sie nach all den Jahren auch immer noch die alte? Kann man Persönlichkeiten kategorisieren, und wenn ja, welche Eigenschaften sind bei dieser Kategorisierung maßgeblich? Tolle Fragen aber bevor wir über diese Fragen sprechen können, müssen wir natürlich mal wieder klären, wovon wir sprechen.

Leider scheint die Klärung der Frage, was Persönlichkeit überhaupt ist, gar nicht so einfach zu sein. Offensichtlich reden wir zwar so selbstverständlich darüber, als wäre allen klar, was wir damit meinen, andererseits ist Persönlichkeit ein, vielleicht das zentrale Forschungsobjekt der Psychologie, und die Psychologen würden ja nicht forschen, wenn schon alles klar wäre. Tatsächlich scheint es aber noch viel schlimmer um den Begriff bestellt, denn obwohl sich alle einig zu sein scheinen, dass sie über Persönlichkeit forschen und nachdenken, gibt es eine Unzahl von verschiedenen Definitionen des Begriffs, sodass man befürchten muss, dass alle nur denken, sie forschten am Gleichen, während der eine tatsächlich Äpfel und der andere Birnen erkundet. Wie Sie es bereits von mir kennen, frage ich, wenn ich nicht weiter weiß, gern meinen Freund Wikipedia:

„Persönlichkeit ist einer der wichtigsten Begriffe der Psychologie. Viele Fragen und empirische Forschungsansätze sind durch die Absicht bestimmt, allgemein zu erklären und im Einzelfall zu verstehen, wie sich eine Persönlichkeit mit ihren Eigenschaften unter bestimmten Anlage- und Umweltbedingungen entwickelt, wie sie sich verändert, wie sie in der psychologischen Praxis zutreffend beschrieben, in einzelnen Verhaltensweisen vorhergesagt und eventuell beeinflusst werden kann. Wegen dieser umfassenden Bedeutung kann es nicht verwundern, dass es keine überzeugende Definition des Begriffs gibt."[12]

Manchmal muss man wohl akzeptieren, dass Wikipedia es auch nicht besser weiß. Eine Persönlichkeit soll einerseits Eigenschaften haben, die untersucht werden, andererseits verändern sich diese Eigenschaften und damit die Persönlichkeit. Es scheint also noch nicht einmal klar zu sein, ob Persönlichkeit die Summe aller Eigenschaften „ist" oder ob die Persönlichkeit die Summe aller Eigenschaften „hat". Zudem könnte man natürlich auch die Frage stellen, was das Wort „Eigenschaften" in Bezug auf Persönlichkeiten überhaupt bedeutet. Ist eine Eigenschaft das, was mich und damit mein inneres und äußeres Erleben, mein Verhalten mir selbst und Anderen gegenüber immer und ohne Unterlass bestimmt, unabhängig vom Zeitpunkt, den Umweltbedingungen und damit auch unabhängig von der Frage, wie es mir gerade geht? Kann ich z.B. offen für die Idee sein, dass durch Zuwanderung die kulturelle und religiöse Vielfalt unserer Gesellschaft steigt und dies als positive Entwicklung bewerten, während ich gleichzeitig die Krise kriege, wenn ich zu Weihnachten den neuen Pfarrer in der Mitternachtsmesse nicht das Weihnachtsliedrepertoire singen höre, was ich schon von Kindheitsbeinen so geliebt habe, sondern irgendwelche neumodischen, womöglich noch ökumenischen Kirchenlieder geträllert werden, die kein Mensch kennt?

Und kann ich bei der Führung meines Unternehmens organisiert, sorgfältig, planend, effektiv, verantwortlich, zuverlässig und überlegt handeln, während ich abends zu Hause eher alle Fünfe gerade sein und laissez faire walten lasse, sodass es mir beim Einräumen der Spülmaschine nicht darauf ankommt, ob alles da und so platzsparend

---

[12] In: Wikipedia, Die freie Enzyklopädie. Bearbeitungsstand: 5. September 2017, 21:49 UTC. URL: https://de.wikipedia.org/w/index.php?title=Pers%C3%B6nlichkeit&oldid=168820292 (Abgerufen: 27. September 2017, 08:55 UTC)

platziert ist, dass Ressourcen, wie Wasser, Energie, Spülmittel und die Nerven meiner stets gewissenhaften, geradezu pedantischen Mitbewohnerin geschont werden? Wenn Sie wie ich diese Fragen abstrakt mit „JA" beantworten können, dann stimmen Sie mir wahrscheinlich auch zu, dass man Eigenschaften in Bezug auf eine Persönlichkeit zwar durchaus beschreiben kann, die Aussagekraft aber keine kontextunabhängige Allgemeingültigkeit beansprucht und damit eine Vorhersagemöglichkeit bezüglich bestimmter Verhaltensweisen dieser Persönlichkeit unabhängig vom bestimmten Lebens- und Umweltsituationen scheitern muss.

Wenn ich aber schon keine Aussage über immer und allgemeingültige Eigenschaften eines Menschen treffen kann, dann wird auch ein auf Eigenschaften basierendes Persönlichkeitsmodell ebenso nur Wirklichkeitsausschnitte eines Individuums beschreiben. Und in dieser Übung ist es sicher hilfreich und zielführend, bestimmte Modelle für bestimmte Wirklichkeitsausschnitte zur Verfügung zu haben. Das Postulat des Persönlichkeitsmodells der sogenannten „Big Five" ist beispielsweise, dass menschliche Persönlichkeiten durch die fünf Dimensionen – 1) Offenheit für Erfahrungen bzw. Aufgeschlossenheit; 2) Gewissenhaftigkeit (Perfektionismus); 3) Extraversion (Geselligkeit); 4) Verträglichkeit bzw. Rücksichtnahme, Kooperationsbereitschaft, und 5) Empathie sowie Neurotizismus (seelische Verletzlichkeit) gut beschrieben werden können. Wenn auf der Basis bestimmter Fragen-kataloge dann die Persönlichkeit des Einzelnen in Bezug auf sein wahrscheinliches Verhalten unter bestimmten äußeren und inneren Umständen, z.B. sein Verhalten in einem bestimmten Arbeitsumfeld, kategorisiert und sodann ins Verhältnis zum Durchschnitt aller Menschen gesetzt wird, so kann in diesem Modell für bestimmte Einsatzgebiete durchaus ein großer Mehrwert liegen.

Allerdings scheinen bei den Tests die im Ergebnis eine Zuordnung der getesteten Person zu den vorgegebenen Eigenschaftskategorien darstellen, nicht selten Ergebnisse herauszukommen, die sich auf den ersten Blick widersprechen. Eine gute Freundin von mir lässt ihre Schüler im Abiturjahrgang den frei verfügbaren und weit verbreiteten „Borakel-Test" der Ruhruni Bochum durchführen. Ziel dieses Tests ist es, den Schülerinnen und Schülern Auskunft darüber zu erteilen, welche Berufswahl für sie mehr und welche weniger Sinn machen könnte. Sie hat mir zwei Ausschnitte der Auswertungsergebnisse für ein und dieselbe Schülerin zugeschickt, die ich hier gern einmal zitieren würde.

Ergebnis 1: Streben nach sozialer Akzeptanz

„Was andere von Ihnen denken, ist Ihnen erst mal egal, „viel Feind – viel Ehr“ – dafür sprechen zumindest Ihre Angaben im Test. Anerkennung ist für Sie nicht das Wichtigste; auf keinen Fall werden Sie sich verbiegen, nur um auf andere sympathisch zu wirken. Zu dem ein oder anderen Zugeständnis sind Sie vielleicht schon bereit, in der Regel vertreten Sie ihre Ansichten aber recht deutlich, auch wenn Sie dadurch vielleicht in die Kritik geraten.“

Ergebnis 2: Stressresistenz im Kontakt mit anderen

„Was andere von Ihnen denken, ist laut Ihren Testergebnissen für Sie von enormer Bedeutung. Sie verwenden viel Energie darauf, Ihre Schwächen vor anderen Personen zu verbergen, und versuchen in der Regel, auf alles vorbereitet zu sein, damit Ihnen ja kein Fehler unterläuft oder Sie etwas vermeintlich Peinliches sagen. Ihre niedrigen Werte auf dieser Skala sprechen dafür, dass Sie im Kontakt mit anderen unter großer Anspannung stehen und froh sind, wenn Sie „heil“ aus diesen Situationen herauskommen.“

Ich könnte mir vorstellen, dass die Schülerin vor einem solchen Text steht und sich fragt, wie es zu scheinbar so widersprüchlichen Ergebnissen kommen kann und was sie daraus für Schlüsse ziehen soll. Und auch meine erste Reaktion war, dass die beiden Auswertungen paradox sind, sich also logisch widersprechen. Einerseits ist der Schülerin egal, was andere von ihr denken und andererseits ist genau das für sie von enormer Bedeutung – das passt doch einfach nicht zusammen. Aber ich kann hier natürlich nicht ein ganzes Buch über die Bedeutung der Gleichzeitigkeit schreiben und dabei predigen, dass Paradoxien immer nur scheinbar in sich widersprüchliche Ergebnisse beschreiben und dass sich bei genauerer Betrachtung jedes Paradoxon auflösen lässt, wenn man nur das richtige Bezugssystem wählt, um mich hier mit der Feststellung zu beschränken, dass das Testergebnis paradox und damit Unfug sei.

Schaut man sich den gesamten Text der beiden scheinbar widersprüchlichen Ergebnisse an, so entsteht jedenfalls bei mir der Eindruck, dass das Testergebnis 1 eher eine innere Haltung beschreibt und das zweite Testergebnis eher wie die Beschreibung von Lern- und Erfahrungsergebnissen wirkt. Ich lese das Testergebnis 1 so, dass die Schülerin nicht proaktiv nach sozialer Anerkennung sucht. Sie kennt ihre eigene Meinung, weiß was sie will und sich der Meinung und dem Willen anderer zu unterwerfen, nur um gut anzukommen, ist nicht das primäre

Ziel ihrer sozialen Interaktion. Für mich klingt das nach einer Person, die ein ausgeprägtes Autonomiebedürfnis hat und diese Autonomie ganz natürlich auch in soziale Kontakte mit- und einbringt. Und wenn dem so wäre, dann könnte das Testergebnis 2 widerspiegeln, welche Erfahrungen sie in sozialen Kontakten häufig gemacht und was sie daraus für ihr zukünftiges Verhalten in solchen Situationen gelernt hat.

Ich stelle mir vor, dass eine Person, die einen natürlichen Zugang dazu hat zu wissen, was sie will und wozu sie Lust hat, mit einer Offenheit im Umgang mit dieser Lust in soziale Kontakte geht, die von Anderen als wuchtig und unbedarft empfunden werden kann. Und wenn dem so wäre, dann dürfte diese Person nicht selten die Erfahrung machen, dass ihr mit einer für sie völlig unerwarteten Deutlichkeit zurückgespiegelt wird, sie wäre etwas trampelig oder würde andere sogar überrollen. Trifft diese Energie nämlich auf Menschen, die weniger klar und mit weniger Wucht wissen, was sie wollen und wozu sie Lust haben, dann könnten diese das Gefühl haben, die andere Person würde unberechtigterweise in ihrem Vorgarten stehen. Die Schülerin könnte also die Erfahrung gemacht haben, dass sie trotz Offenheit und guten Willens in Situationen gerät, in denen ihr mit vollkommen unerwarteter Deutlichkeit unangemessenes Verhalten gespiegelt wird. Im schlechtesten Fall wird sie in diesem Zusammenhang auch noch abgewertet und vielleicht für dumm erklärt.

Wenn wir jetzt annehmen, dass die Ausstattung dieser Schülerin mit expressiver, wuchtiger Autonomie aber so ist wie sie ist, dann kann diese Schülerin aus diesen Erfahrungen nicht viel Positives lernen, weil sie nicht versteht, wie sie in diese Situationen hereingerät und daher auch nicht weiß, wie sie diese zukünftig vermeiden soll. Sie sieht es schlicht nicht kommen, dass sie gleich einen Schuss vor den Bug bekommt und kann daher auch keine Rückschlüsse auf die kausale Verursachung dieser für sie so unangenehmen Situation ziehen.

Und jetzt stellen Sie sich bitte einmal vor, was das mit einem Mädchen in einem sozialen Umfeld machen kann, in dem erwartet wird, dass weibliche Schülerinnen nicht wuchtig und unerschrocken daherkommen, sondern eher zurückhaltend und mit größerem sozialen Feingefühl, als es den Jungs in gleichem Alter zugesprochen wird. Wenn das Mädchen dazu weder wuchtig noch unerschrocken aussieht, dann macht das wahrscheinlich die Situation eher noch schlimmer. Ich könnte mir vorstellen, dass solche Erfahrungen zu großem Stress und

Verunsicherung führen können, wenn wieder soziale Kontakte in ähnlichen Kontexten anstehen, in denen diese schlechten Erfahrungen gemacht wurden. Die Verwendung von viel Energie und Aufmerksamkeit darauf, dass es diesmal nicht wieder passiert und die Hoffnung, dass das nächste Mal alles gut geht, ihr nicht mehr Peinlichkeit und Trampeligkeit vorgeworfen werden und sie heil aus dieser Situation herauskommt, klingen für mich nach naheliegenden Strategien, mit zukünftigen Situationen umzugehen.

Ich kenne diese Schülerin nicht und auch die theoretischen Annahmen, die dem Test zugrunde liegen sind mir nicht bekannt, und meine Ausführungen darüber, wie man die Ergebnisse lesen könnte, sind daher natürlich reine Spekulation. Aber wenn man die Testergebnisse auf diese Weise liest, dann widersprechen sie sich nicht mehr und das Paradoxon löst sich auf. Das Testergebnis 1 wäre dann eine Beschreibung einer inneren Haltung, einer inneren Struktur und Beschaffenheit während das Testergebnis 2 dann eher die Beschreibung der Überlebenstrategie als das persönliche Lernergebnis der Schülerin beschreibt, wie sie in bestimmten Situationen gut durchzukommen und weitere schlechte Erfahrungen zu vermeiden meint.

Ich habe dieses Beispiel gewählt, weil ich daran aufzeigen möchte, dass Persönlichkeitstests in der Regel zwar Verhalten beschreiben und für bestimmte Situation auch mit einer gewissen Wahrscheinlichkeit vorhersagen können. Was diese Art von Tests jedoch m.E. nicht leisten ist, klar und deutlich zwischen der Beschreibung dessen, was die Person psychisch strukturell von sich aus mitbringt und der Beschreibung dessen, welches Verhalten aufgrund von Lernerfahrungen wahrscheinlich ist, zu unterscheiden. Einfacher ausgedrückt mangelt es diesen Tests daran, Antworten auf die Frage danach zu geben, warum die jeweilige Person sich so verhält, wie sie sich verhält. Und ich würde behaupten, dass es für die Schülerin hilfreich wäre, in diesem Sinne etwas über sich selbst zu erfahren, denn das dürfte die Voraussetzung dafür sein, die bisherige Überlebensstrategie, das bisherige eigene Verhalten zu verstehen und zu prüfen, ob es sich lohnen könnte, etwas anderes auszuprobieren.

Die Frage also, was unsere Persönlichkeit ausmacht und damit immer und allgemein beschreibt, die Frage also danach, wer wir sind, wird m.E. durch die derzeit verbreiteten Persönlichkeitsmodelle und -tests leider nicht beantwortet. Wenn wir uns als „Ich" besser verstehen wollen, dann benötigen wir daher eher ein Modell, das uns die Frage nach dem Warum unseres Verhaltens und damit unsere zentralen Bedürfnisse und Antriebe erklärt, als ein Modell, dass lediglich unsere Verhaltensweisen in bestimmten Kontexten versucht zu kategorisieren.

Im Ergebnis nehme ich an dieser Stelle einfach mal hin, dass wir keine der existierenden Definitionen des Begriffs „Persönlichkeit" nutzen können, um ausreichend Konsens darüber herzustellen, über was ich in der Folge reden möchte. Daraus folgt, dass wir uns unsere eigene Definition unter bestimmten Grundannahmen selbst zusammenschrauben müssen: Wenn Persönlichkeit also mit einem Menschen verknüpft ist und jeder eine hat und sie alle prägenden Eigenschaften des Menschen umfasst, sie gleichzeitig die Einzigartigkeit eines jeden Menschen beschreibt und damit seine Individualität ausmacht, dann sind jedenfalls Definitionen fehl am Platz, die versuchen alle Eigenschaften zu umfassen, weil damit die Individualität flöten ginge. Würde man hingegen bestimmte Eigenschaften oder Kategorien derselben herausgreifen und dann eine Persönlichkeit anhand dieser beschreiben wollen, dann beschränkt sich die Beschreibung der Persönlichkeit auf die „Mustererkennung" in bestimmten Kontexten oder Wirklichkeitsausschnitten. Für unsere Zwecke bleibt daher leider nur eine sehr allgemeine Definition des Begriffs als „Das, was den einen Menschen vom anderen unterscheidet."

„Moment mal", denken Sie, „nicht so schnell! Wenn Persönlichkeit das ist, was einen Menschen vom anderen unterscheidet, dann ist das potentiell ja alles Mögliche - also sowohl meine „Eigenschaft" hier nicht einfach alles hinzunehmen, was der Kerl aufgeschrieben hat, genauso wie der Umstand, dass ich heute einen grauen Pullover und keine grüne Weste trage, dass ich Hunde mag und Katzen und Giraffen aber keine Sachertorte. Und wenn etwas potentiell alles umfasst, dann ist die Erkenntnis darüber was es ist, doch gleich null." Und ich würde sagen: „Sie haben vollkommen Recht!" Wenn ich nichts kategorisieren kann, kann ich das eine vom anderen nicht unterscheiden. Alles was mich unterschiedlich macht sind dann lediglich Daten, und nur wenn ich Kategorien habe, habe ich ein Bezugssystem, das aus dem Datum eine Information für mich macht.

Nähmen wir also zu der Definition des Begriffs „Persönlichkeit" als „das, was den einen Menschen vom anderen unterscheidet" noch die Annahme mit auf, dass es etwas gäbe, was bei allen Menschen gleich oder jedenfalls vergleichbar ist, und nähmen wir einmal an, dass es sich dabei um ein universelles Bezugssystem, das man in diesem Kontext vielleicht besser als Bewertungssystem bezeichnen sollte, handeln würde. Dann nämlich könnte man als Persönlichkeit auch das bezeichnen, was sich auf der Basis dieses von allen Menschen geteilten Bezugssystems im Laufe der Zeit im und am Menschen aufgrund von Erfahrungen herausbildet.

Zu abstrakt? Ok, konkreter: Unterstellen wir einmal, dass Sie mit einem bestimmten Kanon an Bewertungskriterien auf die Welt gekommen sind. Mit Bewertungskriterien meine ich all das, was Sie in die Lage versetzt hat, seit dem Augenblick, als Sie das Licht der Welt erblickt haben, die Kälte da draußen im Gegensatz zur Wärme da drinnen, die Bewegungsfreiheit im Gegensatz zur langsam echt ungemütlichen Enge, einfach alles was Sie wahrgenommen haben, zu bewerten. Ich würde behaupten, dass es solche - zunächst nur unbewusst wirkenden - Bewertungskriterien geben muss, denn ansonsten würde Ihr Organismus nicht zu der Erkenntnis kommen können, dass es gut ist zu essen, wenn man Hunger hat und dass es schlecht ist zu essen, wenn man komplett voll ist. Er hätte auch nicht lernen können, dass es gut ist, wenn die Differenz der eigenen Körpertemperatur und der Außentemperatur nicht zu groß ist, weil man sonst friert und dass es in einem solchen Fall gut ist, wenn man von jemandem der einen mag, mit textilvermittelter, besser noch mit eigener Körperwärme versorgt wird. Und Sie hätten ohne diese Bewertungskriterien nicht lernen können, dass immer dann, wenn etwas als schlecht bewertet wird, Schreien und sonstige Unmutsbekundungen die Wahrscheinlichkeit der Abhilfe deutlich erhöhen. Schreien ist einfach eine echt gute Idee, wenn man richtig Kohldampf hat!

Wenn es also so ist, dass Bewertungskriterien da sein müssen, bevor etwas bewertet werden kann und der menschliche Organismus von Anfang an auf Bewertungen seiner Umwelt angewiesen ist, um zu überleben, dann scheint es sinnvoll anzunehmen, dass jeder Mensch mit einem bestimmten Setting an Bewertungskriterien auf die Welt kommt, damit die Sache danach einigermaßen rund laufen kann. Nun sind Bewertungen, unabhängig davon, ob sie nun kognitiv oder unbewusst vollzogen werden, letztlich nichts anderes als das Inbezugsetzen des Einen zum Anderen. Wenn wir auf die Welt kommen, setzen wir alles, was unser Organismus wahrnimmt, sehr unmittelbar in Bezug zu uns selbst – ist es gut, dann brabbeln wir vielleicht vergnügt vor uns hin, ist es schlecht, dann nerven wir die, die es für uns zum Besseren wenden können.

Aber welche Kriterien sind von Anfang an da? Eine durch direkte Auskunft ermittelte Antwort kann es auf diese Frage wohl schon deshalb nicht geben, weil wir im Nachhinein keine Auskunft über unser Selbst in dieser frühen Zeit mehr geben können. Ich denke, das liegt daran, dass unsere Erfahrungen aus dieser Zeit noch nicht in Verbindung mit so etwas wie „Sprache", also in Verbindung mit „Lautäußerungen, die die Dinge in der Welt bezeichnen" in unserem Organismus abgespeichert werden konnten, sodass diese Erfahrungen im Nachhinein auch nicht kognitiv abruf- und in Verbindung mit solchen „Lautäußerungen" verbalisierbar sind. Ich stelle mir das mit unseren frühen Kindheitserfahrungen ein bisschen so vor, wie mit den Jump-and-Run-Spielen auf dem ersten Computer in unserem Haushalt. Ich würde die wirklich gern nochmal spielen, aber die Sprache und das Format, in dem wir damals unsere Spiele gespeichert haben, sind heute nicht mehr auslesbar. Die Spiele sind immer noch da aber mein jetziger Computer spricht eine viel ausgefeiltere und weiter entwickelte Sprache und kann das alte Zeug daher einfach nicht mehr ausdrücken.

Starten wir trotzdem einen Versuch, rein abstrakt und spekulativ und denken wir zunächst einmal klassisch evolutionsbiologisch. Dann könnten wir annehmen, dass alles was es braucht, damit unser Dasein zu einem bestimmten Zeitpunkt „da ist", von uns von Beginn an als gut bewertet wird. „Da" sind wir zunächst einmal rein körperlich räumlich, also indem wir mit den regelmäßig zwischen 2,5 bis 4,0 KG Lebendgewicht den leeren Raum ausfüllen, einnehmen oder verdrängen, je nach Charakter des Babys. Wir „sind" und zwar in dem Sinne, als wir ein räumlich individualisierbares biologisches System darstellen, dass sich zu einem bestimmten Zeitpunkt von der Außenwelt räumlich abgrenzen lässt. Wir „sind" also auf der Welt und dass wir da sind muss gut sein, weil wir sonst ja nicht da wären – jedenfalls unterstellt das die Evolutionsbiologie a priori. Damit das mit dem „Sein" auch so bleibt oder besser noch mehr wird, wir aber schon vom ersten Tag an dem Lauf der Zeiten und daher Veränderungen, z.B. der Verstoffwechselung von Energie unterworfen sind, dürften wir auch alles als gut bewerten, was sicherstellt, dass wir die neu gewonnene Autonomie in der Welt auch weiterhin behalten und kräftig steigern können. Alles was Sicherheit in Bezug auf Nahrung, Wärme und alle sonstigen lebenserhaltungsrelevanten Dinge herstellt, dürfte daher von uns als gut bewertet werden. Mit diesen beiden Aspekten, also Raum einnehmen und Existenz sichern, scheint es biologisch auf den ersten Blick dann auch erst einmal gut zu sein.

Halt, rufen an dieser Stelle die Psychologen, noch ist nicht alles gut. Ein Baby braucht menschliche Bindung, Wärme, Kontakt und Geborgenheit. Damit es gut für uns ist, so die Entwicklungspsychologen, scheint es über unser Sein und die Sicherung desselben hinaus noch so etwas wie Beziehung und Kontakt zu benötigen. Babys schreien ja manchmal auch, wenn sie weder Hunger noch Durst haben, müde sind oder sie auf sonstige somatische Bedürfnisse hinweisen wollen. Manchmal liegen sie satt und ausgeschlafen im Kinderbett und schreien oder quengeln trotzdem irgendwie rum. Und dann hilft es manchmal, man nimmt sie auf den Arm und schwupp ist Ruhe im Karton. In manchen Situationen, so scheint es, wollen sie offenbar einfach nur kuscheln. Ich gebe zu, dass ich weder externes Datenmaterial oder eigene ausführliche Expertise zu diesem Punkt aufweisen kann, aber ich behaupte einfach mal, dass die meisten Eltern dieses Phänomen kennen. Und persönlich finde ich das einfach auch eine sehr schöne Vorstellung.

Und da waren sie wieder die drei – Autonomie, Beziehung und Sicherheit, und Sie wundern sich inzwischen auch nicht mehr darüber, dass ich vorschlage, diese drei auch herzunehmen, wenn es darum geht zu beschreiben, mit welchen Bewertungskriterien wir auf die Welt kommen.

Ich denke, ich muss an dieser Stelle gleichwohl noch einmal kurz repetieren, damit Sie nicht rumblättern müssen. Ich hatte behauptet, dass man die zentralen Grundbedürfnisse Autonomie, Beziehung und Sicherheit einerseits als Ausdruck der drei physikalischen Grundkräfte im menschlichen Dasein bezeichnen könnte. Zudem erscheint es mir so, als würden diese drei beschreiben, welche immerwährenden Antriebe uns unser Leben lang begleiten und versuchen sich angemessenen Ausdruck zu verleihen. Man könnte sagen, dass dieser Antrieb uns als Aktion gegenüber der Welt beschreibt, die auf unsere Aktion hin verändert wird, also reagiert. Gleichzeitig sind die Begriffe Autonomie, Beziehung und Sicherheit als klassische Bedürfnisbegriffe Ausdruck von etwas, was wir haben wollen, wenn wir nicht genug davon haben. Betrachten wir uns selbst also als Systeme, die auf die aktiv auf uns einwirkende Außenwelt reagieren, dann füllen wir die Begriffe Autonomie, Beziehung und Sicherheit eher mit der Vorstellung eines Mangels, als mit einem Antrieb.

Da wir aber mit unserer Außenwelt in Interaktion stehen, sie also immer gleichzeitig aktiv formen und von ihr reaktiv geformt werden, müssen wir Autonomie, Beziehung und Sicherheit also auch und gleichzeitig als Antrieb und als Mangel betrachten.

Unterstellen wir also, dass es diese drei sind, mit denen wir alle auf die Welt gekommen sind. Wie entsteht dann daraus das, was den einen Mensch vom anderen unterscheidet, wie entstehen dann all diese unterschiedlichen Persönlichkeiten? Wenn alle mit dem Gleichen auf die Welt kommen, müssten doch alle die gleichen Bewertungserfahrungen machen und letztlich gleiche Persönlichkeiten ausbilden. Ich denke, dass es zwei Variablen gibt, die uns einerseits, weil es nur zwei sind, Ähnlichkeiten in den unterschiedlichen Persönlichkeiten entdecken lassen und andererseits in ihrer Kombination eine unendliche Vielfalt erzeugen.

Die eine Variable ist die Außenwelt, die auf uns wirkt und mit der wir ab unserer Geburt in Interaktion stehen. Kein Mensch erlebt exakt das Gleiche, wie ein anderer. Natürlich ähneln sich viele Erlebnisse, z.B. wenn zwei Geschwister im gleichen Familiensystem aufwachsen. Das dürfte besonders für Zwillinge gelten, bei denen Veränderungen dieses Systems aus zeitlicher Perspektive keine Rolle spielen. Und trotz der Ähnlichkeit der für die frühkindliche Entwicklung so maßgeblichen unmittelbaren Außenwelt gilt, dass kein Mensch genau das Gleiche wie ein anderer erlebt. Das gilt von Geburt an zunächst mit geringerer Wahrscheinlichkeit und gewinnt mit zunehmendem Alter und damit der zunehmenden Autonomisierung des Kindes bis hin zum Erwachsenen an Bedeutung.

Die zweite Variable ist meine Annahme, dass zwar alle Menschen mit den gleichen Grundbedürfnissen Autonomie, Beziehung und Sicherheit auf die Welt kommen, dass die konkrete Ausprägung dieser drei jedoch in gewissem Maße unterschiedlich ist. Wenn es nämlich so wäre, dass diese drei tatsächlich Ausdruck der drei physikalischen Grundkräfte sind und Materie, wie es Einsteins Theorien nahelegen, letztlich nichts anderes als ausgehärtete Energie ist und wir wiederum aus Materie bestehen, dann könnte man auch sagen, dass wir aus nichts als einem bestimmten Maß an Autonomie, Beziehung und Sicherheit bestehen, wenn wir das Licht der Welt erblicken. Und da jeder Mensch sich rein physikalisch von jedem anderen Menschen unterscheidet, muss er auch mit einem unterschiedlichen Maß dieser Grundbedürfnisse ausgestattet sein.

Persönlichkeit wäre dann also das, was dabei entsteht, wenn der Mensch mit seinem jeweiligen Setting an Grundantrieb /Grundbedürfnissen in seiner Außenwelt agiert, mit ihr interagiert und auf sie reagiert. Persönlichkeit wäre demnach die Summe aller Bewertungserfahrungen des Individuums mit der Welt auf Basis des eigenen Bedürfnis- Antriebssettings.

1. Widewidewitt oder drei und drei macht neune!

Um Persönlichkeiten besser zu verstehen und kategorisieren zu können, scheint es auf den ersten Blick nun zwei Möglichkeiten zu geben. Einerseits könnten wir die Außenwelt, die auf uns eingewirkt hat und immer noch einwirkt, in bestimmte Kategorien ordnen und uns dann die Frage stellen, wie sich diese auf die drei Grundbedürfnisse Autonomie, Beziehung und Sicherheit auswirkt, um daraus Hypothesen zu bilden, welche Lernerfahrungen wir gemacht haben und daraus abgeleitet vorherzusagen, wie wir wahrscheinlich zukünftig in bestimmten Situationen „reagieren" werden. Auf diese Weise untersucht die Psychologie derzeit im Rahmen ihrer oben beschriebenen Modelle und Theorien unsere Persönlichkeit. Die zweite Alternative wäre, dass wir versuchen könnten, die verschiedenen Bedürfnissettings zu kategorisieren, um vorherzusagen, wie wir in der Welt wahrscheinlich „agieren" werden und welche Reaktion der Umwelt auf diese Aktion wahrscheinlich ist, welche Erfahrungen wir also mit uns selbst in der Welt machen. Und genauso machen wir es jetzt mal - betrachten wir uns also als System, das von seiner Außenwelt unterschieden werden kann und untersuchen wir einerseits unsere Wirkung auf diese Außenwelt, anderseits die Reaktion und damit Rückkopplung der Außenwelt auf uns.

Um das zu tun, könnten wir uns die bereits eingeführten Kategorien aktiv, reaktiv und interaktiv für uns im Verhältnis zur Außenwelt auch in diesem Kontext nutzbar machen. Sie erinnern sich – ich hatte zum Abschluss des Abschnitts zur Biologie vorgeschlagen, die bei Tieren zu beobachtenden unterschiedlichen Bewegungsmuster als aktive, interaktive und reaktive Bewegungstypen zu bezeichnen. Und Sie erinnern sich auch, dass ich diese drei aus den drei physikalischen Grundkräften über den Umweg der Begriffstriade Raum, Gravitation und Zeit herausassoziiert habe. Wenn wir also unterstellen, dass es drei voneinander zu unterscheidende Bewegungstypen im Raum gibt, dann scheint es bezüglich der Ausprägung des Autonomiebedürfnisses, das sich in der räumlichen Bewegung ausdrückt, auch drei unterschiedliche Varianten zu geben – und zwar die aktive, die interaktive und die reaktive Variante. Und wenn dem so wäre, dann könnte man natürlich auch behaupten, dass das Gleiche auch für die anderen beiden Grundbedürfnisse gelten müsste. Und das würde dann bedeuten, dass sich auch die Grundbedürfnisse Beziehung und Sicherheit jeweils in den drei unterschiedlichen Varianten aktiv, interaktiv und reaktiv in uns Ausdruck verschaffen müssten. Im Ergebnis hätte man also drei Grundbedürfnisse, die sich jeweils in den drei unterschiedlichen Varianten aktiv, interaktiv und reaktiv beschreiben lassen müssten, sodass insgesamt neun unterschiedliche „Persönlichkeitstypen" dabei herauskommen.

Bevor ich an dieser Stelle aber etwas über Persönlichkeitstypen sagen kann muss ich nochmal kurz auf unsere Fähigkeit, uns selbst als Objekt unserer subjektiven Wahrnehmung zu erleben, und damit auf unser Bewusstsein zurückkommen. Denn wenn ich etwas über Persönlichkeiten sagen will, dass Sie im besten Falle auch nachvollziehen können, dann muss das etwas mit dem zu tun haben, wie Sie sich selbst wahrnehmen, dessen Sie sich also bewusst sind oder das Sie sich jedenfalls bewusstmachen können. Darüber, was das Bewusstsein eigentlich ist, streiten sich die Gelehrten und ich will an dieser Stelle nicht wirklich eine allgemeingültige Erklärung des Begriffs liefern. Es soll reichen, wenn Sie nachvollziehen können, was ich meine, wenn ich von Bewusstsein spreche.

Wenn ich mich frage, wessen ich mir bewusst bin, beziehungsweise, was ich mir alles bewusstmachen kann, dann ist das zunächst einmal mein „Ich" im körperlichen Sinne und damit „Ich" als von der Umwelt zu unterscheidender Raum. Darüber hinaus kann ich mir der Veränderungen in der Außenwelt und in mir selbst bewusst sein. Und schließlich kann ich mir das komische Gefühl bewusstmachen, dass ich mich selbst beobachte. Und das war es dann auch schon - mehr ist bei mir in Sachen Bewusstsein leider nicht zu holen.

Ich habe das Bewusstsein oben schon als unser immerwährendes Rendezvous mit der Gleichzeitigkeit beschrieben. Ich bin mir also jetzt gerade darüber bewusst, dass ich in meiner Küche sitze und schreibe - ich kann mich also quasi beim Schreiben selbst beobachten. Allerdings sind meine Beobachtungen davon, wie meine Finger über die Tastatur wandern, tatsächlich ein Blick in die Vergangenheit, weil das Licht erst von meinem Rechner mit den Fingern darüber in mein Auge gelangen und dort in Bezug zu mir selbst gesetzt werden muss, sodass zwar wenig aber immerhin ein bisschen Zeit vergangen ist, zwischen dem „Ich", das auf der Tastatur tippt und dem: „Ach, das bin ja ich, der da tippt", in meinem Kopf.

Zusammengefasst denke ich, dass alles was Bewusstsein ausmacht der Umstand ist, dass wir mit unseren relativ großen Gehirnen die Verarbeitungskapazität haben, um diesen Zeitraum zu überwinden und uns als uns wahrzunehmen und zu erkennen. Das Wunder des Bewusstseins wäre dann lediglich unsere Verwunderung darüber, dass wir den Kausalitätszusammenhang zwischen dem wahrgenommenen Bild von uns und uns selbst erkennen können. Und das daraus resultierende komische Gefühl und unsere Überheblichkeit ob unserer angeblichen Einzigartigkeit beruht dann vielleicht nur darauf, dass die Überbrückung dieses Zeitraums dazu führt, dass wir im Grunde so etwas wie die Gleichzeitigkeit erfahren, ohne wirklich zu begreifen, wie uns geschieht. Man könnte also Bewusstsein auch als das Wort bezeichnen, mit dem wir beschreiben, dass wir die Gleichzeitigkeit wahrnehmen, ohne sie wirklich zu verstehen – ganz so toll und einzigartig ist das Ganze dann vielleicht gar nicht.

Was allerdings schon ziemlich toll ist, ist dass uns diese Fähigkeit auch in die Lage versetzt, uns selbst zu steuern. Indem wir uns selbst bewusst wahrnehmen, können wir nämlich auch die Wirkungen unserer Handlungen wahrnehmen und so lernen wir sukzessive den kausalen Zusammenhang zwischen unseren Handlungen und der Veränderung der Welt zu erkennen. Und weil wir im Laufe unseres Lebens unendlich viele solche Lernerfahrungen machen, sind wir irgendwann in der Lage auch über längere Zeiträume planvoll zu handeln und Ziele zu verfolgen, auch wenn deren Erreichung mit zwischenzeitlichen Entbehrungen bezüglich unserer Grundbedürfnisse verbunden sind. Und wir lernen in unserem sozialen Umfeld so zu agieren, dass wir insgesamt ganz gut klarkommen, wir unseren Grundbedürfnissen unter den gegebenen Rahmenbedingungen also angemessen Ausdruck verleihen können, ohne das uns permanent etwas um die Ohren fliegt.

Allerdings klappt das manchmal auch nicht so richtig gut, und unsere Erwartungen an die Reaktion der Welt auf unsere Handlungen, werden enttäuscht. Das passiert insbesondere dann gar nicht so selten, wenn diese Umwelt selbst lebende Systeme, z.B. andere Menschen sind. Und wenn wir diese Menschen fragen, warum sie nicht so handeln, wie wir es erwarten, dann antworten sie sinngemäß, dass sie lediglich ihren drei Grundbedürfnissen Ausdruck verleihen und wir wissen nicht so richtig, was wir daraus nun lernen sollen, denn das mit der Kausalitätserfahrung zwischen unseren Handlungen und der Reaktion unserer Umwelt auf diese Handlungen, scheint hier nicht selten an seine Grenzen zu stoßen.

Wenn aber alle Menschen mit den gleichen drei Grundbedürfnissen ausgestattet sind und sich diese jeweils in einer aktiven, interaktiven oder reaktiven Variante Ausdruck verleihen, dann müsste es ziemlich hilfreich sein, von sich selbst aber auch von den Menschen um uns herum zu wissen, mit welcher Variante welches Grundbedürfnisses wir und sie so unterwegs sind. Da sich das aber nicht so ganz einfach bewerkstelligen lässt, könnte es ein Schritt auf dem Weg zu dieser Erkenntnis sein, die neun unterschiedlichen Varianten zu beschreiben, um dann in sich und anderen das eine oder andere vielleicht wiedererkennen zu können. Und genau das machen wir jetzt mal.

Bevor es aber endlich losgehen kann, noch eine letzte kurze Erläuterung vorab: Basierend auf meinen Ausführungen zum Bewusstsein halte ich es für sinnvoll, das Grundbedürfnis zwar gleichzeitig als Antrieb und Mangel zu verstehen aber dabei davon auszugehen, dass es ein zwar bewusst wahrnehmbarer in der Regel aber unbewusst wirkender Anteil unseres Selbst ist. Das Grundbedürfnis hat also, ohne dass wir es permanent bewusst wahrnehmen, wesentlichen Einfluss auf das was wir tun, ist jedoch kognitiv zugänglich. Und mit kognitiv zugänglich meine ich, dass es die Antwort auf die Frage nach dem „Warum“ unserer Handlungen bereithält. Wir können uns also den Grund dafür, warum wir etwas tun, bewusstmachen. Wenn ich Sie also fragte, warum Sie dieses Buch immer noch lesen und Sie nach kurzem Überlegen antworteten, dass Sie, nachdem Sie nun schon so lange durchgehalten haben, auch wissen wollen wie es weitergeht und wozu der ganze Aufwand hier betrieben wird, dann würde ich behaupten, dass Sie mit Ihrer Handlung Ihrem Autonomiebedürfnis gerecht werden und mit der Verarbeitung der hier vorgehaltenen Informationen, Ihrem als Antrieb zu verstehenden Sicherheitsbedürfnis Ausdruck verleihen. Und ich würde behaupten, dass Ihnen das während des Lesens zunächst selbst nicht bewusst war. Das Grundbedürfnis ist uns also in den meisten Fällen zum Zeitpunkt unserer Handlungen als Antrieb nicht bewusst aber kognitiv ergründ- und verbalisierbar.

2. Autonomie

Nehmen wir zunächst das Grundbedürfnis Autonomie unter die Lupe und erinnern uns an meine Behauptung, dass dieses auf der physikalischen Grundkraft der starken Kernkraft beruht und auf den unterschiedlichen Verständnisebenen auch mit Raum, Aktion, Handlung übersetzt werden könnte. Ich würde daher Autonomie kurz und knapp als räumlichen Ausdruck der menschlichen Persönlichkeit verstehen. Die einfachste Beschreibung der Autonomie, wie ich sie in Bezug auf uns als Menschen meine ist: Da wo ich bin, kannst Du nicht sein. Hinzukommt, dass auch die Gestaltung des Raumes in allen seinen Aggregatszuständen, also auch die gasförmige Luft um uns durch unsere Bewegung und damit auch durch die Bewegungen unserer Stimmbänder verändert wird. Unser räumliches Sein und unsere Handlungen die den Raum verändern, sind also Ausdruck unseres Autonomiebedürfnisses. Und wenn dieses Bedürfnis in den Varianten „aktiv", „interaktiv" und „reaktiv" zu Ausdruck kommt, dann stelle ich mir das wie folgt vor.

Autonomie aktiv

Ich würde annehmen, dass Menschen, die mit der aktiven Variante der Autonomie ausgestattet sind, der Autonomie auch tatsächlich räumlich aktiv Ausdruck verleihen. Das heißt, man kann ihre räumliche Präsenz gut wahrnehmen, weil sich diese Form der Autonomie durch eine Hin-Zu-Bewegung zur Umwelt Ausdruck verschafft. Die Impulshaftigkeit dieser Aktivität beruht auf einem leichten Zugang dazu, zu wissen was man will, verbunden mit der Fähigkeit diesem Willensimpuls auch ohne Weiteres nachgehen können, also räumlich durch eine Handlung umzusetzen.

Lust zu etwas haben oder keine Lust zu etwas haben sind daher die Kriterien, nach denen beurteilt wird, ob etwas getan, gesagt, gedacht wird. Wird Lust empfunden und ist somit ein Handlungsimpuls einmal gesetzt, so stellen äußere Hindernisse nur etwas dar, was es zu überwinden gilt. Der Gedanke, dass der Aufwand, diese Hindernisse zu überwinden, nicht im Verhältnis zum erzielten Ergebnis stehen, taucht nicht auf und wenn so, dass er nicht entscheidungserheblich ist, dem

Impuls zu folgen. Tauchen dann tatsächlich Hindernisse auf, so kann sich insgesamt das Lebensgefühl einstellen, immer gegen etwas ankämpfen zu müssen.

Die aktive Variante des Grundbedürfnisses Autonomie im Verhältnis zur Umwelt könnte man grafisch also wie folgt darstellen:

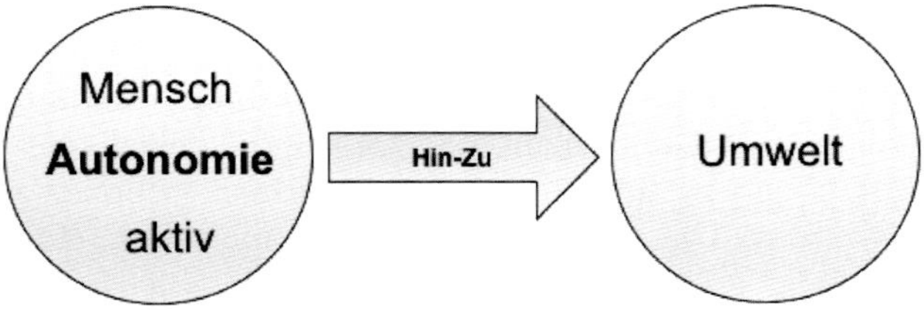

Abb. 10: Autonomie aktiv

In der aktiven Variante ist Autonomie also impulshaft nach außen gerichtet. Sie stellt sich als Hin-zu-Bewegung im Verhältnis zur Umwelt dar. Was passiert nun durch bzw. bei dieser Bewegung? Stellen Sie sich bitte vor, in der Grafik würde sich der linke Kreis auf den rechten Kreis zu bewegen. Folge wäre zunächst, dass der Pfeil zwischen den beiden Kreisen zusammengedrückt würde. Man könnte auch sagen, die räumliche Verbindung zwischen Mensch und Umwelt würde enger, kompakter, dichter. Mit der Hin-zu-Bewegung des linken Kreise auf den rechten und dem Zusammendrücken des Pfeils wird eine Weg-von-Bewegung des rechten Kreises, der Umwelt als Reaktion verursacht, die das Gleichgewicht, also die Länge des Pfeils, wieder herstellen soll. Dies wäre dann die Reaktion der Umwelt auf die Aktion des Menschen – die Umwelt wird vom Menschen aktiv geformt.

Wenn ich versuche, mich in einen Menschen mit dieser Energie hineinzuversetzen, dann könnte ich mir vorstellen, dass der positive Teil des Selbstbildes auch wie folgt beschrieben werden könnte: „Ich bin ein Mensch mit Gestaltungskraft. Ich habe einen freien und starken Willen, gehe gern voran und will und kann etwas erreichen in der Welt. Ich kann Hindernisse überwinden und bin durchsetzungsstark."

Soweit klingt das alles ja ganz gut – aber jede Medaille hat natürlich zwei Seiten. Wenn ich meiner Autonomie nach außen und impulshaft Ausdruck verleihe, dann nehme ich die Grenzen meiner Autonomie, meines Raum vielleicht auch erst dann war, wenn ich auf etwas anderes treffe, was die Ausdehnung meiner Autonomie, meinen Raum begrenzt. Das ist zunächst erst einmal nicht notwendigerweise ein Problem, weil ich dieses Hindernis mit meiner Kraft auch beiseiteschieben kann. Manchmal geht das aber nicht so ohne Weiteres und dann mache ich vielleicht eine unangenehme Erfahrung. Stellen Sie sich bitte vor, Sie liefen einfach so geradeaus. In diesem Zustand nehmen Sie von Ihrem Raum, dem Ausdruck Ihrer Autonomie, nicht viel bewusst wahr. Stellen Sie sich bitte weiter vor, Sie werden von etwas abgelenkt und schauen im Laufen nach rechts und bemerken dabei nicht, dass Sie sich im Laufen einem Laternenpfahl nähern. In dem Moment, in dem dieser Ihre Autonomie bremst, nehmen Sie ganz viel von den physikalischen Außengrenzen Ihres Körpers, Ihrer räumlichen Autonomie wahr – leider auf sehr schmerzhafte Weise. So oder so ähnlich stelle ich mir einige Erfahrungen der Menschen vor, die mit dieser aktiven Variante der Autonomie ausgestattet sind. Ohne Böses im Schilde zu führen sind sie so wie sie sind und nehmen impulshaft Raum. Wenn sie auf Hindernisse treffen, dann müssen diese halt ausgeräumt werden – ist ja auch nichts Schlimmes dabei. Ist dieses Hindernis aber mein soziales System oder konkreter ein anderer Mensch, der nicht mit dieser Ausprägung des Autonomiebedürfnisses ausgestattet ist, dann wird dieser den notwendigen Gegendruck bis zum „Stopp" nicht so ohne Weiteres und deutlich erzeugen können wie der Laternenpfahl. Wenn es schlecht läuft, dann könnte sich diese Person überfahren fühlen und irgendwann eine deutliche Grenze ziehen, empört ob des scheinbar fehlenden räumlichen Feingefühls des Anderen.

Ich stelle mir vor, dass Menschen mit der aktiven Variante der Autonomie diesen Prozess manchmal bis zum eigenen Zerschellen an der von einer anderen Person gezogenen Grenze nicht kommen sehen und sich daher nicht selten fragen, wie sie da jetzt schon wieder hereingeraten sind oder warum, angesichts des doch offensichtlich nicht bösen eigenen Willens, von Dritten so harsch reagiert wird. Und daher werden klare Ansagen sehr geschätzt: „Man muss sich einfach nur deutlich ausdrücken und auch mal klare Kante zeigen anstatt wie ein Rumzimperlienchen herumzueiern - dann wissen wenigsten alle woran sie sind und Konflikte ließen sich vermeiden." Dass sich manche

Menschen aber schon bei diesem Satz überfahren und potentiell im Konflikt fühlen, weil es ihnen nicht so leicht fällt ihrer Autonomie so einfach Ausdruck zu verleihen, ist für die Menschen mit der aktiven Autonomievariante manchmal nur schwer zu verstehen.

Und wenn ich etwas gestalten will, dann ist Unterordnung keine besonders gute Nachricht. Weder unter das, was die Umwelt einem in den Weg stellt, z.B. einen Vorgesetzen, noch was der Körper ggf. gegen die eigenen Pläne und Handlungen einzuwenden hat, z.B. eine Sportverletzung. Beides kann man auch einfach ignorieren – allerdings wiederum nur bis zu dem Punkt, an dem weder Vorgesetzter noch Körper weiterhin bereit sind, sich dem Willen dieses Menschen unterzuordnen und dann kracht es halt. Und wenn es zu häufig kracht, weil mangels Selbststeuerung immer wieder gegen die Wand gerannt wird, dann ist der Vorwurf an die Welt: „Immer muss ich kämpfen!"

An dieser Stelle muss ich unbedingt einen kleinen Werbeblock einschieben: Die Beschreibung der in Bezug auf die Umwelt aktiv wirkenden Autonomievariante und auch die folgenden Beschreibungen zu den unterschiedlichen „Bedürfnistypen" mögen diejenigen unter Ihnen, die sich mit Persönlichkeitsmodellen beschäftigen, an die Beschreibungen der neun Persönlichkeitsstrukturen des Enneagramms erinnern. Und diese Ähnlichkeiten sind nicht zufällig, denn meine Ausführungen hierzu beruhen ganz überwiegend auf dem, was ich von Gabriela von Witzleben zum Thema Enneagramm als Strukturmodell der menschlichen Psyche gelernt habe. Die hier beschriebenen Bedürfnisvarianten weisen daher starke Ähnlichkeiten zu dem auf, was Gabriela von Witzleben in ihrem Buch „Das Systemische Enneagramm"[13] beschreibt. Wenn Sie dazu also mehr und genaueres wissen wollen, dann sei Ihnen dieses Buch wärmstens empfohlen! Werbeblockende und zurück zu den anderen Varianten des Autonomiebedürfnisses.

Autonomie reaktiv

Ich stelle mir diese Form der Autonomie so vor, dass sie nach innen und auf den Erhalt ihrer selbst gerichtet ist. Das heißt, die Wahrnehmung der Ausdehnung des eher statisch ausgefüllten Raums erfolgt dadurch, dass

[13] Gabriela von Witzleben, Das systemische Enneagramm: Der Einsatz des Strukturmodells in Coaching und Therapie, 1. Auflage, 2014

etwas von außen auf diesen Raum einwirkt. In dem obigen Beispiel wäre das dann der Laternenpfahl, der sich selbst wahrnimmt, indem er den Impuls eines anderen schmerzhaft bremst. Menschen, die mit dieser Laternenpfahl-Autonomievariante ausgestattet sind, sehen wahrscheinlich den Anderen auf sie zukommen und denken: „Man läuft nicht einfach so durch die Welt, ohne zu gucken, ob was im Weg steht, und wenn der Andere aufpasst hätte, dann wäre er nicht in mich reingelaufen, der Trottel! Jetzt tut's halt weh!" In der reaktiven Variante stellt die Autonomie sich also quasi selbst sicher, indem sie sich gegenüber der Außenwelt durch eine Weg-Von-Bewegung abgrenzt, bis die Weg-Von-Bewegung nicht mehr möglich ist, um die eigene Autonomie zu wahren.

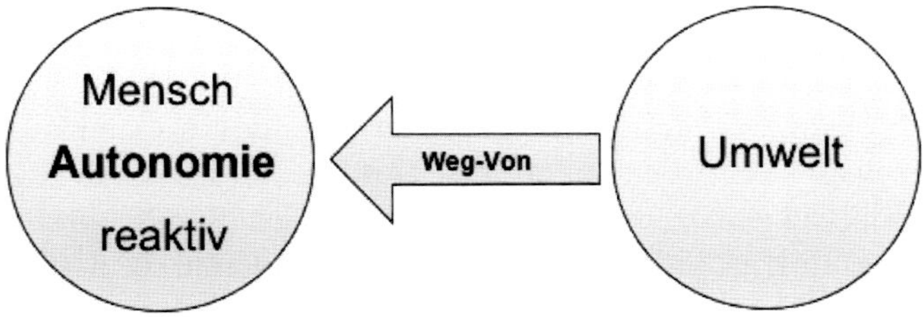

Abb. 11: Autonomie reaktiv

In der reaktiven Variante ist Autonomie also nach innen gerichtet. In der Grafik stellt sie sich als Weg-von-Bewegung im Verhältnis zur Umwelt dar. Was passiert nun durch bzw. bei dieser Bewegung? Stellen Sie sich bitte vor, in der Grafik würde sich der rechte Kreis auf den linken Kreis zu bewegen. Folge wäre wieder, dass der Pfeil zwischen den beiden Kreisen zusammengedrückt würde. Da der Mensch nun aber natürliche räumliche Außengrenzen hat und sich entsprechend nicht auflösen kann, kann die Weg-Von-Bewegung des linken Kreises nicht eine beliebig weite Ausweichbewegung vollziehen, um das Gleichgewicht des Systems wiederherzustellen. Um das Gleichgewicht wiederherzustellen, bedarf es als Reaktion also der Grenzziehung, die deutlich und durchaus schmerzhaft sein kann.

Wenn ich versuche, mich in Menschen mit der reaktiven Variante des Autonomiebedürfnisses hineinzuversetzen, dann könnte ich mir vorstellen, dass der positive Teil des Selbstbildes auch wie folgt beschrieben werden könnte: „Ich bin ein achtsamer Mensch. Ich kenne meine Grenzen und die der Anderen und weiß daher zwischen richtig und falsch zu unterscheiden. Und weil ich das kann, wäre es für Andere hilfreich, sich von mir eine Scheibe abzuschneiden - dann würde nämlich das Ganze auch besser laufen.“

Ich stelle mir also vor, dass Menschen, die sich mit dieser reaktiven Variante der Autonomie durch die Welt bewegen, von Erfahrungen geprägt sind, die widerspiegeln, dass es gut wäre, wenn jeder selbst seinen Raum definieren und einhalten würde. Dann nämlich wäre sichergestellt, dass es zu keinen unnötigen Kollisionen kommt, und jeder könnte den Raum nehmen, der ihm zusteht. Wenn diese Art der Autonomie sich selbst wahrnimmt, weil jemand Anderes die Grenzen überschreitet, könnte das mit dem Gefühl der Störung und der Unsicherheit verbunden sein, ob es nun die eigene Autonomie war, die den Zusammenstoß verursacht hat oder doch die des Anderen? „Muss ich mich selbst verurteilen oder den Anderen“, ist dann die zu beantwortende Frage. Da man selbst aber nur den Raum nimmt, der angemessen ist, sind es im Zweifel doch eher die anderen, die mal wieder nicht aufgepasst haben und die man für diese Unachtsamkeit maßregeln sollte.

Anderseits ist natürlich klar, dass die Welt nicht perfekt ist, und daher wäre es richtig, diesen Fehler zu verzeihen und den eigenen Ärger über den Anderen herunterzuschlucken. Da aber auch der Bauch nur ein Raum mit begrenztem Fassungsvermögen ist, quillt ab und zu doch ein bisschen Zorn an die Oberfläche, wofür man sich aber besser selbst gleich wieder verurteilt. Man könnte also sagen, dass das Wort Selbststeuerung wahrscheinlich von Menschen mit dieser Struktur erfunden wurde, aber bisher gab es eben auch noch keine Erfindung, die wirklich makellos und perfekt war.

Autonomie interaktiv

Meine Vorstellung von der interaktiven Variante der Autonomie ist, dass hier die Art den Raum zu füllen variabel und ungerichtet ist. Man könnte auch sagen, sie füllt den Raum zwischen zwei anderen Räumen aus, indem sie da weicht, wo in sie eingedrungen wird und dort das Vakuum ausfüllt, wo von ihr gewichen wird. Die interaktive Variante der Autonomie ist daher stetig in Bewegung, indem sie ihre Form und ihr Volumen aber ungern ihre Position verändert. Sie dürfte sich selbst nur dann wahrnehmen, wenn sie quasi von außen umschlossen oder sonst gezwungen wird und sich selbst im Raum verorten kann bzw. entgegen ihrer eigentlichen Natur, muss. Im oben beschriebenen Laternenunfall wäre die interaktive Autonomie also das gasförmig gefüllte und stets veränderbare Raumvolumen, das alles zwischen dem auf die Laterne zulaufenden Menschen und der Laterne selbst ausfüllt. Wenn der Mensch auf die Laterne zuläuft, weicht die interaktive Autonomie solange, bis die Person an der Laterne zerschellt, um dann den Raum um Mensch und Laterne auszufüllen. In diesem Bild könnte man die Autonomie in der interaktiven Variante daher auch als den Kontakt zwischen den Räumen beschreiben.

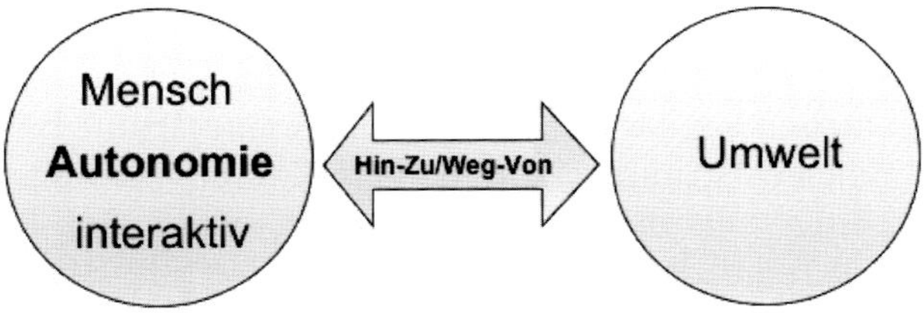

Abb. 12: Autonomie interaktiv

In der interaktiven Variante ist Autonomie also eine permanente Ausgleichsbewegung von Hin-zu und Weg-von. Man könnte auch sagen, dass die Autonomie in dieser Variante die räumliche Verbindung zwischen Mensch und Umwelt darstellt. Die Folge dieser Ausgleichsbewegung wäre, dass der Pfeil zwischen den beiden Kreisen gleichzeitig zusammengedrückt und auseinandergezogen würde. Auf einen Impuls der Umwelt, als einer Hin-Zu-Bewegung des rechten Kreises würde der mit der interaktiven Autonomievariante ausgestattete Mensch mit einer Weg-Von-Bewegung reagieren, die in der obigen Grafik allerdings nicht in einer Bewegung des ganzen statischen Kreises bestehen würde. Ich stelle mir den linken Kreis in diesem Fall eher als eine Art Sandsack vor, der den Impuls der Hin-Zu-Bewegung des linken

Kreises schlucken kann, ohne sich selbst bewegen zu müssen.

Wenn ich versuche, mich in Menschen mit der interaktiven Variante des Autonomiebedürfnisses hineinzuversetzen, dann könnte ich mir vorstellen, dass der positive Teil des Selbstbildes auch wie folgt beschrieben werden könnte: „Ich tue keiner Fliege etwas zu leide. Die Autonomiebedürfnisse der Anderen dürfen so sein wie sie wollen. Und wenn alle so tolerant wären wie ich, dann gäbe es weniger Stress und alle hätten ihre wohlverdiente Ruhe – aber das müssen sie schon selber wissen."

Ich nehme also an, dass Menschen, die mit der interaktiven Variante der Autonomie in der Welt sind, bezüglich des Raumbedürfnisses Anderer zunächst erst einmal indifferent sind. Solange andere Räume oder Menschen mit ihrem jeweiligen Autonomiebedürfnis da sind, können sie sich selbst als Verbindung zwischen diesen wahrnehmen, wobei räumlich absolute Absichtslosigkeit herrschen dürfte. Um diese Verbindung aufrecht zu erhalten, bedarf es jedoch permanenter Ausgleichsbewegungen und diese Bewegung kostet Energie. Menschen mit der interaktiven Autonomievariante mögen daher zwar nach außen entspannt wirken, sind im Grunde aber ohne Unterlass damit beschäftigt, mit ihrer Energie zu haushalten. Das funktioniert solange gut, solange die äußeren Umstände, wie z.B. Menschen und sonstige Umweltbedingungen so sind, dass ein Ausgleich erfolgen kann, ohne dass man sich selbst positionieren müsste. Stress entsteht dann, wenn der interaktiv ausgefüllte Raum durch äußere Umstände dazu gezwungen wird, sich selbst wahrzunehmen und ggf. sogar seine Position verändern muss, weil die äußeren Umstände keine Ausweichmöglichkeit mehr zulassen. Und begleitet wird dieser Prozess mit dem Gedanken: „Man könnte mich mehr in Ruhe lassen!" Eine gute Freundin, von der ich und die von sich selbst glaubt, mit dieser Energie als zentralem Antrieb ausgestattet zu sein, hat mir einmal gesagt (und sie meinte das als Kompliment): „Ich habe mich echt darauf gefreut, dass Du heute Abend vorbeikommst, weil ich weiß, dass Du nicht anstrengend bist."

3. Beziehung

Soweit zu den drei Varianten des Autonomiebedürfnisses. Kommen wir jetzt zum Grundbedürfnis Beziehung und erinnern uns zunächst erneut an meine Behauptung, dass auch dieses Grundbedürfnis auf einer der drei physikalischen Grundkräfte beruht. Bei dieser Grundkraft handelt es sich um die Gravitation, die auf den unterschiedlichen Verständnisebenen auch mit Interaktion, Gleichzeitigkeit und Verbindung übersetzt werden könnte. In diesem Sinne verstehe ich das Grundbedürfnis Beziehung im Grunde als zustandsbeschreibend im Sinne von Kontakt oder Kooperation und damit als etwas „gleichzeitig in beide Richtungen stattfindendes". Es handelt sich um ein Band, das seinen verbindenden Charakter verliert, wenn es nicht an beiden Seiten gehalten wird. Und wenn dieses Bedürfnis in den Varianten „aktiv", „interaktiv" und „reaktiv" zu Ausdruck kommt, dann stelle ich mir das wie folgt vor.

Beziehung aktiv

In der aktiven Variante ist Beziehung nach außen gerichtet. Kontakt wird aktiv gesucht und durch fortwährende Impulse aufrechterhalten. Beziehung wird in ihrer aktiven Variante nur wahrgenommen, wenn sie auf eine Reaktion trifft, und sie muss daher permanent und ohne Unterlass „senden", etwas von sich dem Gegenüber geben, um eine Reaktion zu erhalten. Man könnte auch sagen, dass Beziehung in ihrer aktiven Variante autonom den Kontakt herstellt und aufrechterhält.

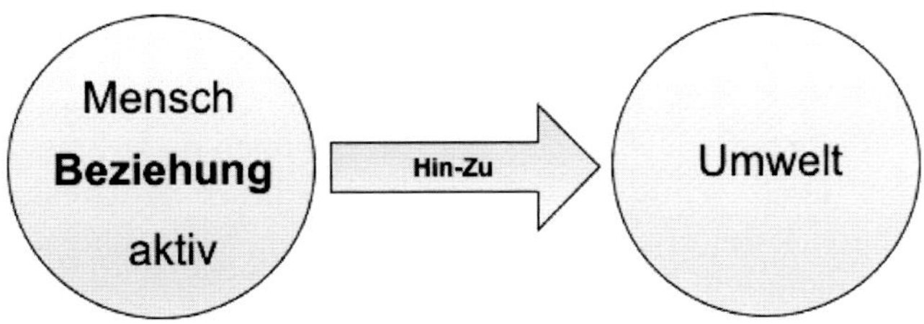

Abb. 13: Beziehung aktiv

In der aktiven Variante ist das als Antrieb verstandene Beziehungsbedürfnis also eine Hin-Zu-Bewegung zur Umwelt, allerdings nicht mit dem Zweck als Reaktion der Umwelt die eigenen Autonomiegrenzen aufgezeigt zu bekommen, sondern mit der Intention, Kontakt mit dem Gegenüber aufzubauen. Dieser aktive

Beziehungsaufbau ist Antrieb der Handlung, die häufig darin besteht, etwas von sich selbst zu geben und damit dem Gegenüber ein Angebot zur Kontaktaufnahme zu unterbreiten. Indem dem Anderen etwas von sich angeboten wird, wird erwartet, dass der Andere das auch haben will und mit entsprechender Reaktion das Kontaktangebot annimmt. Und weil immer etwas von sich selbst angeboten wird, ist die Ablehnung dieses Angebotes nicht selten mit der Erfahrung verbunden, als Person nicht angenommen zu werden.

Wenn ich versuche mich in Menschen hineinzuversetzen, die mit der aktiven Variante des Beziehungsbedürfnisses ausgestattet sind, dann könnte ich mir vorstellen, dass der positive Teil des Selbstbildes auch wie folgt beschrieben werden könnte: „Ich fühle mit Anderen mit und mir liegen die Menschen am Herzen. Meine Fähigkeit mich Anderen zuzuwenden ist die Kompetenz, die Menschen zu verstehen und ihnen helfen zu können."

Ich stelle mir vor, dass Menschen, die mit dieser aktiven Variante ausgestattet sind, häufig die Erfahrungen eines permanenten Wechselspiels erleben, zwischen intensivem Kontakterleben einerseits und der Ablehnung des Angebots zur Kontaktaufnahme andererseits. Indem diese Menschen zur Kontaktaufnahme immer etwas von sich selbst anbieten und damit die Erwartung verbunden ist, dass sie als Person in diesem Angebot gesehen und angenommen werden, ist die Ablehnung dieses Angebotes immer mit einer Demütigung auf persönlicher Ebene verbunden. Weil das aber kein Mensch aushält, wird diese Ablehnung zurückgespiegelt: „Wenn Du mich nicht brauchst, dann brauche ich Dich schon lange nicht!" In dieser Stolzreaktion liegt allerdings bereits das erneute Kontaktangebot: „Wenn Du merkst, was Dir entgeht, dann wirst Du schon merken, was Dir entgeht. Und wenn Du mir das zeigst, dann bin ich vielleicht und unter Umständen bereit, Dir nochmal etwas von mir zu geben." Wenn es also gut läuft bei dieser Struktur, dann wird daraus eine Mutter Theresa, wenn es schlecht läuft, ein Donald Trump.

Beziehung interaktiv

In ihrer interaktiven Variante nimmt sich Beziehung als Band, als Verbindung war. Bestehender Kontakt selbst ist nicht zielgerichtet und grundsätzlich absichtslos. Die interaktive Variante der Beziehung baut

Kontakt mit Einzelnen ohne Impuls auf und es fällt ihr leicht, diesen zu halten, ohne dass dabei besondere Intensität im Sinne von viel geben oder viel nehmen notwendig wäre. Sie nimmt sich in diesem unmittelbaren Kontakt selbst wahr, hat aber die Tendenz bei Anwesenheit mehrerer Personen zwischen allen Personen eine Verbindung herstellen zu wollen, verliert sich dabei aber selbst und damit ihre Identität als Band zwischen sich und dem bzw. den Anderen.

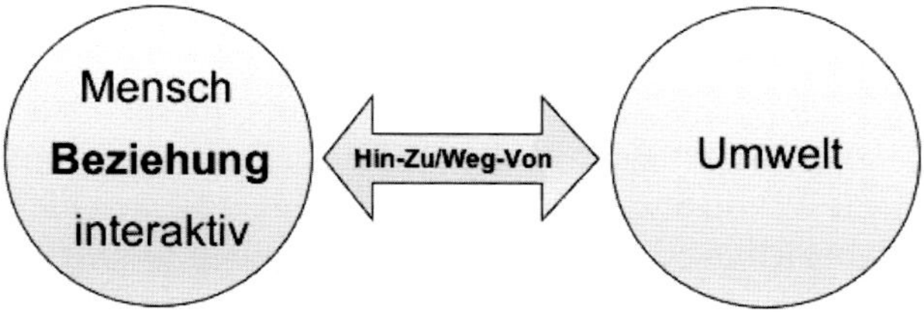

Abb. 14: Beziehung interaktiv

In der interaktiven Variante ist das als Antrieb verstandene Beziehungsbedürfnis also der linke Kreis, der in einer permanenten Ausgleichbewegung von Hin-zu und Weg-von in Beziehung zur Umwelt, den Kontakt zu selbiger aufrechterhält. Man könnte also auch sagen, dass Beziehung in dieser Variante gleichzeitig der linke Kreis und der zwischen den Kreisen befindliche Pfeil ist – der Kontakt zur Umwelt ist immer vorhanden und nur in diesem kann sich die Person mit dieser Variante des Beziehungsbedürfnisses selbst gut wahrnehmen.

Wenn ich versuche, mich in Menschen mit der interaktiven Variante des Beziehungsbedürfnisses hineinzuversetzen, dann könnte ich mir vorstellen, dass der positive Teil des Selbstbildes auch wie folgt beschrieben werden könnte: „Irgendwie kriege ich es immer hin, und meistens habe ich auch wirklich Glück, dass es so gut läuft. Häufig verstehe ich aber einfach nicht, warum Andere manchmal so verbohrt sind und nicht sehen, dass es leichter für sie wäre, wenn sie es so machen würden wie ich.“

Ich stelle mir vor, dass Menschen, die mit dieser interaktiven Variante des Beziehungsbedürfnisses in der Welt sind, sich den meisten

Lebenssituationen geschmeidig anpassen können und es daher für Andere so aussieht, dass sich bei dieser Person stets Erfolg einstellt. Es fällt dieser Person leicht, mit Anderen in Kontakt zu treten, und Kontakt ist es, worum es eigentlich geht. Der Kontakt selbst ist dann gut, wenn er entspannt ist und wird mangels Leichtigkeit dann anstrengend, wenn es zu nah und intim wird. Diese Geschmeidigkeit kann allerdings auch zu Kontakterfahrungen führen, in denen Authentizität und das Empfinden innerer Leere sich nicht gegenseitig ausschließen. Denn eine Verbindung zwischen zwei Dingen ist die Verkörperung der Gleichzeitigkeit und dieses Band selbst ist zunächst erst einmal substanz- und inhaltslos. Um sich seiner eigenen Existenz zu versichern, benötigt es die Bestätigung von außen, die sich bei Menschen mit dieser Variante des Beziehungsbedürfnisses nicht selten als Eitelkeit und unablässigem Bedürfnis nach Anerkennung Ausdruck verleiht. Und weil die interaktive Variante des Beziehungsbedürfnisses zum Beziehungsaufbau, anders als die aktive Variante, nicht notwendigerweise etwas von sich selbst gibt, ist der jeweilige Erfolg nur Mittel zum Zweck des durch Anerkennung vermittelten Kontakts. Im Ergebnis geht es also zwar um die Bestätigung der Person, allerdings vermittelt durch die Anerkennung für das Geleistete. Gut läuft es für diese Struktur, wenn sich nach außen sichtbarer Erfolg einstellt, den man dann mit einer Koketterie im Sinne von: „Ach, das war gar doch nicht so schwierig", leicht aussehen lassen kann. Wenn es schlecht läuft, dann stellt sich irgendwann das Gefühl ein, dass der Erfolg allein auf Dauer keine Identität vermittelt, weil er eben nur Mittel zum Zweck des Beziehungsaufbaus ist.

Beziehung reaktiv

In der reaktiven Variante ist Beziehung darauf gerichtet, Kontaktimpulse von außen wahrzunehmen. Sie stellt Kontakt nicht durch eigene Impulse selbst her, geht auch nicht mit dem eigenen Erfolg in der Kontaktherstellung hausieren, wie es die anderen beiden Varianten des Beziehungsbedürfnisses tun, ist aber gleichwohl stets aufmerksam, ob nicht Kontaktimpulse von Anderen empfangen werden könnten. Man könnte auch sagen, dass Beziehung in ihrer reaktiven Variante sicherstellt, dass nur ausgewählte Kontaktimpulse anderer empfangen werden – solche, die es aufgrund Tiefe und Aufrichtigkeit auch verdient haben. Während man die aktive Variante des Grundbedürfnisses Beziehung mit einem permanent sendebereiten Sender vergleichen könnte, gleicht die reaktive Variante eher dem permanent empfangsbereiten Empfänger.

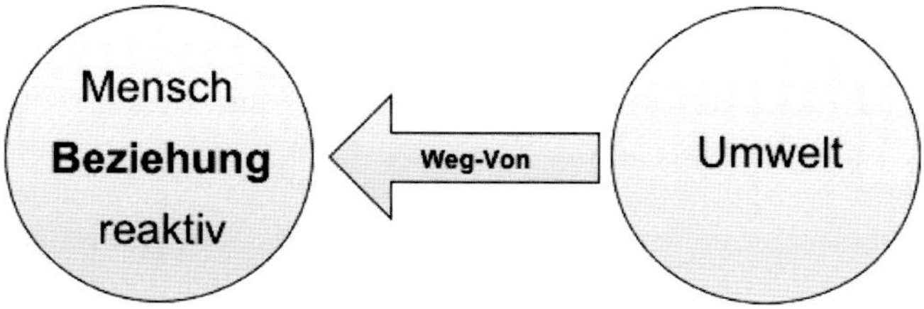

Abb. 15: Beziehung reaktiv

In der reaktiven Variante ist das als Antrieb verstandene Beziehungsbedürfnis also der linke Kreis, der in einer Weg-Von-Ausgleichbewegung das von der Umwelt formulierte Kontaktangebot zwar wahrnimmt, diesem aber zunächst weicht. Die Pfeillänge zwischen den beiden Kreisen soll solange aufrecht erhalten bleiben, bis geprüft ist, ob das Kontaktangebot ausreichend intensiv und authentisch ist und damit gegebenenfalls angenommen werden kann. Man könnte also auch sagen, dass die Beziehung mit der Umwelt in dieser Variante wie auch in den anderen beiden Varianten, stets aufrecht erhalten bleibt, diese reaktive Variante jedoch ohne Unterlass dafür sorgt, dass das Ganze nicht zu eng wird.

Wenn ich versuche mich in Menschen mit der reaktiven Variante des Beziehungsbedürfnisses hineinzuversetzen und den positiven Teil des Selbstbildes beschreiben wollte, dann könnte ich mir Folgendes vorstellen: „Ich traue meinem Gefühl und meiner Intuition. Diese beiden sind der Weg zu Wahrheit und Authentizität - jeder der was anderes behauptet, hat nicht verstanden, wie die Welt funktioniert!“

Ich stelle mir vor, dass Menschen, die mit dieser reaktiven Variante des Grundbedürfnisses Beziehung in der Welt sind, mit einer permanenten Bewusstheit ausgestattet sind, sich selbst in Beziehung zur Welt wahrzunehmen. Die immerwährende Überprüfung der Wirkung der Welt auf sich, führt zu einem tiefen Verständnis der eigenen Gefühlswelt und im Umkehrschluss zu einem intuitiven Zugang zur Welt da draußen. Ich gehe davon aus, dass Menschen mit dieser Struktur häufig Kontakterfahrungen machen, bei denen es auf der anderen Seite eines solch tiefen und intuitiven Verständnisses ermangelt, was regelmäßig zu Enttäuschungen führt, weil solcher Kontakt schal und leer ist. Die Aufrechterhaltung des Kontaktes mit der Umwelt ist daher in der Regel keine leichte, sondern eine eher anstrengende Angelegenheit. Die Beobachtung der Kontakterfahrungen Anderer, bei denen Kontakt entsteht und scheinbar ohne große Anstrengungen und Komplikationen aufrechterhalten werden kann, kann das Gefühl des Neides und der Sehnsucht nach solch leichtem Kontakt entstehen lassen, während diese Art des oberflächlichen Kontaktes gleichzeitig als nicht den eigenen Ansprüchen genügend verachtet wird. Schafft es jedoch jemand, mit dieser Art von reaktivem Kontaktbedürfnis in Beziehung zu treten, kann er einen Blick auf eine faszinierende Authentizitätsdimension werfen, die anderen Menschen nur selten zur Verfügung steht. Wenn es also gut läuft, dann kann aus dieser reaktiven Variante des Beziehungsbedürfnisses ein so tiefes intuitives Verständnis der Welt entstehen, aus der heraus ein Albert Einstein die Relativitätstheorie formuliert oder uns ein Wolfgang Pauli erklärt, warum es in der Welt der unkörperlichen Welt der Quanten eine Mechanik gibt. Läuft es hingegen schlecht, dann laufen Menschen mit dieser Bedürfnisausstattung Gefahr, nicht mehr in der Welt zurechtzukommen und die Trauer über diesen Umstand muss ertränkt werden, sodass diese Leben nicht selten im Alter von 27 Jahren auf tragische Weise enden.

4. Sicherheit

Soweit zu den drei Varianten des Beziehungsbedürfnisses. Kommen wir jetzt zum Grundbedürfnis Sicherheit und erinnern wir uns zunächst noch einmal kurz, worum es bei diesem Antrieb und den daraus gegenüber der Welt resultierenden Erwartungen bei diesem Grundbedürfnis geht: Als Ausdruck der elektroschwachen Wechselwirkung, die auf den unterschiedlichen Verständnisebenen auch mit Zeit, Reaktion, Veränderung und den in letzterer verkörperten Information übersetzt werden könnte, ist die Informationsgewinnung und –Verarbeitung das grundlegende Prinzip. Die Erwartungshaltung gegenüber der Welt ist, dass auf Basis dieser Informationsverarbeitung Sicherheit erlangt werden kann. Und wenn dieses Bedürfnis in den Varianten „aktiv", „interaktiv" und „reaktiv" zu Ausdruck kommt, dann stelle ich mir das wie folgt vor.

Sicherheit aktiv

Die aktive Variante dieses Grundbedürfnisses ist nach außen gerichtet, der Umwelt entgegen. Der permanente Versuch, die Umwelt aktiv zu durchdringen, also informatorisch zu erfassen und zu verarbeiten, ist das Bemühen der aktiven Variante des Sicherheitsbedürfnisses, in der Reproduzierbarkeit von beobachteten Ursache-Wirkungs-Kausalitäten Gewissheit und damit Sicherheit zu erlangen. Man könnte daher auch sagen, dass dieses Grundbedürfnis der eigentliche Antrieb der Wissenschaften ist.

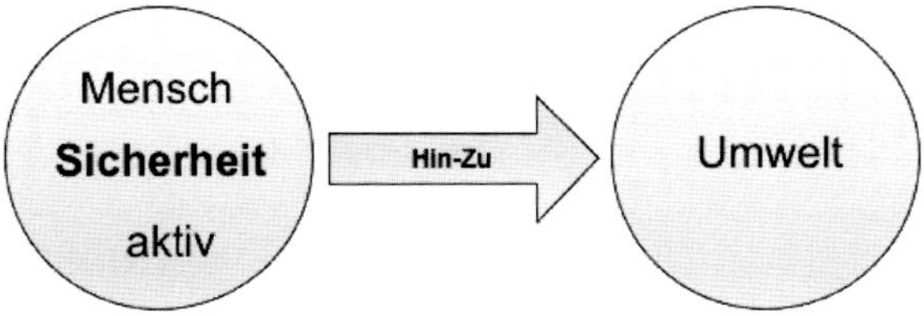

Wie schon bei den anderen beiden grafischen Darstellungen der aktiven Varianten der Grundbedürfnisse, führt die Hin-Zu-Bewegung des linken Kreises zur Umwelt zu einer Weg-von-Ausgleichsbewegung derselben. Diese Ausgleichbewegung ist die Information, die es zu verarbeiten gilt und in der versucht wird, Regelmäßig- und schließlich Gesetzmäßigkeiten zu erkennen. Sind die in der Umweltreaktion enthaltenen Informationen zu komplex, wird die nächste Hin-Zu-Bewegung darauf gerichtet, nur einen Teil dieser Weg-Von-Bewegung genauer zu verstehen. Dieser Prozess wird solange wiederholt, bis ausreichend Sicherheit und Überblick über die einzelnen Bestandteile der Gesamtbewegung gewonnen ist.

Das Selbstbild von Menschen, die mit dieser aktiven Variante des Sicherheitsbedürfnisses ausgestattet sind, stelle ich mir wie folgt vor: „Ich will es genau wissen und dazu muss ich auch genau hinschauen, die Dinge analysieren und sie in ihre Bestandteile zerlegen. Nur mit ausreichender Information kann zu wirklicher Erkenntnis gelangt werden.“

Ich könnte mir vorstellen, dass Menschen mit dieser Variante des Sicherheitsbedürfnisses häufig die Erfahrung machen, dass sie sich auf ihre Fähigkeit verlassen können, die Dinge zu durchdringen und auf diese Art Systeme und Sachverhalte in ihrer Komplexität zu reduzieren und verstehbar zu machen. Auf der anderen Seite liegt in dieser Vorgehensweise die Gefahr, in der Unüberschaubarkeit der Informationsdetails inhaltlich verloren zu gehen, also den Gesamtüberblick zu verlieren. Zudem wird das Verstehen der Welt als Ursache und Wirkung dann schwierig, wenn es zu Erfahrungen der Gleichzeitigkeit kommt. Da sich diese im Menschen durch das Bedürfnis nach Beziehung und Kontakt verkörpert und zum Ausdruck kommt, stellt sich die Kontaktaufnahme auf persönlicher Ebene nicht selten als schwierig dar. An dieser Stelle machen Menschen mit der aktiven Variante des Sicherheitsbedürfnisses die gleiche Erfahrung, wie die klassische Physik: Zerteilt man die Wirklichkeit in so kleine Teile, dass man schließlich auf subatomarer Ebene angelangt ist, stellt sich die Gleichzeitigkeit von Welle und Teilchen diesem Erkenntnisprozess in den Weg und beendet ihn jeweils mit einem Minitrauma, weil dieser Teil der Wirklichkeit nicht kognitiv fassbar, jedenfalls aber nicht im Ordnungsprinzip von Ursache und Wirkung beschreibbar erscheint. Wenn es gut läuft, sind Menschen mit dieser Struktur also in der Lage, Dinge zu durchdringen, sie damit beherrschbar und reproduzierbar zu machen und schließlich auf der Kenntnis der Funktionsweise der einzelnen Bestandteile etwas Innovatives Neues zu schaffen, z.B. Unternehmen wie Microsoft oder Facebook. Wenn es schlecht läuft, dann verstehen Menschen mit dieser Struktur nicht, dass es z.B. für gute Antworten auf Fragen unseres Zusammenlebens, neben kausal logischer Deduktion auch noch einer andere Ebene, einer Beziehungs-und Kontaktebene bedarf. Dann könnte jemand wie Beatrix von Storch beispielsweise daran scheitern zu verstehen, warum sich alle so empören, wenn sie die Anwendung von Waffengewalt wegen der Überschreitung unserer Landesgrenzen durch nicht erwünschten Flüchtlinge, für gerechtfertigt hält. Und sie scheitert daran, weil sie nicht versteht, dass dieses ohne Zweifel juristisch kausal und logisch hergeleitete Verhalten gleichwohl mit dem Selbstverständnis der meisten Menschen, mitfühlende Wesen zu sein, nicht zu vereinbaren ist.

Sicherheit interaktiv

Die interaktive Variante des Sicherheitsbedürfnisses könnte man auch als die informatorische Verbindung des Menschen zur Umwelt beschreiben. Sie sorgt für einen permanenten Austausch von Informationen, ohne den weder Sicherheit zu erlangen ist, noch der mit dieser Variante ausgestattete Mensch, sich selbst gut wahrnehmen kann. Dabei ist die Informationsaufnahme- und bearbeitung selbst nicht zielgerichtet und grundsätzlich absichtslos. Die interaktive Variante des Sicherheitsbedürfnisses sorgt für einen permanenten informatorischen Austausch mit der Umwelt, ohne dabei jedoch den impulshaften Durchdringungsantrieb zu haben, wie die aktive Variante des Sicherheitsbedürfnisses. Der dabei gleichzeitig vom Menschen in Richtung Umwelt und von der Umwelt Richtung Mensch erzeugte Datenstrom verschafft jedoch nur bedingt Sicherheit, weil diese Interaktivität letztlich keine eindeutige Kausalitätserfahrung zulässt. Jede Erfahrung von Ursache und Wirkung wird daher in Zweifel gezogen und sicherheitshalber erneut überprüft – ein Prozess, der nie zu Ende ist.

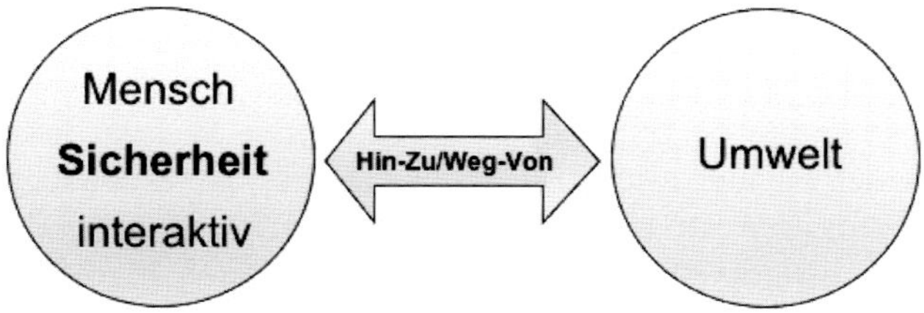

Abb. 17: Sicherheit interaktiv

In der interaktiven Variante ist das als Antrieb verstandene Sicherheitsbedürfnis also der linke Kreis, der in einer permanenten Ausgleichbewegung von Hin-zu und Weg-von in Beziehung zur Umwelt den Informationsaustausch mit selbiger aufrechterhält. Wie schon bei der interaktiven Variante des Beziehungsbedürfnisses könnte man also auch sagen, dass Sicherheit in dieser Variante gleichzeitig der linke Kreis und der zwischen den Kreisen befindliche Pfeil ist. Der Informationskanal zur Umwelt ist immer vorhanden und stets auf Sendung und Empfang geschaltet und nur in diesem kann sich die Person mit dieser Variante des Sicherheitsbedürfnisses selbst als sicher wahrnehmen.

Wenn ich versuche, mich in Menschen mit der interaktiven Variante des Sicherheitsbedürfnisses hineinzuversetzen, dann könnte ich mir vorstellen, dass der positive Teil des Selbstbildes auch wie folgt beschrieben werden könnte: „Ich halte mich an die Regeln und das ist auch gut so. Andere sollten sich daran ein Beispiel nehmen. Wenn man etwas erreichen will, dann geht das nur mit zuverlässiger und gewissenhafter Arbeit. Nur so kann gewährleistet werden, dass man den Überblick nicht verliert!"

Menschen, die mit dieser interaktiven Variante des Sicherheitsbedürfnisses in der Welt sind, werden von ihren Mitmenschen häufig als zuverlässige und gewissenhafte Partner wahrgenommen. Durch ihre permanente Suche nach kausalen Zusammenhängen verfügen sie über einen reichen Erfahrungsschatz bezüglich all dessen, was potentiell schiefgehen kann. So sind sie beispielsweise gute und willkommene Mitarbeiter in Großprojekten, weil sie von der immerwährenden Anwesenheit des Fehlerteufels wissen, seine Volten vorhersehen und ihm mit detailversessener und harter Arbeit entgegentreten. Die Kehrseite dieser Medaille ist das immerwährende Misstrauen, was auch dann den Zweifel aufrechterhält, wenn Andere schon entspannt in der Hängematte liegen. „Die Welt ist kein sicherer Ort!", ruft der mit der interaktiven Variante des Sicherheitsbedürfnisses diesen Unbedarften zu und kümmert sich weiter darum, dass nichts schiefgeht. Schwierig wird der Umgang mit anderen Menschen da, wo diese Handlungen verlangen, ohne deren Konsequenzen bis ins Detail vorher bedacht zu haben. Wenn sich dann ein Problem einstellt, ist es im Zweifel diese Person, die das Problem lösen muss und das macht natürlich schlechte Laune. „Hätte man vorher drüber nachgedacht, dann hätte man den Fehler vermeiden können", sagt der Mensch mit dieser Variante des Sicherheitsbedürfnisses. „Wenn man alle Eventualitäten der Zukunft zu berücksichtigen versucht, dann fängt man nie an zu handeln", entgegnen die Anderen. Auch in zwischenmenschlichen Beziehungen hält der Zweifel diese Menschen davon ab, sich einfach mal so in Abenteuer zu stürzen. Auch hier geht Sicherheit vor. Weil aber menschliches Verhalten auch bei noch so genauer Beobachtung nicht vollkommen vorhersehbar ist, führt das Prinzip der Risikovermeidung nicht selten zu Zurückhaltung und scheinbarer Schüchternheit.

Sicherheit reaktiv

In der reaktiven Variante ist das Sicherheitsbedürfnis darauf gerichtet, Informationsimpulse von außen wahrzunehmen. Menschen die mit dieser Variante des Sicherheitsbedürfnisses ausgestattet sind, stellen Informationen nicht durch eigene Impulse und den sich daraus ergebenden Umweltreaktionen her, sondern empfangen und verarbeiten mit hoher Frequenz alles, was durch die Veränderungen der Umwelt an Informationen generiert wird. Würde man das Grundbedürfnis Sicherheit in seinen drei Ausprägungen mit Lichtquellen vergleichen, dann wäre die aktive Variante mit einem Laserstrahl und die interaktive Variante mit einem Leuchtturm vergleichbar, während die reaktive Variante in diesem Bild ein Feuerwerk wäre. Jedem Lichtimpuls dieses durch die Umwelt generierten Informationsfeuerwerks wird gefolgt um zu sehen, was es damit auf sich hat.

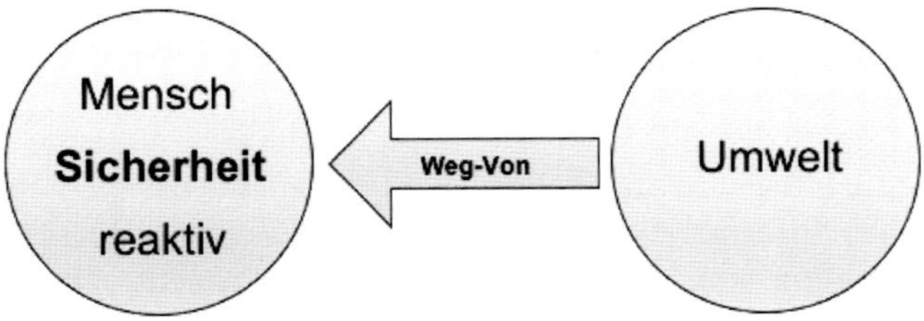

Abb. 18:
Sicherheit reaktiv

In der reaktiven Variante ist das als Antrieb verstandene Sicherheitsbedürfnis wieder der linke Kreis, der in einer Weg-Von-Ausgleichbewegung der die von der Umwelt durch deren Hin-zu-Bewegung generierte Information aufnimmt. Jede durch die Verbindung mit der Umwelt vermittelte Information wird aufgenommen und sofort in eine eigene Bewegung umgewandelt. Diese Bewegung besteht in der blitzschnellen Entscheidung darüber, ob der äußere Impuls zu einer eigenen Handlung umgewandelt werden soll oder ob bereits der nächste Informationsimpuls der Umwelt ein anderes Angebot formuliert, dem es sich lohnt zu folgen.

Wenn ich versuche mich in Menschen mit der reaktiven Variante des Sicherheitsbedürfnisses hineinzuversetzen und den positiven Teil des Selbstbildes beschreiben wollte, dann könnte ich folgendes vorstellen: „Die Welt ist interessant und hat viele spannende Dinge zu bieten. Daher ist es das Beste, wenn man die Vielfalt nutzt und überall mal kurz reinschaut – sonst wird es schnell langweilig."

Ich stelle mir vor, dass Menschen, die mit dieser reaktiven Variante des Grundbedürfnisses Sicherheit in der Welt sind, von ihrer Umwelt als vielseitige, interessante und meistens gut gelaunte Mitmenschen wahrgenommen werden. Mit ihnen gibt es immer was zu tun und so wird es nie langweilig. Der eben in einem Internetangebot entdeckte Fotografiekurs ist schon gebucht, und weil der Kurs in der Nachbarstadt stattfindet, ist die Nachricht an die Freunde mit einer Verabredung am Abend des ersten Kurstages auch schon auf dem Weg, während man eigentlich in der Straßenbahn auf dem Weg zur Arbeit sitzt und dabei war Zeitung zu lesen. Menschen mit dieser Variante des Sicherheitsbedürfnisses scheinen in einem Universum zu leben, in dem die Zeit langsamer verläuft, weil niemand sonst so viele Dinge schon vor dem Aufstehen erledigt bekommt.

Dabei ist den Menschen mit dieser Variante des Sicherheitsbedürfnisses häufig selbst nicht bewusst, dass es bei der Verwertung aller Informationsimpulse von außen auch bei ihnen zentral um die Gewinnung von Sicherheit und Überblick geht. Und daher verwechseln sie nicht selten ihre vielfältigen Kontakte mit anderen Menschen mit dem Ausdruck eines ausgeprägten Beziehungsbedürfnisses ohne zu merken, dass es im Grunde um die Vermeidung von Langeweile geht. Dieser Umstand wird den Anderen jedoch nicht selten dadurch schmerzlich bewusst, dass ihr Versuch, mit den Menschen mit dieser Struktur in ihrem eigenen Tempo in tieferen und intensiveren Kontakt zu treten, wegen deren Geschwindigkeit und Ablenkung durch zwischenzeitlich anderweitig empfangene Impulse, scheitert. Läuft es schlecht für diese Variante des Sicherheitsbedürfnisses, dann kann die Gier nach immer mehr und immer Neuem zu andauernder Hektik umschlagen, die sich selbst weiter befeuert. Läuft es jedoch gut, dann können die Bestandteile der Vielfalt jeweils genossen und in wahre Lebensfreude umgewandelt werden.

5. Ich bin ein Baumkuchen

Soweit also zu den Beschreibungen der drei unterschiedlichen Varianten des Autonomie-, Beziehungs- und des Sicherheitsbedürfnisses und wie sich diese in uns jeweils Ausdruck verschaffen. Um Missverständnisse bezüglich dieser Beschreibungen der unterschiedlichen Strukturen zu vermeiden, muss ich vielleicht an dieser Stelle nochmals betonen, dass es sich lediglich um die Beschreibung dessen handelt, wie der Mensch aufgrund seiner Antriebs- und Bedürfnisstruktur in der Welt ist, also sich selbst in Bezug zu der Welt und von dieser wahrgenommen wird, welche Erwartungen er an sein Verhalten in der Welt knüpft und welche Erfahrungen aufgrund dieser Erwartungshaltung wahrscheinlich gemacht werden. Nicht damit verbunden ist eine Antwort darauf, ob der eine oder andere sich eher zum Chef, Chefkoch oder Chefstewart eignet. Jede der beschriebenen Strukturen bringt potentiell alles für alles mit. Die Vorhersage, ob jemand etwas Bestimmtes tut, kann damit also nicht getroffen werden. Nur die Frage, warum jemand etwas tut, wenn er etwas tut, lässt sich anhand dieses Modells leichter beantworten.

Grundlage dieser Beschreibung ist die oben beschriebene Beobachtung aus der Tierwelt, die deutlich macht, dass Individuen der gleichen Spezies, ja sogar Individuen mit der exakt gleichen Genausstattung, sich in dem Sinne unterschiedlich verhalten, als sie sehr unterschiedliche Bewegungsmuster zeigen. Und diese Beobachtung habe ich in die Annahme übersetzt, dass sich Ähnliches auch im Verhalten der Menschen zeigt, nur eben nicht allein auf der Basis unterschiedlicher räumlicher Bewegungsmuster, sondern in der gesamten Interaktion des Individuums mit der Umwelt. Und dabei habe ich anknüpfend an die Annahme, dass sich die drei Grundkräfte der Physik im Menschen durch drei als Antrieb zu verstehende Grundbedürfnisse Ausdruck verschaffen, die Hypothese aufgestellt, dass sich diese Grundbedürfnisse im Menschen auf unterschiedliche Arten ausdrücken, und zwar indem zunächst eines der drei den Grundantrieb definiert und sich dieser dann in drei unterschiedlichen Varianten Ausdruck verschaffen kann. Bei all diesen Beschreibungen der unterschiedlichen psychologischen Strukturen darf jedoch nicht vergessen werden, dass das Universum als Ganzes aus den drei Grundkräften der Physik besteht und daher etwas nur als Ganzes gelten kann, wenn es alle drei Grundkräfte repräsentiert. Und wenn das richtig ist, dann besteht jeder Teil des Ganzen, also auch jeder Bestandteil und jedes Subsystem wie z.B. der Mensch, nur dann als etwas Ganzes, wenn sich in ihm alle drei Grundkräfte Ausdruck verschaffen. Damit es für den Menschen also gut werden kann, bedarf es unabhängig von der jeweiligen Struktur, immer des Ausdrucks aller drei Grundbedürfnisse und damit von Autonomie, Beziehung und Sicherheit. Der Weg dahin ist aufgrund der unterschiedlichen Strukturen jedoch individuell.

So, und wenn an diesen Beschreibungen der unterschiedlichen Varianten, wie sich die drei Grundkräfte in uns und durch uns Ausdruck verleihen etwas dran wäre, dann stellt sich die Frage nicht wirklich, warum z.B. Geschwister, die in der gleichen Familie aufwachsen, gleichwohl sehr unterschiedliche Lernerfahrungen machen, die sich wie Schichten eines Baumkuchens, Schicht um Schicht um die Kernstruktur legen und so ganz unterschiedliche Persönlichkeiten ausprägen.

Und mit diesem Bild vom Baumkuchen könnte man zudem auch noch erläutern, warum wir in jedem Alter ohne Zweifel und selbstbewusst von unserem „Ich" sprechen. Das „Ich" im Alter von sieben Jahren ist immer noch das gleiche „Ich" wie im Alter von 35 oder 75 Jahren – es ist nur zwischenzeitlich etwas größer und runder geworden. Und auch wenn wir uns nicht mehr an alle Dinge aus unserer Vergangenheit erinnern können, sind die Lernerfahrungen doch immer noch in uns abgespeichert und wir bleiben wer wir sind. Solange immer neue Schichten hinzukommen, solange wächst der Persönlichkeitsbaumkuchen. Erst wenn sich sukzessive alle Erinnerungen verabschieden, weil nichts mehr aus der Vergangenheit ins Gedächtnis gerufen werden kann und gleichzeitig keine neuen Lernerfahrungen abgespeichert werden, weil sie als weitere Schichten des Baumkuchens keine Verbindung mehr mit dem Kuchen bilden können, fängt unsere Persönlichkeit an, sich aufzulösen.

Soweit zum System Mensch für sich betrachtet. An manchen Stellen der vorgehenden Strukturbeschreibungen habe ich schon angedeutet, dass das was man als Bedürfnissetting mit auf die Welt bringt in der Auseinandersetzung mit derselben hin und wieder zu Problemen führen kann. Und diese Probleme, auch Konflikte genannt, schauen wir uns jetzt einmal genauer an.

VII. VON DER TIRADE ZUR TRIADE

Damit es für Sie nicht allzu vorhersehbar oder gar langweilig wird, will ich an dieser Stelle ganz ausnahmsweise einmal nicht mit einem Blick in Wikipedia beginnen, um mir und Ihnen einen Überblick darüber zu verschaffen, was man gemeinhin so als „Konflikt“ bezeichnet, sondern gleich ein eigenes Modell vorstellen. Dabei möchte ich mich zunächst auf interpersonelle, also auf solche Konflikte beschränken, die zwischen einzelnen Personen und nicht innerhalb eines Menschen (intrapersonelle Konflikte) oder zwischen Organisation entstehen.

Stellt man sich einen solchen Konflikt auf einem Zeitstrahl vor, dann würde ich behaupten, dass der Streit genau jetzt und hier, also in der Gegenwart stattfindet. Und der aktuell stattfindende Streit bezieht sich immer auf etwas, was in der Vergangenheit war oder dort begann und noch bis ins Jetzt hineinreicht. Dabei kann es sich um Geschehnisse, Handlungen, Gedanken und Ideologien, eigentlich um fast alles handeln. Allen diesen Dingen gemein ist, dass sie schon da sein müssen, bevor es zum Konflikt kommen kann. Die konflikthafte Gegenwart selbst entsteht dann auf der Grundlage der Wahrnehmungen der einzelnen Konfliktparteien von diesen Dingen der Vergangenheit.

Was ich damit meine? Zugegeben, es ist ein paar Seiten her, aber vielleicht erinnern Sie sich ja trotzdem noch - ich hatte ganz zu Beginn des Buches „Wahrnehmung“ als den Datenerhebungsprozess unserer Sinne über unsere Umwelt bezeichnet und als „Erkennen“ den Prozess des Inbezugsetzens dieser Daten zu uns selbst. Die Daten der Umwelt treffen in uns auf uns, und in diesem Prozess entstehen durch den Abgleich dieser Daten mit unseren Erfahrungen Informationen. Diese Informationen sind jedoch nicht objektiv, können es nicht sein, weil erst der Prozess des Inbezugsetzens der Daten zu uns selbst als Baumkuchen die Informationen überhaupt erst entstehen lässt.

Nach diesem Konzept und dieser Terminologie würden wir die Welt um uns herum zwar noch im Wesentlichen gleich wahrnehmen, aber diese Wahrnehmung führt bei jedem von uns zu unterschiedlichen Informationsergebnissen. Und wenn dem so wäre, dann erschlösse sich auch unmittelbar, dass es zwar eine objektive Wirklichkeit geben muss, denn sonst könnten unsere Sinne keine Umweltdaten erheben, wir diese in ihrer Objektivität aber nicht erkennen können. Wenn wir uns also um das was war und ist, also um die objektive Wirklichkeit oder schlicht um die Wahrheit streiten, dann kann das immer nur ein Austausch über unsere subjektiven Wirklichkeiten sein. Im besten Fall berichten wir uns über unsere Wahrnehmungen und deren Bewertung, sodass wir diese mit den Wahrnehmungen und der Bewertung des Anderen abgleichen können. Die Wahrscheinlichkeit, dass das gelingt, ist gar nicht so gering wie man denken könnte. Denn wenn es stimmt, was ich in diesem Buch behaupte, dann verfügen wir alle über das gleiche grundlegende Bezugssystem von Autonomie, Beziehung und Sicherheit als Ausdruck der physikalischen Grundkräfte, auf das die von unseren Sinnen erhobenen Daten der uns umgebenden Umwelt treffen, die selbst Ausdruck der drei physikalischen Grundkräfte sind. Mit Hilfe eines solchen Wirklichkeitsabgleichs mehrerer Beteiligter können wir uns auf statistischem Wege dem von uns wahrnehmbaren objektiven Teil der Wirklichkeit annähern, sodass dieser Prozess bei Beteiligung Vieler einen objektivierenden Charakter haben kann. Auf diese Weise kann sich dann eine Gemeinschaft auf bestimmte Dinge einigen, die als wahr definiert werden und als solche für alle innerhalb dieser Gemeinschaft Verbindlichkeit erhalten.

Läuft es nicht so gut, dann scheitert der Wirklichkeitsabgleich und wir fangen an, uns zu streiten. Konflikte wären nach diesem Verständnis dann nichts anderes, als gescheiterte Versuche des Wirklichkeitsabgleichs. „Moment einmal", sagen Sie, „gescheiterte Versuche von Wirklichkeitsabgleichen sind doch noch keine Konflikte! Das sind doch höchstens Meinungsverschiedenheiten, die Sie hier beschreiben!" Und wie immer haben Sie natürlich Recht! Im allgemeinen Sprachgebrauch würde man das Ganze bis hierhin wohl noch nicht als echten „Konflikt" bezeichnen. Schließlich besteht bei einem gescheiterten Wirklichkeitsabgleich noch kein wirklicher Druck auf die beiden Meinungsträger, als Resultat der Wahrnehmungen der Geschehnisse der Vergangenheit, zukünftig etwas Bestimmtes zu tun, sodass sie das Scheitern vielleicht ohne Weiteres Aufheben und mit Hilfe eines Rituals, z.B. dem gemeinsamen Verzehr von Kaltgetränken, auf sich beruhen lassen können. Wann aber wird dann aus der Meinungsverschiedenheit ein „echter" Konflikt?

Bei der Beantwortung dieser Frage hilft vielleicht ein erneuter Blick auf den Zeitstrahl – aus der gegenwärtigen Meinungsverschiedenheit über die richtige Wahrnehmung der Vergangenheit und deren Bewertung entbrennt ein Konflikt erst dann, wenn es um etwas geht, was für die beiden Konfliktparteien von Bedeutung ist. Ich würde behaupten, dass sich diese Bedeutung daraus speist, was basierend auf der Wahrnehmung der Vergangenheit, in Zukunft geschehen, nicht geschehen, getan oder unterlassen werden soll, um eine aus der Sicht der jeweiligen Konfliktpartei angemessene Balance zwischen Autonomie, Beziehung und Sicherheit herzustellen. Das heißt, dass die unterschiedliche Bewertung der wahrgenommenen Vergangenheit die Konfliktparteien, z.B. aufgrund ihrer oben beschriebenen unterschiedlichen psychologischen Strukturen und der darauf beruhenden Unmenge unterschiedlicher Erfahrungen, zu unterschiedlichen Rückschlüssen darüber veranlasst, was in Zukunft zu geschehen hat. Mit „geschehen“ meine ich hier alles, was von den beiden Konfliktparteien gesagt oder getan werden kann, um die Umwelt so zu verändern, dass die individuelle Zielidee, also die im konkreten Fall von der jeweiligen Konfliktpartei persönlich für richtig empfundene „Balance“ der drei Grundbedürfnisse, hergestellt wird. Es geht demzufolge um eine Handlung, die die Zukunft so regeln soll, dass das beste aller erzielbaren Ergebnisse dabei herauskommt. Jede Handlung als Ausdruck unseres Selbst ist aber wiederum angetrieben von unseren drei Grundbedürfnissen Autonomie, Beziehung und Sicherheit, und so ist der Streit über die richtige Handlung ein Streit darüber, welche Handlung unsere sich aus diesen Grundbedürfnissen speisende Interessen am besten befriedigt.

Das Problem beginnt also da, wo wir anfangen, uns nicht mehr gegenseitig darüber zu informieren, welche unserer Bedürfnisse und Interessen die in Frage stehende Handlung befriedigen und damit über uns selbst zu sprechen, sondern über richtig und falsch zu urteilen. Denn die Ebene von richtig und falsch ist pseudo-objektiviert und damit entpersonalisiert. Das heißt, dass wir im Streit bei dem Versuch, die objektive Wirklichkeit herauszufinden, vergessen, dass uns diese objektive Wirklichkeit nicht zur Verfügung steht und wir daher eigentlich immer nur über das für uns richtige und die anderen über das für sie richtige zu sprechen vermögen. Solange man sich dieses Umstands bewusst ist, solange inkludiert das die Option der Gleichzeitigkeit oder auch des „Sowohl-als-auch“ – die Handlung kann gleichzeitig für den einen richtig und für den anderen falsch sein. Vergisst man diese Ebene hingegen, dann wird mit entpersonalisierten Argumenten versucht, die andere Seite von richtig und falsch zu überzeugen, ohne dass dies jemals von Erfolg gekrönt sein könnte. Aus Verhandlungspartnern, die über den kommunikativen Austausch der jeweiligen Interessen versuchen, die beste aller Lösungen zu finden, werden Konfliktgegner, die sich durch die Fokussierung auf lediglich eine mögliche Handlung in einen Verteilungskampf begeben – das, was der eine bekommt, kann der andere nicht haben und umgekehrt.

Im Ergebnis kommt es zur Verhärtung der Positionen und der Streit endet mit Verlierern – selbst derjenige, der seine Position zu Lasten des Anderen durchdrücken und damit sein Autonomie- und vielleicht noch sein Sicherheitsbedürfnis befriedigen konnte, verliert auf der Ebene des Beziehungsbedürfnisses, denn eine solche Konfliktlösung endet in der Regel mit der Verschlechterung, im schlechtesten Fall, mit der Beendigung der Beziehung zwischen den Konfliktparteien.

So, ich fürchte, ich habe es mal wieder ein bisschen übertrieben mit meinen abstrakt theoretischen Ausführungen. Lassen Sie mich daher schnell wieder ein bisschen praktischer werden. Ich hoffe, es ist in Ordnung für Sie, wenn ich an dieser Stelle darüber hinaus auch ein bisschen von mir erzähle, denn beim Thema Konflikte befinden wir uns an dem Punkt des Buches, an dem ich über ein bisschen eigene Expertise verfüge.

1. Wenn man einmal anfängt nachzufragen und bis zum Schluss damit nicht wieder aufhört...

Nachdem ich lange als Rechtsanwalt tätig war, habe ich mich beruflich in den letzten Jahren ausschließlich dem Thema Mediation gewidmet. Mediation - für alle die diesen Begriff noch nie gehört haben - ist ein Verfahren zur außergerichtlichen Streitbeilegung, bei dem die Konfliktparteien mit Hilfe eines neutralen Dritten, dem Mediator, dazu angeleitet werden sollen, ihren Konflikt selbst zu lösen. Die Idee hinter dieser Angelegenheit ist, dass die Parteien sich im Konflikt befinden, weil sie den oben beschriebenen Prozess durchlaufen haben - Sie haben beim

Abgleich ihrer Wirklichkeiten vergessen, über sich selbst zu sprechen und damit das „Sowohl-als-auch“ aus ihrer Konfliktkommunikation herausgestrichen. Sie haben versucht, richtig und falsch zu objektivieren und sind so in einen Verteilungskampf geraten, der keine für beide Seite gute Lösungen mehr in Aussicht stellt.

Nehmen wir einmal an, Klaus und Petra streiten sich im Rahmen ihrer Trennung darum, wer das gemeinsam während der Ehe gebaute Haus behalten soll. Beide wollen das Haus und die einzigen beiden scheinbar möglichen Lösungen sind, dass entweder Klaus oder aber Petra das Haus bekommt. Da die Positionen miteinander unvereinbar sind, befinden sich die beiden in einem Verteilungskampf.

Nimmt man nun das oben beschriebene Modell zur Hand und überlegt, wie man diesen Konflikt so lösen könnte, dass ein für beide Seiten annehmbares Ergebnis dabei herauskommt, dann liegt eine Entscheidung des Konfliktes durch einen Dritten, der in Anwendung „objektiver“ Kriterien, d.h. nach bestimmten, für alle geltenden Regeln, den Streit entscheidet, nicht gerade nahe. Denn einerseits haben diese „objektiven“ Kriterien nicht notwendigerweise etwas mit den subjektiven Wirklichkeitswahrnehmungen der Parteien zu tun, und andererseits kann der Dritte nur zwischen den beiden Positionen und damit den Verteilungskampf für die Parteien entscheiden. Im Ergebnis bekommt entweder Petra oder eben Klaus das Haus. Was sie jeweils mit dem Haus anfangen wollen, welche Ziele, Interessen, Emotionen, Motivationen und Bedürfnisse für Klaus und Petra persönlich in dem Haus verkörpert sind, bleibt bei einer Entscheidung des Dritten notwendigerweise außer Betracht, denn diese Kriterien entsprechen keinen objektivierbaren Maßstäben.

Bei meiner Arbeit als Mediator gehe ich daher davon aus, dass es nicht ein Richter, ein Schlichter, ein Priester oder sonst eine höhere Instanz, sondern die Konfliktparteien selbst sind, die ihren Konflikt am besten lösen können. Denn auf diese Weise können bei einer Lösung die jeweiligen Interessen und Bedürfnisse von Klaus und Petra berücksichtigt und damit potentiell auch andere Lösungen als „Klaus bekommt das Haus“ oder „Petra bekommt das Haus“ gefunden werden.

Wenn Klaus beispielsweise das Haus haben möchte, um es möglichst schnell zu Geld zu machen und mit diesem Geld seinen beruflichen Neustart zu finanzieren und an einem anderen Ort ein neues Leben anzufangen und Petra zukünftig weiter in dem Haus leben will, weil sie ihr soziales Umfeld nach der Trennung erhalten will und um weiterhin nahe ihrer Arbeitsstelle wohnen zu können, dann liegen ohne viel Grübeln Lösungen auf der Hand, die den Interessen beider Seiten gerecht werden und nicht darin bestehen, dass der Eine oder der Andere das Haus „bekommt". Das Haus könnte beispielsweise mit einer Grundschuld belastet werden, um an liquide Mittel für Klaus zu kommen, oder es könnte verkauft werden und mit dem Erlös unter anderem eine Wohnung für Petra finanziert werden, die ganz in der Nähe liegt, oder das Haus wird vermietet, oder es wird nur zu einem Teil vermietet und nur für einen bestimmten Zeitraum, oder Petra gibt Klaus aus ihrer kürzlich erlangten Erbschaft einen Kredit, oder, oder, oder... .

Damit Klaus und Petra sich wieder darüber austauschen können, welche Lösungen denkbar sind, um die Interessen möglichst weitgehend zu erfüllen, müsste es also gelingen, die beiden wieder zu einem produktiven Abgleich ihrer subjektiven Wirklichkeiten zurückzuführen. Mit der Verfestigung der Position „Ích will das Haus" und dem Versuch, diesen Wunsch mit scheinbar objektivierten Argumenten zu begründen, begeben sich die Parteien in der Konfliktdynamik aber häufig irgendwann in ein Vorwurfskarussell, bei dem immer der jeweils andere für das eigene Unglück verantwortlich gemacht wird. Um diese Dynamik zu durchbrechen, bedarf es eines Übersetzers, der Klaus und Petra in einem gemeinsamen Gespräch dazu anleitet, wieder über die eigenen Wirklichkeiten zu sprechen. Meine Arbeit als Mediator beschränkt sich daher darauf, den Parteien als neutraler Dritter zur Verfügung zu stehen und sie durch einen strukturierten Kommunikationsprozess zu führen, der verhindern soll, dass sie sogleich in alte Muster von Vorwürfen, gegenseitiger Abwertung und selektiver Wahrnehmung verfallen. In diesem Prozess versuche ich die Parteien zu verstehen und das Gehörte mit eigenen Worten so zu beschreiben, dass die jeweils andere Konfliktpartei nicht in jeder Äußerung einen Vorwurf hören muss und wieder anfangen kann, etwas von dem zu verstehen, was der jeweils andere über seinen Baumkuchen erzählt.

Lassen Sie mich das Ganze nochmal an einem anderen Beispiel kurz erläutern. Zu Beginn stehen wieder zwei miteinander unvereinbare

Positionen - der Eine will A und der Andere will B. Mein Job als Mediator ist es zu versuchen zu verstehen, was den Parteien ihre jeweilige Position bedeutet, was ihnen in Bezug auf das Konfliktthema also persönlich wichtig ist. Interessanterweise bekomme ich auf die erste Frage danach, was den Parteien in Bezug auf das Konfliktthema persönlich wichtig ist, immer eine schnelle, scheinbar einleuchtende Antwort, denn um entpersonalisierte und pseudo-objektivierte Argumente sind die Streitparteien selten verlegen. Wenn ich mich aber mit diesen Argumenten nicht zufriedengebe und „dranbleibe" und zwar penetrant „dranbleibe" und immer weiter nachfrage, was das denn jeweils persönlich für die Parteien bedeutet, dann ergibt sich zum Schluss ein immer wiederkehrendes und daher bemerkenswertes Antwortportfolio. Nehmen wir zur Veranschaulichung einen Konflikt zwischen zwei Mitarbeitern, die im gleichen Team zusammenarbeiten. Der Verlauf einer Fragerunde mit der einen Partei (A), befragt durch einen Mediator (M) zum Konfliktthema „Einhaltung von Terminen", könnte wie folgt aussehen:

A: „Es kann einfach nicht sein, dass wir immer wieder Deadlines vereinbaren und sie dann nicht eingehalten werden!"

M: „Ok, wenn ich Sie richtig verstehe, dann ist Ihnen die Einhaltung von Deadlines sehr wichtig. Was bedeutet es für Sie persönlich, wenn solche Termine eingehalten werden."

A: „Das ist doch klar! Dann kann ich mich darauf verlassen, dass die ganze Arbeit und die ganzen Überstunden, die ich darauf verwende, dass ich meinen Teil der Abmachung erfülle, sich auch lohnen."

M: „Das heißt, für Sie ist es wichtig, dass sich die ganze Energie, die Sie auch in die Einhaltung der Termine investieren, auch auszahlt. Und woran würden Sie merken, dass das so wäre?"

An dieser Stelle entsteht eine kurze Pause. A hat die Antwort nicht sofort parat, weil es ab hier nicht mehr um entpersonalisierte, pseudo-objektive Argumente geht, sondern um As subjektive Wirklichkeit. A fängt daher an nachzudenken und antwortet dann:

A: „Keine Ahnung... , dann kann ich an die Sache eine Haken machen, dann muss ich mich nicht mehr weiter mit der Angelegenheit rumschlagen und kann mich um wichtigere Dinge kümmern."

M: „O.k., heißt das, Sie haben dann Planungssicherheit und gewinnen somit letztlich die Sicherheit, den Überblick über die anderen wichtigen Dinge nicht zu verlieren?"

A: „Ja, auch... aber vor allem, habe ich dann die Freiheit, Dinge zu machen, die ich für wichtig halte und zu denen ich sonst nicht komme."

M: „Dann hatte ich Sie eben noch nicht richtig verstanden. Ihnen geht es also vielmehr darum, über die freigewordene Zeit autonom entscheiden zu können und somit Handlungsfreiheit zu gewinnen?"

A: „Ja, genau!"

Mit der letzten Antwort lehnt sich A entspannt in die Lehne seines Stuhls zurück - er fühlt sich verstanden. Am Anfang unseres Gesprächs dachte ich noch, dass A Anerkennung für seine Pünktlichkeit haben wollte. Danach und bis zur vorletzten Antwort war meine Hypothese, dass es A letztlich doch eher darum geht, Sicherheit und Überblick über die zu erfüllenden Aufgaben zu behalten. Als A jedoch keine emotionale Resonanz auf meine Hypothese zeigte, musste ich diese vergessen und es erneut versuchen. Im Ergebnis ging es A nämlich um Handlungsspielräume, also um sein Bedürfnis nach Freiheit in Bezug auf seine berufliche Zeiteinteilung.

Die Befragung von B ergab daraufhin übrigens, dass dieser derzeit zwei Positionen gleichzeitig ausfüllen musste und ihn dies zeitlich überforderte. Trotz aller Versuche, gesetzte Termine einzuhalten, gelang es ihm wiederholt nicht, die Genauigkeit, mit der er seine Aufgaben erledigte, zu Gunsten der Zeitersparnis schleifen zu lassen. B wollte sicherstellen, dass er alles so korrekt wie möglich erledigte. Dieses Verhalten speiste sich aus seinem Bedürfnis nach Orientierung und Überblick. Beiden war zuvor nicht klar, aus welchen Bedürfnissen sich ihre Interessen und letztlich ihre Positionen ableiteten, denn beide hatten in der Konfliktdynamik vergessen, sich über ihre subjektiven Wirklichkeiten auszutauschen. Und beide haben etwas Neues über sich selbst und über den Anderen erfahren. Es fällt leicht, sich gegenseitig für Unzuverlässigkeit und Pedanterie zu verurteilen, aber es fällt schwer, sich gegenseitig für das Bedürfnis nach Freiheit der Zeiteinteilung und für das

Bedürfnis nach Orientierung zu verurteilen. Im besten Fall sind A und B nun in der Lage, kreativ über Lösungen nachzudenken, die beiden so gut wie möglich gerecht werden.

Soweit die schöne Welt der Modellmediation, um die es hier aber ja gar nicht gehen soll. Worum es hier aber zum einen geht, ist die Annahme, dass der durch entsprechendes Nachfragen unterstützte Prozess des Nachdenkens darüber, was einem persönlich wichtig ist, nichts anderes als eine Selbstklärung darüber bewirkt, wie man die Welt sieht und was einen darauf basierend für die Zukunft antreibt. Und wenn das auf beiden Seiten gelingt und durch die Übersetzungsleistung des Mediators das Verständnis der Parteien dafür, was den jeweils anderen bewegt, zum Ausdruck kommt, dann gelangen die Parteien wieder an den Punkt, an dem sie selbst nach Lösungen suchen können, die für beide Seiten passen.

Worum es des Weiteren geht, ist die Erkenntnis, dass es unabhängig vom Thema zum Schluss immer um Interessen geht, die sich aus den drei Grundbedürfnissen speisen, die sich im Frageprozess herauskristallisieren und unter denen keine weitere Schicht der Erkenntnis mehr verborgen scheint. Und es überrascht Sie inzwischen nicht mehr, dass es sich bei diesen drei Grundbedürfnissen um Autonomie, Beziehung und Sicherheit handelt. „Moment einmal!“ unterbrechen Sie an dieser Stelle die Lektüre und Ihren eigenen Gedankenfluss, „Was haben denn die Bedürfnisse von A nach Freiheit und von B nach Orientierung mit den Grundbedürfnissen Autonomie und Sicherheit zu tun?“. Bitte entschuldigen Sie, ich bin wohl mal wieder ein bisschen vorgeeilt und sollte nicht das eine vor dem anderen als richtig unterstellen. Gut - wie stehen also all die Bedürfnisse, die wir als solche bezeichnen würden, mit den drei hier als grundlegend bezeichneten Bedürfnissen nach Autonomie, Beziehung und Sicherheit in Verbindung?

2. Bedürfnistriade

Lassen Sie mich an dieser Stelle noch einmal kurz das Kapitel „Die Gleichzeitigkeit von Antrieb und Mangel“ in Erinnerung rufen. Dort hatte ich versucht darzulegen, warum ich die Grundbedürfnisse

Autonomie, Beziehung und Sicherheit gleichzeitig als Mangel und als Antrieb verstehe. Grundlage dieser Überlegung war, dass es die drei physikalischen Grundkräfte starke Kernkraft, elektroschwache Wechselwirkung und Gravitation sind, die sich in uns und durch uns Ausdruck verschaffen. Insoweit sind die drei Grundbedürfnisse zunächst einmal als Antrieb oder Energie zu verstehen und daher nicht als etwas, was „befriedigt" werden könnte. Da wir jedoch in der Welt sind und mit dieser interagieren, machen wir permanent Erfahrungen bezüglich der Reaktion unserer Umwelt auf unsere Handlungen. Diese Kausalitätserfahrungen erzeugen bei uns eine Erwartungshaltung bezüglich der Reaktion der Umwelt auf unsere Handlungen. Und diese Erwartungen sind der Grund dafür, warum wir Bedürfnisse auch als Mangel erleben, also als etwas, von dem wir zu wenig haben und das es zu befriedigen gilt.

Wenn Sie sich beispielsweise morgens beim Bäcker in der Schlange hintenanstellen, dann wäre diese Handlung also Ausdruck der drei Grundbedürfnisse Autonomie, Beziehung und Sicherheit, verstanden als Antrieb oder Energie. Sie nehmen räumlich den Platz am Ende der Schlange ein, sodass dort niemand anderes mehr stehen kann (Autonomie) und Sie halten die Early-Bird-Regel ein, nach der derjenige, der zuerst kommt, auch als erstes das Brötchen fängt (Sicherheit). Schließlich treten Sie zu den anderen Wartenden in Kontakt - Sie nehmen diese nämlich als gleichberechtigte Menschen wahr und sind durch das gemeinsame Verhalten eine Gemeinschaft, die das Warten miteinander vereint (Beziehung). Da stehen Sie nun und fragen sich: „Wann kommen denn nun die Grundbedürfnisse ins Spiel, die als Mangel verstanden werden können?" Und während Sie sich das fragen, bemerken Sie, dass sich ein junger Bengel in die Bäckerei schleicht und so tut als ob er nur mal so gucken will. Ihr Argwohn ist geweckt und Sie beobachten genau, wie er sich verhält während Sie gleichzeitig zu sich selbst sagen, dass Sie jetzt mal locker bleiben sollten und der Junge bestimmt zu irgendjemandem dazugehört oder tatsächlich einfach nur mal schauen will, was die Auslage so hergibt und sich dann ganz ordentlich hinten in der Schlange einreihen wird. Und gerade als Sie sich das sagen, da passiert es! Man glaubt es kaum - versucht der Kerl doch tatsächlich, eine kurze Unachtsamkeit Ihres Vordermanns zu nutzen und sich vorzudrängeln! Ich würde sagen: „Jetzt ist der da, der Mangel". Ihre Handlung als Ausdruck der Grundbedürfnisse war nämlich verbunden mit ein paar Erwartungshaltungen an Ihre Umwelt, die Sie aufgrund Ihrer bisherigen Kausalitätserfahrungen ausgebildet haben und diese sind wahrscheinlich:

1.) Die Schlange vor mir definiert den räumlichen Handlungsspielraum, und nur wenn sich die Schlange bewegt, können Sie auch einen Schritt nach vorne machen (Autonomie);

2.) Sich hinten in der Schlange anzustellen ist die Regel, an die Sie sich halten und die für alle gilt, die neu hinzukommen (Sicherheit); und schließlich

3.) Die Anerkennung und den Respekt, die Sie den anderen Menschen in der Schlange entgegenbringen, erwarten Sie auch von allen, die nach Ihnen den Raum betreten (Beziehung).

Eine oder mehrere dieser Erwartungshaltungen werden aber enttäuscht, und es entsteht der Mangel, dass Sie nicht tun können, was Sie wollen (Autonomie), dass Sie vielleicht nicht mehr ganz sicher sind, ob Sie etwas übersehen haben oder sich fragen, warum der Kerl meint, sich nicht an die Regeln halten zu müssen (Sicherheit) oder dass Sie als gleichberechtigte Person, als Mensch mit menschlichem Verhalten, nicht wahrgenommen werden (Beziehung). Welche dieser drei Mangel-optionen bei Ihnen in einer solchen Situation im Vordergrund steht, wird wahrscheinlich individuell unterschiedlich sein. Genauso wie die Antwort auf die Frage, wie schwer es Ihnen fällt, sich zusammenzureißen und den Bengel nicht einfach durch eine rechte Grade niederzustrecken, ihn zu fotografieren und an den elektronischen Pranger bei Facebook zu stellen oder mit dem erhobenen rechten Zeigefinger ein „Die Jugend von heute – keinen Respekt mehr vor dem Alter" hinauszuposaunen. Im Ergebnis würde ich aber behaupten, dass in einer solchen Situation bei allen Menschen ein Mangel entsteht, der sich aus der Nichtbefriedigung einer Erwartungshaltung speist, die sich immer auf die Grundbedürfnisse Autonomie, Beziehung und Sicherheit zurückführen lässt.

Diese Behauptung überrascht Sie inzwischen nicht mehr, denn wenn die Grundbedürfnisse Ausdruck der physikalischen Grundkräfte im Menschen sind, dann stellen sie für das menschliche Sein ein grundlegendes Bezugssystem dar. Sie wären diejenigen Bedürfnisse, aus denen sich alles andere zusammensetzt und die sich selbst keiner grundlegenderen Kategorie mehr zuordnen ließen, weil sie zusammen das Ganze als Ganzes definieren. Und dann wiederum müssten sich alle anderen Bedürfnisse, also z.B. unsere Bedürfnisse nach Ruhe, Schutz, Klarheit, Zuverlässigkeit, Sachlichkeit, Wertschätzung, Nähe, Wärme, Harmonie, Zuwendung, Selbstverwirklichung, Partizipation, Abgrenzung, Offenheit, Lebendigkeit, Kooperation und alle anderen Bedürfnisse von den drei Grundbedürfnissen Autonomie, Beziehung und Sicherheit irgendwie unterscheiden.

Ich teile daher Bedürfnisse einerseits in die drei Grundbedürfnisse und damit in solche ein, die keinem „höheren Zweck“ mehr dienen, oder um es mit Maslow zu sagen: in diejenigen Bedürfnisse „über die wir nicht hinausreichen“, und „die schon Zweck an sich zu sein scheinen und keiner Rechtfertigung oder Manifestation bedürfen“. Andererseits bezeichne ich alles, was wir darüber hinaus als Bedürfnisbezeichnungen in unserem Wortschatz finden, als „Um-zu-Bedürfnisse“ oder „Misch-Bedürfnisse“, weil sie keine eigene untrennbare Kategorie bilden und daher immer einem oder mehreren Grundbedürfnissen „dienen“ oder besser, einen Teil dieses oder mehrerer Grundbedürfnisse beschreiben.

Zum besseren Verständnis muss ich an dieser Stelle vielleicht noch einmal kurz wiederholen, was ich mit den Begrifflichkeiten der drei Grundbedürfnisse aufgrund ihrer Herleitung aus den drei physikalischen Grundkräften verbinde, wie ich sie assoziiere, sodass Sie die Chance haben nachzuvollziehen, wie ich die Wörter Autonomie, Beziehung und Sicherheit begrifflich mit Inhalt fülle.

Autonomie – Autonomie als Ausdruck der starken Kernkraft ist von mir „räumlich“ gemeint, also im Sinne von: „Wo ich bin, kannst Du nicht sein“. Bei diesem Verständnis von Autonomie geht es um Handlungen und Handlungsalternativen, also um räumlichen Ausdruck der menschlichen Persönlichkeit. Es geht um Handlungsmöglichkeiten im räumlichen-, nicht um Unabhängigkeit im intellektuellen, im kognitiven Sinne. Aufgrund der räumlich zu verstehenden Autonomie als „das Vorhandensein von Handlungsmöglichkeiten“ könnte man m.E. auch den Begriff „Aktion“ als Synonym für das Grundbedürfnis der Autonomie verwenden.

Wichtig scheint mir an dieser Stelle zu betonen, dass ich mit den Begrifflichkeiten der drei Grundbedürfnisse keine positiven oder negativen Konnotationen verbinden will. Ich verwende die Begrifflichkeiten rein beschreibend, sodass Grundbedürfnisse für mich zunächst einmal emotionslos und wertfrei sind. Erst die Befriedigung oder Enttäuschung von Grundbedürfnissen führen zu Gefühlen – einen Umstand, auf den ich gleich zurückkommen möchte.

Beziehung - Wenn ich also „Beziehung“ als weiteres Grundbedürfnis bezeichne, bin ich mir bewusst, dass dies sofort emotionale Zuordnungen und Bilder auslöst. Beziehung wird von mir hier aber eher zustandsbeschreibend, also im Sinne von Kontakt oder Kooperation, als etwas „gleichzeitig in beide Richtungen Stattfindendes“, verwendet. Man könnte als passendes Bild, das eines „Bandes“ verwenden – wenn das Band nicht an beiden Seiten gehalten wird, verliert es seinen „verbindenden“, seinen interaktiven Charakter. „Interaktion“ ist daher eine aus meiner Sicht ebenfalls gut passende Begrifflichkeit, die als Synonym für „Beziehung“ verwendet werden könnte.

Sicherheit - Schließlich zum Begriff des Grundbedürfnisses „Sicherheit“ – auch hier ist mir bewusst, dass der Begriff nicht ohne Assoziationen zu Gefühlen, im besseren Fall zur Geborgenheit, im schlechteren zur Angst, zu lesen ist. Sicherheit als Grundbedürfnis ist von mir aber eher als die „Reaktion“ auf äußere oder innere Umstände und deren Veränderungen gemeint. Diese Reaktion verschafft in der Verarbeitung der Information, die dem Einfluss von inneren und äußeren Umständen und deren Veränderung innewohnt, Sicherheit und Überblick.

Wenn ich diese Annahme jetzt als Grundlage dafür verwende, alle anderen Bedürfnisse der Triade der Grundbedürfnisse zuzuordnen, dann könnte das Ganze, angewendet auf einige Bedürfnisbegrifflichkeiten, wie folgt aussehen:

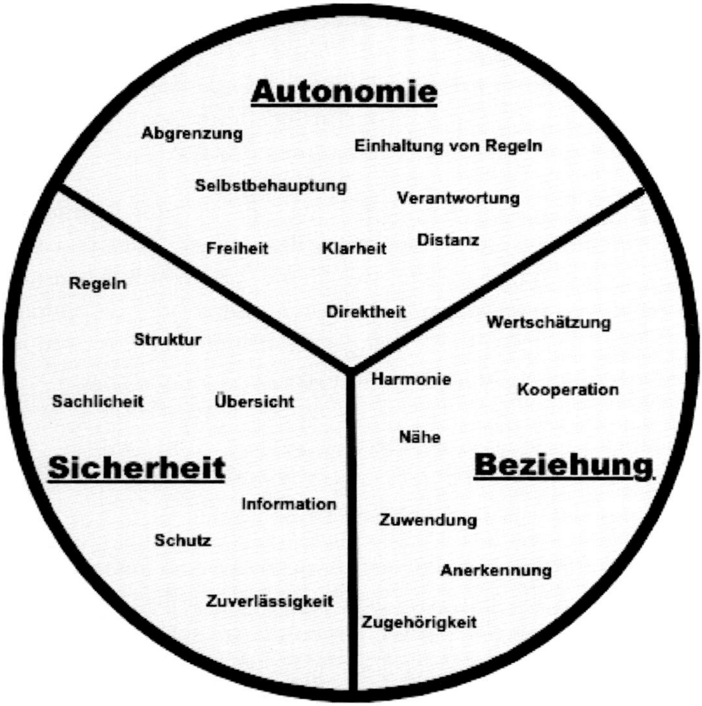

Abb. 19: Bedürfnistriade

In meiner Welt können also alle Misch-Bedürfnisse den drei Grundbedürfnissen zugeordnet werden. D.h., die Grundbedürfnisse bilden die untrennbaren Kategorien, denen alle anderen Bedürfnisse in der Weise zugeordnet werden, als sie eine Kombination von Grundbedürfnissen bezeichnen. Manche dieser Misch-Bedürfnisse können dabei nach meinem Verständnis primär einem Grundbedürfnis und erst sekundär einem anderen Grundbedürfnis zugeordnet werden. Bei anderen fällt eine solche Kategorisierung dagegen eher schwer. Beispielsweise würde ich den Begriff „Anerkennung“ als Bedürfnis primär dem Grundbedürfnis „Beziehung“ und sekundär dem Grundbedürfnis „Autonomie“ zuordnen, während ich mir bei dem Begriff „Zugehörigkeit“ zwar sicher bin, dass er sich aus den

Grundbedürfnissen „Beziehung“ und „Sicherheit“ speist, mir aber schwer fällt zu entscheiden, ob und wenn ja, welches dieser beiden Grundbedürfnisse dabei im Vordergrund steht.

Das Bedürfnis nach Selbstverwirklichung würde nach meinem Verständnis ziemlich eindeutig dem Grundbedürfnis Autonomie zuzuordnen sein und begrifflich nur sehr am Rand auch Bestandteile von Sicherheit (wenn es Ziel der Selbstbehauptung wäre) oder Beziehung (wenn ich mich gegenüber jemandem Anderem behaupten will) enthalten. Bei dem Bedürfnis nach Klarheit jedoch bin ich mir überhaupt nicht klar darüber, ob dies eher dem Grundbedürfnis nach Autonomie, im Sinne von: „Klare Ansage über den mir zur Verfügung stehenden Handlungsspielraum“ oder eher im Sinne von „Klarheit verschaffende Informationen, um Sicherheit und Überblick zu gewinnen“ zu verstehen ist. Und obwohl es bei manchen der Bedürfnisbegrifflichkeiten keine Eindeutigkeit der Zuordnung zu einem der drei Grundbedürfnisse zu geben scheint, habe ich die Erfahrung gemacht, dass viele Menschen zu dem Versuch dieser Zuordnung einen intuitiven Zugang haben. Ich stelle dieses Model nämlich gern in Mediationsfortbildungen vor, und die Teilnehmer geraten an dieser Stelle häufig in einen angeregten Austausch darüber, welchem der drei Grundbedürfnisse sie persönlich das Misch-Bedürfnis jeweils zuordnen würden. Und bei diesem Austausch ihrer subjektiven Wirklichkeiten greifen die Teilnehmer gern auf Beschreibungen davon zurück, wie sich der Mangel des jeweiligen Bedürfnisses anfühlt. Offensichtlich lassen sich auf diesem Weg die eigenen subjektiven Wirklichkeiten dem Anderen am besten zugänglich machen.

Und weil das also einerseits meinem eigenen Erfahrungshorizont entspricht und weil anderseits Marshall B. Rosenberg - den man auch als den Erfinder der Gewaltfreien Kommunikation bezeichnen könnte - das schon lange wusste, möchte ich an dieser Stelle kurz auf den Zusammenhang zwischen unserem emotionale Erleben und unserer subjektiven Wirklichkeitskonstruktion eingehen. Lassen Sie mich dazu noch einmal kurz auf die kleine Modellmediation von oben zurückkommen.

Die Herausforderung für den Mediator bei der Interessen- und Bedürfnisklärung besteht regelmäßig darin, sich die Frage zu beantworten „Woran merke ich, dass ich die Parteien bei der Interessenklärung tief genug geführt habe? Wann kann ich also sicher sein, dass jemand über seine persönliche Wirklichkeit gesprochen hat und nicht ein entpersonalisiertes Argument vorbringt?“ Natürlich kann man das nie mit absoluter Sicherheit sagen, aber die beste mir bisher bekannte Antwort auf diese Frage lautet: Wenn ich ein „Ja, genau!“ gehört habe und dieses „Ja, genau“ mit einer körperlichen Entspannungsreaktion der Konfliktpartei, einer „emotionalen Resonanz“ einhergeht.

Zu Beginn einer jeden Fragerunde ist es nämlich reine Spekulation, worum es dem Befragten im Kern wirklich und ganz persönlich geht. Darum ist der Klärungsprozess auf der Suche nach den die Interessen speisenden Bedürfnissen auch so interessant. Erst wenn man als Mediator den Befragten bis zu dem hinter den Interessen liegenden Antrieb, dem Bedürfnis geführt hat, folgt ein „Ja, genau!“ zusammen mit einer emotionalen Resonanz und der Befragte fühlt sich verstanden. Das hört sich beim ersten Lesen vielleicht recht lapidar an, aber an diesem Prozess sind m.E. zwei Dinge besonders bemerkenswert - erstens der Umstand, dass wir eine körperlich gut erkennbare emotionale Reaktion zeigen, wenn wir verstanden werden, und zweitens, dass es m.E. tatsächlich so etwas wie das Gefühl des „Sich-verstandenfühlens“ zu geben scheint. Ich halte das beides für bemerkenswert, weil es diametral zu der weit verbreiteten Annahme steht, dass Konflikte am besten zu lösen sind, wenn man diesen ganzen emotionalen Quatsch vergisst und endlich mal wieder sachlich miteinander diskutiert. Richtig scheint es mir eher, dass wir uns jedenfalls im Konflikt gegenseitig versuchen sollten, unsere subjektiven Wirklichkeiten zu erläutern, sodass der andere nachvollziehen kann, worum es uns eigentlich geht. Und diese Erläuterung wird regelmäßig am besten verstanden, wenn wir dabei zum Ausdruck bringen, wie es uns in Bezug auf das Konfliktthema persönlich geht. Und das heißt m.E. nichts anderes, als dass wir dem Anderen mitteilen, wie sich die Wirklichkeit für uns anfühlt.

Wenn Ihnen beim letzten Satz ein Schauer über den Rücken gelaufen ist und der Gedanke: „Nee, jetzt reicht es, das kann ich mir nicht länger anhören!“ durch den Kopf ging, haben Sie mein volles Verständnis - aber geben Sie mir noch einen Absatz, um zu erläutern, was ich mit der „gefühlten Wirklichkeit“ meine. Denn ich gebe Ihnen natürlich Recht – es kann einem derzeit so vorkommen, als lebten wir in einer Welt, in der nicht viel anderes zu zählen scheint, als gefühlte Wirklichkeiten. Und es scheint, dass gerade diese gefühlten Wirklichkeiten dazu führen, dass Dummheit sich weltweit immer häufiger durchzusetzen scheint. Wer Donald Trump und sein Konzept von „Fake News" und „Alternativen Fakten" für einige Zeit ertragen musste, der sehnt sich zu Recht nach objektiven Wirklichkeiten und deren Beweisbarkeit zurück.

Wenn ich oben behaupte, dass wir uns und einander dann besonders gut verstehen, wenn wir uns selbst und gegenseitig erläutern, wie sich unsere subjektiven Wirklichkeiten anfühlen, dann meine ich damit aber natürlich nicht, dass wir unsere Gefühle als Beweis für die objektive Richtigkeit unserer Behauptungen heranziehen sollten, so wie es derzeit in Mode zu sein scheint. Genau das Gegenteil führt nämlich zur Verständnissicherung – indem wir uns selbst darüber im Klaren sind, dass unsere Wirklichkeiten subjektiv sind und wir auf Basis dieser Erkenntnis der anderen Konfliktpartei unsere Wirklichkeiten nachvollziehbar erläutern wollen, dann sind Worte hilfreich, aber was diese Worte persönlich für uns bedeuten, wird dann besonders anschaulich, wenn wir dazu mitteilen, wie wir uns in einer bestimmten Situation gefühlt haben. Und das ist m.E. auf den Umstand zurückzuführen, dass unsere Emotionen uns und damit auch dem Anderen Auskunft darüber erteilen können, welche unserer Bedürfnisse aufgrund unserer Wahrnehmungen von der Welt nicht befriedigt sind.

Marshall B. Rosenberg hat unsere Gefühle einmal als die Kinder unserer Bedürfnisse bezeichnet[14] , und ein treffenderes Bild kann man m.E. für die Beziehung von Bedürfnissen und Gefühlen kaum finden. Der Zusammenhang zwischen unseren Bedürfnissen und unseren Gefühlen besteht nämlich darin, dass sowohl die Erfüllung als auch die Frustration unserer Bedürfnisse Gefühle in uns „gebiert". Und was Marshall Rosenberg damals noch ausschließlich auf der Grundlage seiner Beobachtung von Kommunikation in Konflikten herausgefunden hat, wird heute durch die Erkenntnisse der Neurowissenschaften bestätigt.

---

[14] Rosenberg, Gewaltfreie Kommunikation

3. Des Baumkuchens Körper und Geist

Um die Bedeutung des Zusammenhangs zwischen Gefühl und Bedürfnis für unser Konfliktverhalten besser verstehbar machen zu können, will ich an dieser Stelle ein bisschen ausholen und Sie auf einen kurzen Ausflug in die Welt der Neurowissenschaften mitnehmen.

Antonio Damasio, seines Zeichens Neurobiologe, hat in seinem Buch „Descartes Irrtum“ dargelegt, dass wir unsere Fähigkeit, „vernünftige“ Entscheidungen zu treffen, nicht einem sich im Gehirn befindlichen abstrakten und rationalen Bewusstsein, sondern dem Umstand verdanken, dass wir die wahrgenommene Welt um uns herum mit den in unserem Körper abgespeicherten Erfahrungen in Bezug setzen. Damasio hat bei der Arbeit mit seinen Patienten, die unter der Beeinträchtigung oder dem Verlust einer bestimmter Gehirnregion, dem ventromedialen präfrontalen Kortex, litten herausgefunden, dass Schädigungen dieser Gehirnregion dazu führten, dass die Patienten ihr Verhalten und damit ihre Persönlichkeit substantiell veränderten. Sie konnten zwar die Welt wahrnehmen, also datenmäßig erheben wie vor der Hirnschädigung, die Verarbeitung dieser Daten führte aber zu einem Verhalten, das wir gemeinhin als unvernünftig bezeichnen würden. Dabei schienen die kognitiven Fähigkeiten bei diesen Patienten ohne Einschränkungen in Bezug auf die sachliche Erfassung ihrer Umwelt zu funktionieren, aber die Möglichkeit, diese Daten in Informationen umzuwandeln, aus denen sinnvolle Entscheidungen folgten, war erheblich eingeschränkt oder vollends aufgehoben. Alltägliche Dinge, wie die Entscheidung über die Wahl der richtigen Kleidung oder die Auswahl eines Restaurants schienen unüberwindbare Hindernisse, obwohl die Patienten über alle scheinbar entscheidungsrelevanten Daten sachlich berichten konnten. Damasio folgerte aus dieser Beobachtung, dass die Schädigung der Gehirnregion des ventromedialen präfrontalen Kortexes, in der er die sogenannten „somatischen Marker“, also die körperlichen Hinweisgeber verortet, dazu führt, dass die Verbindung zwischen der kognitiven Datenverarbeitung und der körperlichen Resonanz auf diese Daten gestört oder aufgehoben ist. Bei dieser körperlichen Resonanz auf die wahrgenommen Daten handelt es sich um unsere Emotionen, die Damasio als Körperzustandsveränderungen definiert. Der ventromediale präfrontale Kortex ist demnach also die Schnittstelle, an der unsere Sinneswahrnehmungen mit unserem Körper in Bezug gesetzt werden, und unser Körper reagiert auf die Datenmenge mit einer Bewertung, die sich in Emotionen Ausdruck verleiht.

Ich bin zugegebener Maßen ein großer Fan dieser Theorie, was Sie sicher nicht überrascht, denn sie passt so schön zu meiner Vorstellung, dass aus Daten erst Informationen werden, wenn wir sie in Bezug zu etwas setzen. Sie erinnern sich - ich hatte den Prozess des Erkennens der Welt als den Prozess des Inbezugsetzens der durch unsere Sinne erhobenen Umweltdaten zu uns selbst verstehe. Und m.E. stützen Damasios Forschungsergebnisse diese Hypothese, jedenfalls dann, wenn man unser Selbst als Baumkuchen versteht, der durch unseren gesamten Körper – zu dem im Übrigen auch unser Kopf samt Inhalt gehört - repräsentiert wird. Unser Selbst wäre dann die Summe aller zu einem bestimmten Zeitpunkt in uns versammelten und damit als System von der Außenwelt zu unterscheidenden Materieteilchen als Ausdruck der drei physikalischen Grundkräfte in einer bestimmten Anordnung, welche all unsere Erfahrungen repräsentiert. Die tradierte Vorstellung einer Trennung von Körper und Geist ist bei diesem Modell natürlich nicht mehr aufrechtzuerhalten, aber da muss man halt durch und ich werde gleich versuchen zu begründen, warum das m.E. gar nicht so schlimm ist.

Auf dieser Grundlage stelle ich mir den Prozess der Wahrnehmung der Umwelt durch die sinnesmäßige Datenerhebung bis zur Entscheidung darüber, was wir tun sollen, daher wie folgt vor: Die von unseren Sinnen erhobenen Daten werden zu unserem Gehirn geleitet. In diesem entsteht auf der Grundlage all der Daten unserer verschiedenen Sinne eine bestimmte Datenstruktur als Repräsentation der Außenwelt. Bei dieser Repräsentation handelt es sich jedoch nicht um ein Eins-zu-eins-Abbild der uns umgebenden Umwelt, weil schon ein Bild voraussetzt, dass den Daten eine Information zugeordnet würde. Bestimmte Daten müssten als Farben-, andere als dreidimensionale Raumdaten informatorisch aufgeladen werden, um ein Abbild unserer Umwelt im Sinne eines Fotos in unserem Kopf entstehen zu lassen. Wie gezeigt braucht es dazu aber den Vorgang des Inbezugsetzens zu etwas Anderem, damit diese informatorische Aufladung erfolgen kann. Dieser Prozess erfolgt in unserem Gehirn, indem die erhobene Datenstruktur mit der in uns abgespeicherten Erfahrung, die ich als verkörperte Datenstruktur bezeichnen würde, abgeglichen wird. Entspricht die erhobene Datenmenge in ihrer Struktur im Wesentlichen einer bereits vorhandenen Erfahrung, dann erkennen wir die Welt (wieder). Entspricht sie dieser nur in Teilen, dann nehmen wir Unterschiede wahr und in diesem Unterschied liegt die Information, die unser Gehirn zu Entscheidungen veranlasst. Im Grunde stelle ich mir also zum Beispiel den Prozess, der ein Bild in unserem Gehirn entstehen lässt, so ähnlich vor, wie den Bildgebungsprozess beim Streamen von Filmen aus dem Internet. Hier wird der Effekt der Bewegung nicht wie beim zelluloidgebundenen Film durch eine rasche Abfolge jeweils kompletter Bildinformationen, die für sich gesehen als Einzelbild erkennbar sind, erzeugt, sondern es werden lediglich diejenigen Daten geladen, die den Unterschied zwischen dem ein paar Millisekunden vorher gezeigten Bild und dem neuen Bild ausmachen – der Rest des Bildes bleibt einfach stehen. Auf diese Weise wird nur ein Bruchteil von Daten benötigt, um das neue Bild zu generieren. Man könnte sagen, dass nur im Unterschied, also in der Veränderung zwischen dem ersten und dem zweiten Bild eine Information liegt und es reicht, wenn wir diese übermitteln, weil der Rest als Basis bereits vorhanden ist. Und unser Gehirn macht es genauso – unsere Erfahrungen sind in diesem Modell die Bildinformationen des ersten Bildes und unsere Sinne nehmen den Unterschied zwischen diesem ersten Bild und dem eine Millisekunde später entstehenden Bild als Datum auf und aus diesen Daten wird durch Inbezugsetzen des bestehenden Bildes unserer bestehenden Erfahrung eine Information, die uns zu einer Entscheidung veranlasst.

Dabei wird ein Großteil dieser Entscheidungen jedoch gar nicht von unserem Bewusstsein getroffen, sondern an diesem vorbei und damit direkt durch den Körper. Dies gilt für alles, dessen es unserer expliziten Aufmerksamkeit nicht bedarf. All die Milliarden Dinge, die wir schon erlebt haben und daher schon „kennen" und all die Dinge, die diesem Bekannten so ähnlich sind, dass aus ihnen keine für eine etwaige Selbststeuerung relevanten Information erwachsen, werden der Einfachheit halber dem schnellen System der unbewussten Datenverarbeitung überlassen, denn unser Arbeitsspeicher, das Bewusstsein, wäre damit schlicht überfordert. Bewusste Entscheidungen treffen wir daher nur, wenn bei der Datenerhebung durch unsere Sinne, also der Wahrnehmung der Welt durch uns beim Prozess des Inbezugsetzens zu unserem Körper, eine Information entsteht, die einer genaueren Betrachtung wert erscheint und daher nach Selbststeuerung ruft. Damit unser Bewusstsein einen solchen Ruf auch vernimmt, gibt uns unser Körper entsprechende Hinweise durch Veränderungen seines Zustandes und bei diesen Hinweisen handelt es sich um unsere Gefühle.

Im Ergebnis wäre das in unserem Gehirn „wohnende" Bewusstsein dann lediglich die Schnittstelle, an der die Außenwelt auf die Innenwelt trifft und an der auf der Grundlage der vom Körper rückgemeldeten Emotionen entschieden wird, ob bestimmte Erfahrungen in den Arbeitsspeicher geladen werden, um die Entscheidungen unter Einsatz der immensen Rechenkapazität unseres Gehirns zu treffen, anstatt sie dem automatisierten Körperentscheidungsprozess zu überlassen. Weil das Ganze immerwährend abläuft und immerzu jede Menge von Erfahrungen in unseren Arbeitsspeicher geladen und aufgrund dieser bewusste Entscheidungen getroffen werden, entsteht in uns das Gefühl eines Bewusstseinsstroms. Stellt sich nur noch die Frage, wie es zu dem weitverbreiteten Missverständnis kommt, dass unser Bewusstsein etwas von unserem Körper Getrenntes sei, was unabhängig von diesem Entscheidungen treffen könne.

Wenn wir entscheiden, ob wir etwas tun oder lieber lassen sollen, z.B. ob wir ein Eis oder einen Apfel essen, dann wägen wir das Für und Wider der einen im Verhältnis zur anderen Entscheidung miteinander ab. Das könnte in etwa so aussehen: a) Eis = Zucker, Fett, lecker jetzt und b) Apfel = Bioflavonoide, Vitamine, gesund später. Dabei scheint es uns häufig so, als ob der Bauch lieber „lecker jetzt" sagt und der Kopf eher zu „gesund später" tendiert. Der Umstand, dass wir uns dieses Abwägungsprozesses bewusst sind, uns also selbst bei diesem Prozess beobachten können, führt m.E. zu dem Trugschluss, dass der Kopf mit dem abstrakt unkörperlichen Bewusstsein ohne Einflussnahme von Dingen, die außerhalb dieses Bewusstseins liegen, Entscheidungen fällen könnte. Bei dieser Betrachtungsweise stellt sich aber natürlich die Frage, nach welchen Kriterien diese Entscheidungen gefällt werden. Wer gibt in diesem Fall die Rückmeldung was gut und was schlecht sei und vor allem für wen?

Die Erfahrung, dass wir uns selbst als Objekt unserer eigenen Betrachtung wahrnehmen können, scheint uns zu der Annahme zu führen, dass dieser Betrachter etwas Vernünftiges und vom Betrachteten Unabhängiges zu der Entscheidung beitragen könne. Die bewusst gefällte Entscheidung erscheint dann als eine vom rationalen Kopf gegen den emotionalen Bauch und damit als eine, die unabhängig von dem Betrachteten gefällt wird. Und weil wir dies so wahrnehmen, uns aber gleichzeitig irgendwie darüber bewusst sind, dass eine Entscheidung ohne Bewertungskriterien logisch ausgeschlossen ist, nehmen wir an, dass es so etwas wie objektive Kriterien geben müsse, die schon da sind und außerhalb des beobachteten Selbst liegen. Wäre dem so und denkt man das Ganze konsequent zu Ende, dann könnte unser Bewusstsein Entscheidungen ohne unser Selbst treffen, was jedenfalls bei mir, keine besonders positiven Gefühle auslöst, weil es ein Widerspruch in sich wäre. Ich halte es daher für wahrscheinlicher, dass das was wir als rationale Entscheidungen bezeichnen, diejenigen Entscheidungen sind, die wir unter Anwendung unseres gesamten bisherigen Kausalitätserfahrungsschatzes fällen und die damit eine Befriedigung unserer Bedürfnisse erst nach Ablauf einer Vielzahl von Kausalverläufen und damit in entfernterer Zukunft in Aussicht stellt. Die Belohnung für diese Entscheidung erfolgt nicht unmittelbar und damit zeitlich auf dem Fuße (lecker jetzt), sondern erst nach längerer Zeit (gesund später). Zusammengefasst könnte man sagen, dass wir den Eindruck gewinnen, dass unser beobachtetes Selbst unvernünftiger Weise dazu neigt, sich immer lieber ein Eis zu kaufen anstatt einen Apfel, und weil das natürlich auf Dauer zu Karies und Übergewicht führt, ist es vernünftig und damit scheinbar rationaler, häufiger in den sauren Apfel zu beißen. Tatsächlich aber kriegen wir, also das vom Bewusstsein beobachtete Selbst, Karies und Übergewicht und wenn es nicht wir wären, die Karies und Übergewicht bekämen, dann gäbe es auch überhaupt keinen Grund auf das Eis zu verzichten – allerdings auch keinen dafür, ein Eis zu Essen.

Wir bezeichnen also diejenigen Entscheidungsgründe als rational, bei denen wir nicht eine unmittelbare Erfahrung nach Ablauf weniger Kausalitätsschritte machen, sondern deren Mehrwert für uns in der Zukunft liegt. Der Umstand, dass wir darüber Bescheid wissen, dass die Zukunft nicht vollumfänglich planbar ist, macht aus der Aussicht auf den zukünftigen Mehrwert zudem immer nur eine Wahrscheinlichkeitsprognose, und damit potentiell ein Weniger als das gut planbare unmittelbare Geschmackserlebnis leckeren Schokoladeneises. Die jetzt erfahrene Entbehrung zu Gunsten einer zukünftigen Mehrwertwahrscheinlichkeit zu erleben, ist eine Risikoentscheidung, zu der wir aufgrund unseres Bewusstseins befähigt sind, und diese Fähigkeit ist wahrscheinlich einer der Gründe für den evolutorischen Erfolg unsere Spezies.

Ich habe diese Fähigkeit, komplexe Kausalitätsfolgen planerisch in die Zukunft zu denken und uns entsprechend zu verhalten, oben mit dem Wort „Selbststeuerung“ bezeichnet. Dabei handelt sich jedoch um einen potentiell missverständlichen Ausdruck, denn tatsächlich gibt es keine außerhalb unseres Selbst liegende Instanz, die unser Selbst steuert, sondern „nur“ die durch unsere große Informationsverarbeitungskapazität erworbene Fähigkeit, komplexe und damit über längere Zeit ablaufende Kausalitätsabläufe in unsere bewussten Entscheidungen miteinzubeziehen. Je mehr Erfahrungen wir gemacht haben und je besser unsere diesbezügliche Zukunftsprognosefähigkeit, desto leichter fällt es uns, unser kurzfristiges nicht zu Lasten unseres langfristigen Wohles gehen zu lassen. Wird jedoch der Druck im Jetzt zu groß, weil unser Selbst in einer bestimmten Situation keine Balance der drei Grundbedürfnisse mehr herstellen kann, dann versagt unsere „Selbststeuerung“ und wir tun etwas, was wir später vielleicht bereuen. Und weil dieser Druck uns durch unsere Emotionen signalisiert wird, haben „emotionale“ Entscheidungen einen solch schlechten Ruf und „rationale“ Entscheidungen ein so guten. Dass wir auch unsere rationalen, vernünftigen Entscheidungen nur unter Zuhilfenahme unserer im Körper abgespeicherten Erfahrungen und damit unserer Emotionen treffen können, gerät bei dieser Betrachtungsweise leider in Vergessenheit.

Wenn wir uns jetzt zu dem ganzen Prozess des Inbezugssetzens der Umweltdaten zu unserem körperlichen Selbst noch in Erinnerung rufen, dass alles im Universum und damit auch unser Körper aus den drei Grundkräften der Physik besteht und sich diese in und durch uns mit den Grundbedürfnissen nach Autonomie, Beziehung und Sicherheit Ausdruck verleihen, dann besteht das ganze menschliche Dasein nur mehr aus einem permanentem Abgleich des inneren Ausdrucks der drei Grundkräfte der Physik, nämlich unserem Körper, mit dem uns umgebenden äußeren Ausdruck der drei Grundkräfte der Physik, unserer Umwelt. Und ich nehme an, dass es für uns in der Umwelt dann gut ist, wenn das ganze System um einen weitestgehend ausbalancierten Zustand pendelt.

Was aber bedeutet das nun für das eigentliche Thema dieses Buchabschnittes, die Konflikte und wie wir mit diesen konstruktiv umgehen können? Wenn unsere Umwelt mit der wir in Interaktion stehen im Wesentlichen aus einem anderen Menschen besteht und wir in diesem System keine Balance hinbekommen, dann befinden wir uns mit unserem Gegenüber im Konflikt. Unsere Wahrnehmung der Umwelt - also unseres Gegenübers im Konflikt - trifft in uns auf unseren aus den drei Grundbedürfnissen bestehenden Baumkuchen und dieser meldet seine schlechte Bewertung dieser Umwelt durch negative Emotionen an unser Bewusstsein zurück.

Wenn wir im Konflikt besser verstehen wollen, welcher Teil des Baumkuchens derzeit nicht in Harmonie mit seiner Umwelt lebt oder bodennäher ausgedrückt, welches der drei Grundbedürfnisse durch das Verhalten unseres Konfliktpartners nicht befriedigt wird, dann müsste es hilfreich sein, unsere Emotionen bestimmten Bedürfnissen zuordnen zu können, damit wir uns zunächst selbst besser verstehen und dann unser Selbst so steuern können, dass wir unserem Konfliktpartner vermitteln, was für uns gut wäre und vor allem warum.

4. Gefühlstriade

Starten wir also einmal den Versuch herauszufinden, welche Gefühle wir welchen Bedürfnissen zuordnen können, damit wir in Konfliktsituationen unsere subjektiven Wirklichkeiten auf der Basis unserer Gefühle dem Konfliktpartner verständlich zur Verfügung stellen können. Leider kann ich für diese Übung auf keine mir bekannten empirischen Daten zurückgreifen, möchte Ihnen aber erneut den kleinen Wirklichkeitsausschnitt meiner Erfahrungen als Mediator vorstellen. In den Seminaren zur Mediationsausbildung stelle ich den Ausbildungsteilnehmern regelmäßig die Hypothese zur Verfügung, dass man den drei Grundbedürfnissen Autonomie, Beziehung und Sicherheit auch bestimmte Gefühle zuordnen kann und schlage dabei vor, das Gefühl der Wut dem unbefriedigten Autonomiebedürfnis, das Gefühl der Trauer dem enttäuschten Beziehungsbedürfnis und das Gefühl der Angst dem Verlust von Sicherheit und Überblick zuzuordnen. Auch wenn das aus wissenschaftlicher empirischer Sicht nicht von Bedeutung ist, entspricht es meiner Erfahrung, dass diese Zuordnung für die meisten

Menschen intuitiv zugänglich ist. Häufig werden die Gefühlsbegriffe Wut, Trauer und Angst von den Seminarteilnehmern sofort mit weiteren Gefühlsbegriffen assoziiert, und so scheint es anknüpfend an die vorgenannte Zuordnung darüber hinaus für die meisten Menschen ebenso intuitiv nachvollziehbar, dass sich auch die Gefühle der Ohnmacht und des Zorns auf das Grundbedürfnis der Autonomie, also auf die Einschränkung von Handlungsoptionen beziehen. Ebenso zugänglich scheinen die Annahmen, dass sich neben der Trauer auch das Gefühl der Enttäuschung oder der Scham dann einstellt, wenn das Beziehungsbedürfnis unbefriedigt ist, und schließlich, dass neben der Angst, die Gefühle der Verunsicherung und Beklommenheit durch ein enttäuschtes Sicherheitsbedürfnis genährt werden.

Legt man jetzt meine Hypothese zu Grunde, dass es sich bei den Bedürfnissen nach Autonomie, Beziehung und Sicherheit um Grundbedürfnisse und bei allen anderen Bedürfnissen aus Mischungen dieser drei handelt, dann könnte es sich bei den Gefühlen Wut, Trauer und Angst ebenso um so etwas wie „Grundgefühle" handeln, die wie die Grundbedürfnisse keine Mischung aus den anderen Begriffen dieser Kategorie entsprächen. Alle anderen Gefühle müssten sich dann also Misch-Gefühle diesen drei Grundgefühlen und zwar in dem Sinne zuordnen lassen, als ihre Entstehung auf der Nichtbefriedigung nicht nur eines, sondern einer Mischung mehrere Grundbedürfnisse beruht. Eine solche Zuordnung könnte m.E. dann wie folgt aussehen:

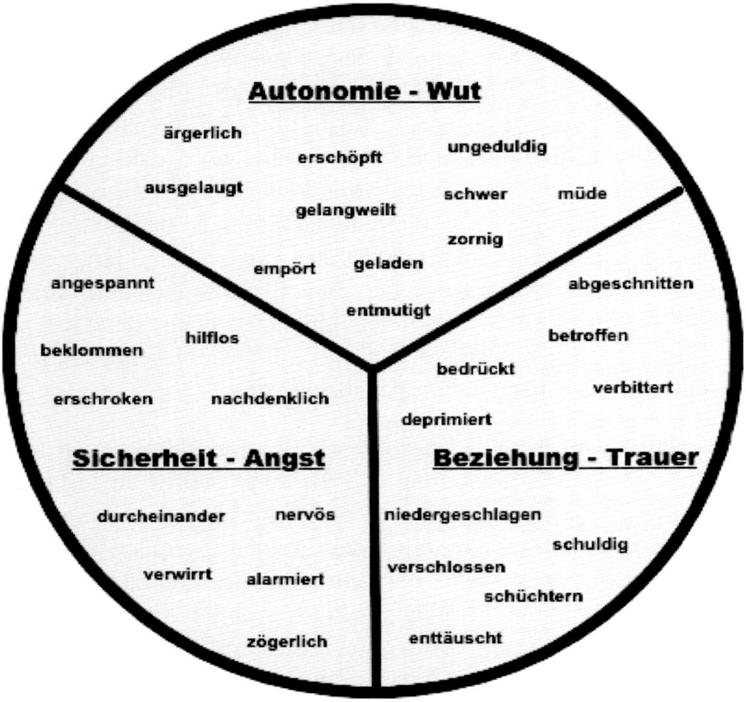

Abb. 20: Gefühlstriade

Wenn es also so wäre, dass wir zumindest einige Gefühle eindeutig einem bestimmten Bedürfnis zuordnen können und wenn meine These stimmt, dass es sich bis auf die drei bezeichneten Grundbedürfnisse um Misch-Bedürfnisse handelt, dann ist im Umkehrschluss bei allen Misch-Bedürfnissen eine eindeutige Zuordnung von Gefühlen nicht möglich. Nehmen wir als Beispiel das Bedürfnis nach „Wertschätzung meiner Person“, wobei ich „Wertschätzung“ als die positive Bewertung durch einen anderen Menschen definieren würde. Wenn es sich bei Wertschätzung um ein Grundbedürfnis handeln würde, dann müssten sich diesem auch Gefühle eindeutig zuordnen lassen, die sich keinem anderen Bedürfnis zuordnen ließen. Ich würde behaupten, dass sich bei Enttäuschung des Bedürfnisses nach Wertschätzung bei den meisten Menschen Gefühle wie Trauer und Enttäuschung einstellen dürften. Gleichzeitig könnten mich aber auch Gefühle von Verunsicherung und

Beklommenheit überkommen. Trauer und Enttäuschung sind m.E. ausschließlich dem Grundbedürfnis Beziehung zuzuordnen, Verunsicherung und Beklommenheit dagegen dem Grundbedürfnis Sicherheit. Wenn aber beide Arten von Gefühlen dem Bedürfnis Wertschätzung zugeordnet werden können, dann muss dieses Bedürfnis eine Mischung aus mindestens zwei Grundbedürfnissen und damit ein Misch-Bedürfnis sein, es sei denn, es gibt Gefühle, die sich eindeutig nur dem Bedürfnis nach Wertschätzung und sonst keinen Grundbedürfnissen zuordnen ließen. Forschen wir nach weiteren möglichen Gefühlen als Reaktion auf ein frustriertes Wertschätzungsbedürfnis, kämen m.E. z.B. die Gefühle von Niedergeschlagenheit und/oder Unbehaglichkeit in Betracht. Diese Gefühle können sich nach meinem Erleben aber nicht nur in Bezug auf mangelnde Wertschätzung einstellen, sondern darüber hinaus sowohl dem enttäuschten Beziehungs- als auch dem Autonomiebedürfnis entspringen. Beide Gefühle „dienen" also nicht lediglich einem Bedürfnis, sodass es sich bei „Wertschätzung" nicht um ein Grundbedürfnis handeln kann.

Wenn Sie jetzt versuchen, diese Behauptungen für sich selbst zu überprüfen und sich dazu daran erinnern, welche Gefühle bei Ihnen entstanden sind, als Sie sich das letzte Mal in einem Konflikt befanden, dann werden Sie sich wahrscheinlich jedenfalls an das Gefühl des Ärgers erinnern. Und weil dem so ist und um daraus entstehenden potentiellen Missverständnissen vorzubeugen, muss ich an dieser Stelle vielleicht noch kurz festhalten, dass bei der Zuordnung von Gefühlen zu Grundbedürfnissen „Ärger" eine Art Sonderstellung einnimmt, die uns in Konflikten dazu verleiten kann, den voreiligen Rückschluss auf ein enttäuschtes Autonomiebedürfnis als Kern des Problems zu identifizieren. Ärger ist in Konflikten jedoch immer da und das heißt einerseits, dass in Konflikten immer unser Autonomiebedürfnis unbefriedigt ist. Denn wenn eine Handlung, also ein konkreter Ausdruck unserer Autonomie, nicht zu der erwarteten Reaktion unserer Umwelt führt, dann erleben wir insoweit immer einen Mangel, als unsere Erwartungen an die Reaktion der Welt auf unsere Handlungen enttäuscht werden – sei es unsere Erwartung an den jungen Kerl, der nach uns den Bäcker betritt, sich hinten anzustellen, sei es die Erwartung, ein „Danke" unseres Partners für das Heruntertragen des Mülleimers zu bekommen oder sei es die Erwartung, dass der

Vorgesetzte auf der Grundlage der ihm von uns gelieferten umfassenden Informationen auch so handelt, wie es aus unserer Sicht vernünftig wäre. In all diesen Fällen stellt sich zunächst „Ärger“ als Gefühl ein. Im ersten Fall steht „hinter“ dem Ärger aber vielleicht der Zorn darüber, dass sich jemand nicht an die Regeln hält und damit unsere Handlungsoptionen beschränkt, im zweiten Fall steht hinter dem Ärger vielleicht die Enttäuschung darüber, dass das Beziehungsangebot an unseren Partner von diesem nicht angenommen wird und die erhoffte Anerkennung ausbleibt. Schließlich steht hinter dem Ärger über unseren Vorgesetzen vielleicht die Verunsicherung darüber, warum dieser nicht wie von uns erwartet handelt. Ärger ist in allen Fällen das erste Gefühl, weil unsere Autonomie in dem Sinne eingeschränkt ist, als unsere Handlungen von Dritten nicht wie erwartet goutiert werden. Dahinter können sich aber weitere, in dem Fall tiefere Gefühle verbergen, die auf die Grundbedürfnisse deuten, welche mit der Handlung befriedigt werden sollten. Ärger ist also grundsätzlich das Gefühl, welches sich einstellt, wenn unsere Handlungen nicht zu dem gewünschten Erfolg führen und damit unser Autonomiebedürfnis beeinträchtigt ist. Und im Konflikt führt das dazu, dass wir „Ärger“ viel häufiger wahrnehmen als andere Gefühle, sodass wir uns im Rahmen der Selbstklärung vergewissern sollten, ob es tatsächlich das eingeschränkte Autonomiebedürfnis ist, welches den Kern des Problems bildet oder ob sich hinter unserem Ärger nicht etwa Trauer oder Verunsicherung verstecken.

So, jetzt habe ich Ihnen eine Menge über Grund- und Mischbedürfnisse und deren Zusammenhang mit Grund- und Mischgefühlen erzählt. Kommen wir zurück zum eigentlichen Thema dieses Abschnittes, den Konflikten und wie diese geklärt werden können und lassen Sie mich versuchen, das Ganze einmal kurz zusammenfassen.

Die Grundlage jeder selbstbestimmten Konfliktklärung ist die Wiederherstellung gegenseitigen Verständnisses, und die Kenntnis unserer und der Emotionen unserer Konfliktpartner kann den Zugang zu einem solchen, gegenseitigen Verständnis schaffen. Wenn ich mich nämlich darüber ärgere, dass sich jemand beim Bäcker vordrängelt, dann kann es sein, dass dieser Ärger verfliegt, wenn ich weiß, dass er es eilig hat, weil er den Bus erreichen muss, um rechtzeitig zu seiner von ihm gepflegten Großmutter zu gelangen. Wenn dieser Grund aber in meiner Bewertung nicht ausreicht, um sein Vordrängeln zu rechtfertigen, z.B.

weil ich es selbst aus einem wichtigen Grund heraus eilig habe, dann verurteile ich sein Verhalten trotz Kenntnis seiner Interessen und ärgere mich weiterhin. Ich mache ihn nämlich dafür verantwortlich, dass er keine andere Bedürfnisbefriedigungsstrategie gewählt hat, als sich vorzudrängeln. Auf der Ebene der Grundbedürfnisse und der dazugehörenden Gefühle, kann ich diese Bewertung jedoch nicht mehr vornehmen. Dass er nämlich Angst hat nicht sicherstellen zu können, rechtzeitig wieder zuhause zu sein um dafür zu sorgen, dass seine Großmutter ihre Medikamente einnimmt, kann ich nicht mehr verurteilen. Wenn wir uns in dieser Situation also beide über unsere Grundbedürfnisse und die daraus resultierenden Gefühle in Bezug auf unsere Verhalten in Kenntnis setzen würden, so könnten wir zwar unser jeweiliges Verhalten weiterhin negativ bewerten, nicht aber die uns antreibenden Grundbedürfnisse und die daraus resultierenden Gefühle. Damit hätten wir damit gute Voraussetzungen dafür geschaffen, uns auf ein Verhalten zu einigen, welches beiden Grundbedürfnissen gerecht wird - so könnte ich ihn beispielsweise dieses Mal vorlassen und beim nächsten Mal lässt er mich vor, oder ich kaufe seine zwei Brötchen schnell für ihn mit ein, o.ä..

Als ich soeben den letzten Absatz selbst noch einmal gelesen habe, kam mir sofort der Ratschlag an mich selbst in den Sinn, dass wir uns dann doch am besten gleich alle mit ein paar Räucherstäbchen bewaffnen und jedes Gespräch mit einem „Du, lass uns doch mal drüber reden. Weißt Du, auch so über Deine Gefühle und so!" beginnen sollten. Aber natürlich will ich mit dem Bäckereibeispiel nicht den Ratschlag erteilen, immer und überall zu allererst über die eigenen subjektiven Wirklichkeiten und die damit in Zusammenhang stehenden Emotionen zu sprechen. Erfreulicherweise ist dies nämlich im Alltag nicht notwendig, weil wir uns über die allermeisten Dinge im öffentlichen Raum in unserem Kulturkreis im Laufe der Zeit auf die Geltung bestimmter „objektiver" Wirklichkeiten geeinigt haben. In Konfliktsituationen hingegen kann es aber durchaus hilfreich sein, wenn sich die konfligierenden Interessen der Parteien auf beiden Seiten in Verbindung mit den dazugehörenden Grundbedürfnissen und Grundgefühlen bringen lassen, weil wir uns diese nicht mehr so ohne weiteres gegenseitig zum Vorwurf machen können.

Während wir uns auf Positionsebene im Konflikt nämlich im Verteilungskampf befinden und die jeweils andere Position schlicht als falsch bezeichnen, kann die Frage danach „Was die Durchsetzung meiner Position für mich persönlich bedeuten würde“ schon dazu führen, dass wir uns über unsere Interessen austauschen. Auf dieser Ebene erklären wir uns gegenseitig, warum wir uns so verhalten, wie wir uns verhalten. Ob das den Konflikt entschärft oder sogar auflöst, hängt wesentlich davon ab, ob die Antwort des Einen auf die Frage nach dem „Warum“ vom Anderen als berechtigt angesehen wird. Die Interessen als Antworten auf die Frage nach dem „Warum“ werden von der anderen Konfliktpartei bewertet. Das heißt, sie beurteilt, ob sie die Bedürfnisbefriedigungsstrategie der anderen Seite als berechtigt empfindet – sie steht den Interessen der anderen Seite also mit einem „das ist gut“ oder einem „das geht ja gar nicht“ gegenüber. Wird die Art und Weise, wie die andere Seite ihre Bedürfnisse zu befriedigen versucht, mit einem „das geht ja gar nicht“ und damit als unberechtigt bewertet, handelt es sich also um einen Gerechtigkeitskonflikt, dann besteht der Konflikt fort. Wird in diesem Fall zusätzlich noch der Bezug zu den zugehörigen Grundbedürfnissen hergestellt, so erhöht sich die Wahrscheinlichkeit des gegenseitigen Verständnisses, weil sich die Grundbedürfnisse, verstanden als Antrieb, einer Bewertung entziehen. Wir können den Anderen zwar dafür verurteilen, dass er diesem Antrieb durch ein Verhalten in einer Weise Ausdruck verleiht, die unsere eigenen Bedürfnisse beeinträchtigt. Wir können den Anderen jedoch nicht mehr dafür verurteilen, dass er diesen Antrieb hat. Da wir unser Verhalten steuern können, können wir für unser Verhalten verantwortlich gemacht werden. Unsere Grundbedürfnisse als Ausdruck der drei physikalischen Grundkräfte sind einfach da und einer Steuerung entzogen, sodass insoweit auch von einer Verantwortlichkeit nicht gesprochen werden kann. Die als Antrieb verstandenen Grundbedürfnisse sind also im Grunde die Antwort auf die Frage nach dem „Wie“, nicht nach dem „Warum“ und entziehen sich dadurch einer Bewertung. Auf der Ebene der Grundbedürfnisse stehen wir dem Konfliktpartner daher nicht mehr mit einem „das ist gut“ oder einem „das geht ja gar nicht“, sondern nur mehr mit einem „Ah, o.k, so funktioniert das“ gegenüber.

Und weil es, wie Rosenberg und Damasio gezeigt haben, nun einmal keine besseren Hinweisgeber als unsere Gefühle darauf gibt, welche unserer Bedürfnisse im Konflikt nicht befriedigt werden, ist die Einbeziehung der Gefühle für die Förderung des gegenseitigen Verständnisses im Konflikt von entscheidender Bedeutung. Wir verstehen die Welt um uns herum nur auf der Basis unserer eigenen Gefühle – wie sollen Andere unsere subjektive Wirklichkeit verstehen, wenn sie keine Ahnung davon haben, wie es uns mit ihrem Verhalten persönlich geht? Stellt sich aber leider noch die Frage, wie wir es hinbekommen, dass unser Gegenüber auch versteht, was wir ihm mitteilen wollen. Wie bekommen wir es hin, dass wir in einer Art und Weise kommunizieren, die Missverständnisse, wenn schon nicht auszuschließen, dann aber wenigstens zu minimieren hilft? Gute Fragen? Na dann schauen wir uns doch kurz noch an, wie Kommunikation funktioniert und was es da so an Theorien gibt, die uns helfen sollen, das Wunder der menschlichen Kommunikation besser zu verstehen.

VIII. MITEINANDER VERSTEHEN ODER DREI OHREN SIND GENUG

In ihrem Buch „Embodied Communication“ schreiben Storch/Tschacher, dass das Verständnis von Kommunikation als Sender/Kanal/Empfänger-Modell ausgedient habe und dass der Begriff des „Verstehens“ in seiner tradierten Bedeutung, als die Wahrnehmung und verständnismäßige Verarbeitung einer Nachricht verbunden mit der Annahme, dass es einen „verstehbaren“ Inhalt der Nachricht gäbe, verfehlt sei. Eine Nachricht sei nicht etwas, was in seine Einzelteile zerlegt und damit verstanden werden könne, wie es beispielsweise das „Vier-Seiten-einer-Nachricht“ Modell des Kommunikationspsychologen Friedemann Schulz von Thun nahelegt, sondern gleiche vielmehr einer Pizza, bei der der Belag in quasi chaotischen, unauflösbaren Verhältnissen angeordnet und miteinander verschmolzen sei. Jeder Versuch, sich diesen chaotischen Verhältnissen mit Verstandesmitteln zu nähern, um das System, welches durch und mit den Beteiligten der Kommunikation entstehe, zu durchdringen, sei also vergebliche Liebesmüh. Ich halte den gedanklichen Ansatz von Storch/Tschacher für sehr interessant, würde aber den Verstand nicht unterschätzen.

Um im Bild von Storch/Tschacher von der Kommunikation als Pizza zu bleiben: Ein echter Neapolitaner wird behaupten, und das mit Recht, eine richtige Pizza bestehe lediglich aus drei Bestandteilen - Teig, Tomatensauce und Mozzarella! Drei Bestandteile also, die durch die Hitze im Steinofen der menschlichen Kommunikation zwar ihre Konsistenz, ihren Aggregatszustand teilweise ändern, miteinander in einigen Bereichen eine Verbindung eingehen und sich gegenseitig beeinflussen, aber sie sind auch als Pizza noch in ihren ursprünglichen Zuständen erkenn- und identifizierbar. Drei Bestandteile sind es also, die in der Pizza – unserer Kommunikation, genauer gesagt, bei jeder einzelnen Nachricht, eine Melange eingehen. Und ich behaupte, dass es sich bei diesen drei Bestandteilen um den Ausdruck der drei menschlichen Grundbedürfnisse Autonomie, Beziehung und Sicherheit handelt.

Wie aber kommen die drei Grundbedürfnisse des Senders beim Senden einer Nachricht zum Ausdruck? Um dies zu veranschaulichen, möchte ich Ihnen kurz das „Vier-Seiten-einer-Nachricht-Modell" von Schulz von Thun vorstellen. Demnach enthält jede kommunikative Nachricht vier Ebenen und zwar die Sach-, die Selbstoffenbarungs,-die Beziehungs- und die Appellebene.

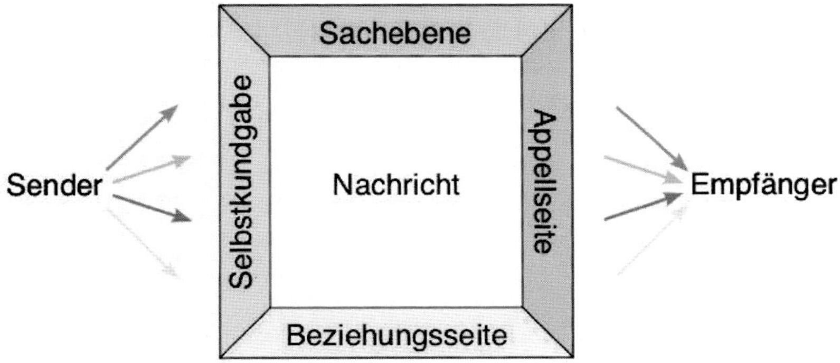

Abb. 21: Vier-Seiten-Modell nach Schultz von Thun

Auf der Sachebene wird der Sachinhalt, also das worüber ich berichte, gesendet. Auf der Beziehungsebene sagt der Sender etwas darüber, wie Sender und Empfänger zueinanderstehen. Auf der Selbstoffenbarungsebene wird deutlich, was der Sender durch die Nachricht über sich selbst sagt und auf der Appellebene äußert der Sender sich darüber, wozu er den Empfänger veranlassen möchte. Nach Schulz von Thun enthält jede Nachricht immer alle vier Ebenen, und indem sich Sender und Empfänger bei Missverständnissen oder in Konflikten darüber austauschen, was der eine mit der Nachricht auf der jeweiligen Ebene sagen wollte und was der andere auf den jeweiligen Ebenen verstanden hat, kann ein besseres Verständnis füreinander hergestellt werden. Die Kunst der Konfliktkommunikation ist demnach, sich auf eine Metaebene der Kommunikation über die Kommunikation zu begeben.

Dieses Modell kann man wohl zu Recht seit einiger Zeit als ein Standardmodell der Kommunikationspsychologie bezeichnen, und die Arbeit mit diesem Modell ist für viele Menschen sehr hilf- und erfolgreich. Auch ich selbst finde das Modell zur Veranschaulichung menschlicher Kommunikationsvorgänge insbesondere dann sehr nützlich, wenn es als Grundlage für Metakommunikation in Konflikten dient. Allerdings fiel es mir auch schon immer sehr schwer zu verstehen, was Schulz von Thun eigentlich genau mit der Sachebene meint. Denn auf dieser Ebene solle der Sender Daten, Fakten und Sachverhalte senden und der Empfänger der Nachricht überprüfe diese nach den Kriterien der Wahrheit, Relevanz und Hinlänglichkeit. Während ich das Senden von Daten, Fakten und Sachverhalten auf Senderebene noch nachvollziehen kann, ist mir nie ganz klar gewesen, wie die Überprüfung nach Wahrheit, Relevanz und Hinlänglichkeit auf Empfängerebene erfolgt, denn für eine solche Überprüfung müsste der Empfänger doch die empfangenen Daten in Bezug zu etwas setzen damit die Informationen wahr/unwahr, von Belang/belanglos oder ausreichend/ ergänzungsbedürftig dabei herauskommen können.

Und da sind wir wieder bei meiner Unterscheidung zwischen dem Wort Datum und dem Wort Information und der Definition, dass Daten nur dann zu Informationen werden, wenn sie in einem bestimmbaren Kontext stehen, also in Bezug zu etwas gesetzt werden. Das aber würde für das Modell von Schulz von Thun heißen, dass der Empfänger auf der Sachebene im Grunde Daten übermittelt bekommt aber keine Information etwa darüber, ob etwas wahr oder unwahr ist. Dies kann der Empfänger nur durch das Inbezugsetzen der Daten zu sich selbst herausfinden und damit auch nur im Rahmen seiner subjektiven Wirklichkeit zu einer Bewertung als wahr oder unwahr kommen. Würden sich Sender und Empfänger nämlich auf der Metaebene über den Wahrheitsgehalt der Aussage des Senders unterhalten, dann müssten beide akzeptieren, dass es keine für sie erkennbare objektive Wahrheit gibt, und in dieser Feststellung kann ein besseres Verständnis der Nachricht nicht entstehen. Die Datumsebene enthält keine Information, und darum kann man sich über den Inhalt dieser Ebene auch nicht streiten.

Etwas plakativ könnte man also sagen: Ein Datum kann nicht unterschiedlich „gemeint" sein und nicht unterschiedlich „verstanden" werden, sodass auf der Sachebene alle Menschen gleich gut hören aber nichts verstehen, weil „Verstehen" einen Bezugsrahmen voraussetzt, der aus dem Datum eine Information macht.

Ich neige daher dazu, die Sachebene als Datumsebene zu bezeichnen und auch nicht als Ebene zu verstehen, die mit den anderen Ebenen von Appell-, Beziehungs- und Selbstoffenbarung auf der gleichen Stufe steht. Ich verstehe das Modell eher so, dass es die drei Grundbedürfnisse von Autonomie (Selbstoffenbarung), Beziehung (Beziehung) und Sicherheit (Appell) sind, die aus dem Datum für den Sender auf der einen Seite und den Empfänger auf der anderen Seite eine Information machen. Und dann müsste man das Modell grafisch vielleicht besser so darstellen:

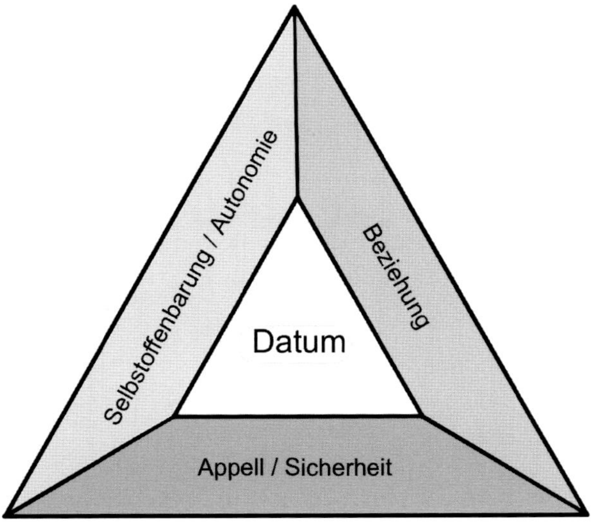

Abb. 22: Drei-Seiten-einer-Nachricht-Modell

Wenn zwei Menschen sprachlich miteinander kommunizieren, dann sendet der eine an den anderen mit der Sprachnachricht also ein Datum. Dieses Datum hat zunächst isoliert betrachtet keinen Informationsgehalt. Erst durch Bezugnahme wird aus dem Datum eine Information. Betrachtet man das Ganze jetzt als Kommunikationssystem, bestehend aus Sender, Kanal und Empfänger, dann wird dem Datum durch dieses Bezugssystem der Informationsgehalt vermittelt. Der Informationsgehalt oder besser der Informationsraum des gesendeten Datums wird also dadurch bestimmt, was der Sender gemeint hat, wie der Kanal zwischen Sender und Empfänger beschaffen ist und wie der Empfänger das alles für sich persönlich deutet.

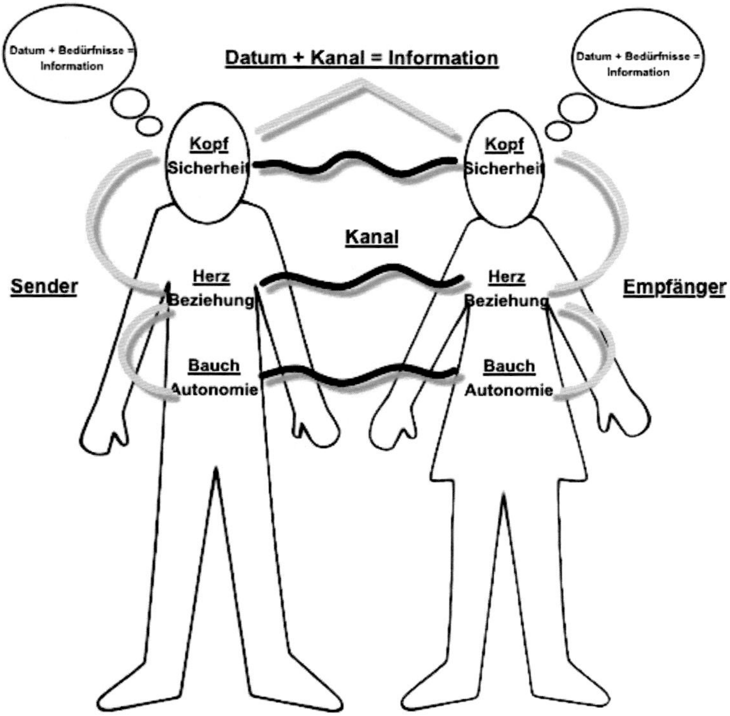

Abb. 23: Kommunikationssystem

Die Sendung

Das gesendete Datum hat m.E. für den Sender einen bestimmten, teils bewussten, teils auch unbewussten Informationsgehalt. Wenn das Datum ausgesprochen wird, dann ist es auf Seiten des Senders also sowohl bewusst als auch unbewusst informatorisch aufgeladen. Da wir uns mit einer verbalisierten Nachricht selbst Ausdruck verleihen, besteht diese informatorische Aufladung m.E. im Ausdruck der drei Grundbedürfnisse des Senders.

Die aus Sicht des Senders gesendete Information ist also ein Datum im Bezugssystem der drei Grundbedürfnisse des Senders. Angelehnt an die Vier-Seiten einer Nachricht im Sinne von Schulz v. Thun könnte man auch sagen, mit der Selbstoffenbarungsebene wird dem Bedürfnis nach Autonomie, mit der Beziehungsebene dem Bedürfnis nach Beziehung und mit der Appellebene dem Bedürfnis nach Sicherheit, jeweils in Bezug auf das gesendete Datum Ausdruck verliehen.

Auf Seiten des Senders ist die Nachricht als Datum also mit seinen drei Grundbedürfnissen informatorisch aufgeladen. Hilfreich für ein gegenseitiges Verstehen ist demnach, dass der Sender sich über seine Bedürfnisse selbst im Klaren ist. Je besser er über seine eigenen Motive in Bezug auf das Gesagte Bescheid weiß und diese sowohl durch die Worte als auch durch seinen Körper zum Ausdruck bringt, desto besser wird der informative Bezugsrahmen des gesendeten Datums für den Empfänger erfahrbar. Oder im Duktus von Storch/Tschacher - je besser der Sender mit sich selbst synchronisiert ist, desto konsistenter und damit leichter verstehbar wird seine Aussage.

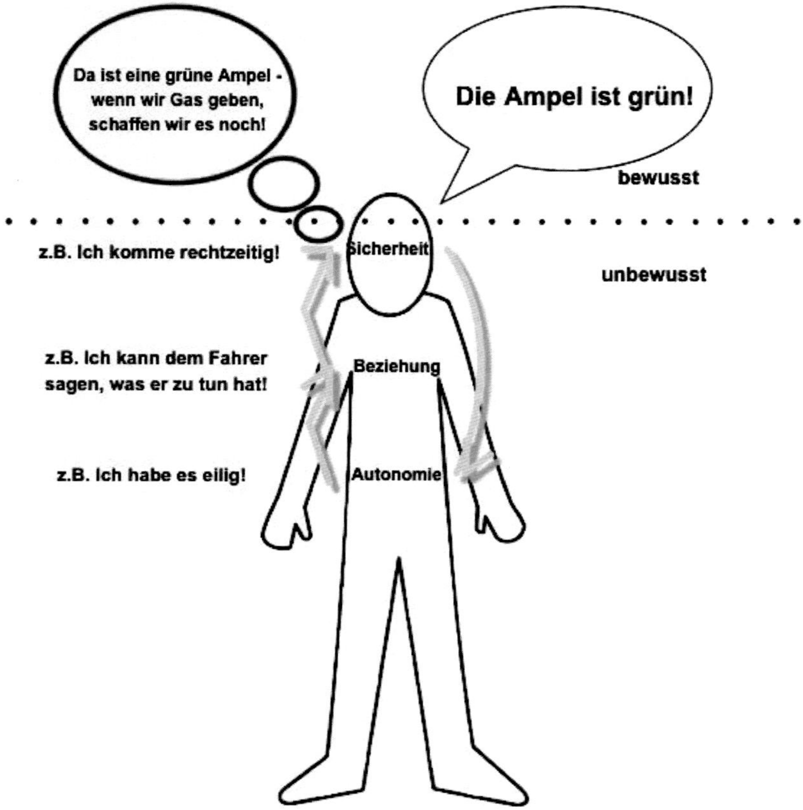

Abb. 24: Sendung

Spricht der Sender wie in der Abbildung „kryptisch“, also in einer Art, die die informatorische Aufladung des gesendeten Datums für den Empfänger nur schwer erkennbar macht und steht der Empfänger dem Sender gegenüber nicht in einer Art von Beziehung, die die richtige Deutung des gesendeten Datums wahrscheinlich sein lässt, dann hat das zur Folge, dass der Empfänger das Datum fast beliebig mit seinem eigenen Bedürfnissetting informatorisch aufladen kann. Die Wahrscheinlichkeit, dass der Sender in diesem Fall missverstanden wird, ist groß. Denn der geäußerte Satz lässt auf die Bedürfnisse des Senders nur sehr mittelbaren Rückschluss und damit vielschichtige

Interpretationen zu. Würde der Sender hingegen zum Ausdruck bringen, warum ihm wichtig ist, dass der Empfänger die grüne Ampel sieht, so würde die Wahrscheinlichkeit steigen, dass Sender den Empfänger versteht.

Der Empfang

Der Empfänger empfängt das Datum und macht aus diesem, basierend auf dem ihm eigenen Setting seiner Grundbedürfnisse, wiederum eine Information. Was ich damit meine wird deutlich, wenn man sich vorstellt, der Empfänger habe das Datum nicht empfangen, sondern selbst gesendet – wenn der Empfänger „Die Ampel ist grün" gesagt hätte, dann wäre dieses Datum mit dem Bedürfnissetting des Empfängers aufgeladen gewesen. Kurz gesagt: Wenn zwei Menschen das Gleiche sagen, meinen sie immer etwas Unterschiedliches! Der Empfänger lädt das Datum beim Empfang also mit seiner persönlichen Ausprägung der Grundbedürfnisse auf und macht damit aus dem Datum seine eigene Information. Ob Sender und Empfänger einander verstehen hängt also davon ab, dass sie aus dem Datum die gleiche, wenigstens aber eine ähnliche Information machen, dass sie also das Datum mit ähnlichen Bedürfnisinformationen versehen. Und ob dies gelingt, hängt wesentlich von der Verbindung, der Beziehung, dem Kanal zwischen Sender und Empfänger ab.

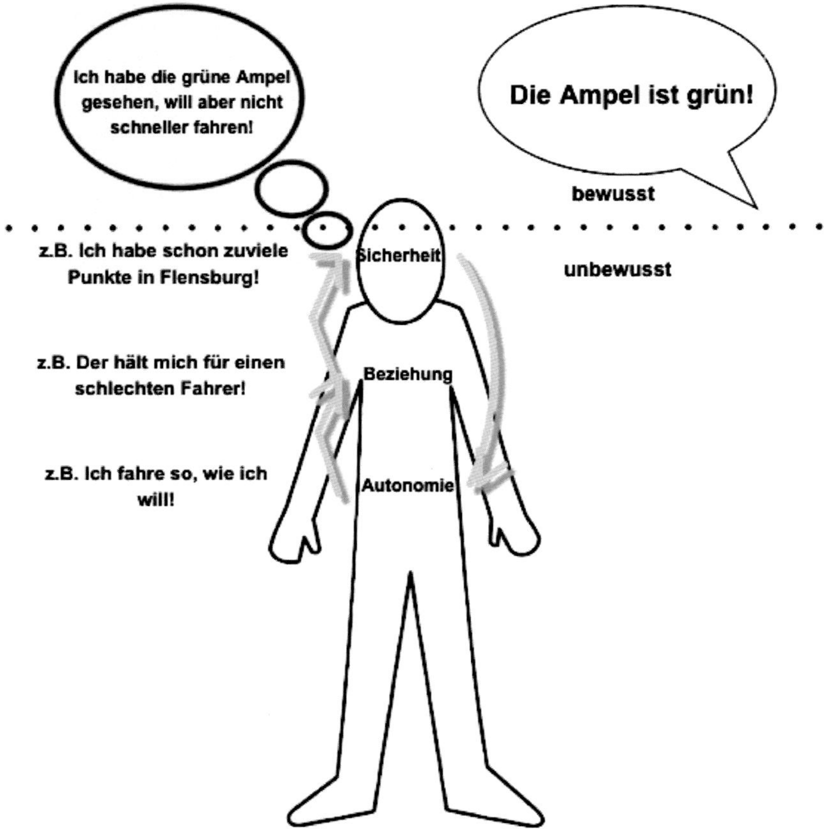

Abb. 25: Empfang

Bildet die Beziehung zum Zeitpunkt der Nachricht keine gute Grundlage für eine Deutung des gesendeten Datums im Sinne des Senders, ist sie also nicht „synchronisiert“ oder äußert sich der Sender „kryptisch“ wie in der Abbildung oben, dann wird der Empfänger eher dazu neigen, das Datum mit seinem eigenen Bedürfnissetting aufzuladen. Je nachdem, welches Grundbedürfnis auf Seiten des Empfängers im Vordergrund steht, könnte seine Antwort im vielleicht „Willst Du aussteigen?“ (Autonomie), „Im Gegensatz zu Dir, habe ich meinen Führerschein noch!“ (Beziehung) oder „Fahr doch selbst!“ (Sicherheit) lauten.

Der Kanal

Der Empfänger des Datums kann (sollte) selbiges nicht nur auf der Basis seines eigenen Bedürfnissettings, sondern auch auf Basis der Beziehung zum Sender deuten. Denn die Beziehung, der Kanal, bietet die Basis dafür, dass der Empfänger das Datum auch auf seiner Annahme über die Bedürfnisse des Senders bezüglich Autonomie, Beziehung und Sicherheit deuten kann. Gleiches kann (sollte) auf Seiten des Senders passieren. Der Sender legt seiner Nachricht ebenso eine bestimmte Annahme bezüglich des Settings der Grundbedürfnisse des Empfängers in Bezug auf das übermittelte Datum zugrunde. Beide Vorgänge passieren in der Regel unbewusst, was bei einer „funktionierenden“ Beziehung zwischen Sender und Empfänger das Verständnis nicht notwendigerweise beeinträchtig. Erst wenn die Beziehung zwischen Sender und Empfänger nicht „funktioniert“, nicht synchronisiert ist, müssen Sender und Empfänger kognitiv ergründen und verbalisieren, welches Bedürfnissetting mit dem Datum verbunden wurde. Hierbei handelt es sich um den von Schulz v. Thun als „Meta-Kommunikation“ und von Rosenberg als „Gewaltfreie Kommunikation“ beschriebenen Prozess des Abgleichs der subjektiven Wirklichkeiten auf beiden Seiten. Führt auch die Meta-Kommunikation zwischen den Parteien nicht mehr zum gegenseitigen Verstehen, entsteht ein Konflikt, der ggf. mit Hilfe der Meta-Kommunikation unter Zuhilfenahme eines Dritten wieder gelöst werden kann. Maßgeblich für gegenseitiges Verstehen ist neben der Synchronisation von Sender und Empfänger zu sich selbst, also die Beziehung zwischen Sender und Empfänger.

Beziehung in diesem Sinne meint neben dem unmittelbar sinnlichen Kontakt zum Zeitpunkt des kommunikativen Austauschs insoweit alles, was die Kommunikationspartner voneinander wissen, was sie miteinander erlebt haben, also den gesamten gemeinsamen Erfahrungshorizont sowie darüberhinaus alles, was das soziale System, in dem sich die beiden befinden, als Hintergrundrauschen dieser Beziehung zum jeweiligen Zeitpunkt hinterlegt (z.B. soziale Normen und gesellschaftlicher Rahmen, Zeitpunkt der Kommunikation, Fachtermini etc.) Die Beziehung in diesem Sinne stellt also den Kanal zwischen den beiden dar, auf dem gesendet wird. Wenn diese Beziehung zwischen Sender und Empfänger synchronisiert ist, dann erhöht sich die Wahrscheinlichkeit, dass Sender und Empfänger dem Datum die gleiche Information zumessen.

Zusammengefasst: Je besser die Synchronisation auf allen drei Ebenen, desto größer die Wahrscheinlichkeit einer großen Schnittmenge des von Sender und Empfänger geteilten Informationsraums.

Synchronisation

Bleibt also nur noch zu klären, wie man am besten synchronisiert, bzw. was Synchronisation in diesem Kontext überhaupt bedeutet. Storch/Tschacher schlagen vor, Synchronisation durch das AAO-Geschenk (Aufmerksamkeit, Augen auf, Ohren auf), herzustellen, was im Grunde nichts weiter beschreibt, als das was man gemeinhin mit gutem Zuhören verbindet. Und für die Alltagskommunikation ist das AAO-Geschenk sicher eine hervorragende Intervention. Indem ich mich als Empfänger dem Sender (auch körperlich) zuwende, mich für das, was er mir sagen will, wirklich interessiere, offen bin auch für Informationen, die mir vielleicht nicht in den Kram passen, und die Bedürfnisse meines Gegenübers ernst nehme, habe ich eine gute Voraussetzung dafür geschaffen, um zu verstehen. Im Konflikt würde darüber hinaus „aktives Zuhören", also die Rückversicherung, ob das Gesagte richtig verstanden wurde, ggf. unter Nennung der wahrgenommenen Gefühle, die nächste Stufe der guten Verstehensvoraussetzung darstellen.

Da Kommunikation aber nicht allein vom Empfänger verantwortet wird, ist das AAO-Geschenk des Empfängers m.E. durch Synchronisationsanstrengungen des Senders zu ergänzen. Auch der Sender schafft seinerseits gute Voraussetzungen für „gelungene" Kommunikation, wenn er sich dem Empfänger ebenfalls (auch körperlich) zuwendet, mit Augen und Haltung Kontakt aufnimmt, sich der Aufmerksamkeit des Empfängers vergewissert und seine Absichten (seine Bedürfnisse) bezogen auf das gesendete Datum möglichst gut benennt.

Mit diesem beidseitigen AAO-Geschenk wird also der Kanal, die Beziehung zwischen Sender und Empfänger synchronisiert. Das ist für ein Verstehen im Kommunikationssystem schon viel, allein aber nicht ausreichend. Sowohl Sender als auch Empfänger müssen sich darüber hinaus noch mit sich selbst synchronisieren. Das klingt zugegebenermaßen zunächst etwas esoterisch. Was ich damit meine ist aber schon aufgrund seiner Banalität kein Geheimwissen – wenn ich meinen Antrieb, meine Motivation, meine Bedürfnisse kenne, also mir dessen bewusst bin, warum ich etwas sage und was ich mit dem Gesagten erreichen will, wenn ich mir bewusst bin, mit welchen Bedürfnissen ich als Sender das gesendete Datum informativ auflade und auf welchen „Bedürfnishumus" das Datum bei mir als Empfänger fällt, dann ist die Wahrscheinlichkeit des Verstehens deutlich erhöht.

Da uns unsere Bedürfnisse im Alltag in der Regel nicht bewusst sind, stellt diese Klarheit über uns selbst durchaus eine Herausforderung dar. Wie ich im letzten Kapitel dargelegt habe, gibt es erfreulicherweise aber die uns stets zu Diensten stehenden hilfreichen Gesellen, die ihre Hilfe bei diesem Selbsterkennungsprozess anbieten: Unsere Gefühle! Befriedigung und Mangel bezüglich unserer Bedürfnisse werden uns selbst am direktesten durch unserer Gefühle vermittelt. Wenn wir wissen, dass sich die Frustration unseres Autonomiebedürfnisse durch Gefühle von Ärger, Wut, Ohnmacht und Zorn, frustriertes Beziehungsbedürfnis sich hingegen durch Trauer, Enttäuschung und Niedergeschlagenheit und sich das Sicherheitsbedürfnis durch Angst, Beklommenheit und Nervosität gefühlsmäßigen Ausdruck in uns verleiht, dann können wir klarer senden und klarer empfangen. Und das ist der Grund dafür, warum ich jedem Sender und jedem Empfänger empfehle, auf diese Hinweise unseres Selbst, auf unsere Gefühle zu hören - bessere Wegweiser zu guter Kommunikation sind nicht zu finden.

IX. VOM HÖLZCHEN ZUM STÖCKCHEN UND WIEDER ZURÜCK

So, liebe Leserin und lieber Leser, langsam aber sicher komme ich zum Ende meines Gedankenganges, der beim geometrischen Punkt und dem Urknall begann und sich dann quasi über ca. 13,7 Mrd. Jahre erstreckte, um beim Thema Konflikte und der Kommunikation darüber anzukommen. Auf diesem Weg habe ich versucht zu verdeutlichen, was bei der a priori Annahme herauskommen könnte, es fände sich in allem was in diesem Universum zu beobachten ist, ob unbelebte oder belebte Materie, ob chemische, biologische oder psychologische Prozesse, ob Strukturen oder Zufälle, immer und überall, ein und dasselbe strukturelle Prinzip und damit ein universelles Bezugssystem.

Als ich begann, dieses Buch zu schreiben, war ich mir zunächst nicht ganz sicher, ob ich die ganze Geschichte vom Anfang oder vom Ende her erzählen soll oder lieber umgekehrt. Ich dachte mir zunächst, dass es vielleicht schlüssiger sei, wenn ich damit beginne darüber zu berichten, wie ich auf die Idee des universellen Bezugssystems gekommen bin und daher mit meinem eigenen Arbeitsbereich, der Konfliktkommunikation. Wenn ich anhand von Beispielen erläutere, dass es bei allen Menschen scheinbar drei Grundbedürfnisse zu geben scheint, aus denen sich alle im Konflikt nicht befriedigten Interessen und Bedürfnisse speisen, dann - so mein Gedanke - wäre das doch ein guter Ausgangspunkt, um von diesem Hölzchen zum Stöckchen zu kommen. Das Stöckchen wäre dann die Überlegung gewesen, dass sich diese drei als Antrieb oder Energie verstandenen Grundbedürfnisse doch auch bei anderen Tieren wiederfinden lassen müssten - jedenfalls dann, wenn die Evolution bei der Entwicklung der Primaten zum Sapiens nicht eine völlig neue Zutat in den Topf geworfen hatte. Da ich kein Evolutionsbiologe bin, war diese Annahme natürlich reine Spekulation aber da ich auf meiner Suche danach, was denn nun den Menschen von allen anderen Tieren eindeutig unterscheidet, einfach nichts finden konnte, was diese Annahme widerlegte, habe ich einfach ein Stückchen weiterspekuliert. Wenn es in den höher entwickelten Spezies so wäre, dass die drei Grundantriebe mit an Bord wären, was würde dagegensprechen, dass dies auch bei weniger komplexen Lebewesen der Fall wäre. Und evolutionshistorisch gedacht müssten sich die drei dann nicht auch schon in der ersten Zelle wiederfinden lassen?

Klar, auf dieser Ebene ist es mir zunächst schwergefallen, mit den Bedürfnisbegrifflichkeiten von Autonomie, Beziehung und Sicherheit zu hantieren, auch wenn ich sie als Antrieb oder Energie verstehe. Aber wenn ich diese drei Wörter begrifflich assoziierte und dasselbe mit den Wörtern Aktion, Interaktion und Reaktion tat, dann ergaben sich bezüglich des Bedeutungsgehalts dieser Begriffswolken jedenfalls für mich erfreulich große Schnittmengen. Ich konnte also weiterfragen: Wenn diese drei schon in der ersten Zelle am Start waren und das Leben sich nicht unter Zuhilfenahme eines göttlichen Funkens entwickelte, sondern aus der bestehenden Materie in chemischen Prozessen entstanden wäre, dann müssten die drei Grundenergien doch auch schon in dieser Materie und den chemischen Umwandlungsprozessen zu finden sein. Und wenn sie in den komplexen Stoffen zu finden wären und sich diese aus den einfacheren und den ganz einfachen Stoffen, den Elementen zusammensetzen, wäre es dann nicht logisch, dass man die drei Grundenergien Autonomie/Aktion, Beziehung/Interaktion und Sicherheit/Reaktion irgendwie auch in den kleinsten Materieteilchen und den Quarks, die diese Teilchen bilden, selbst finden ließen?

Erfreulicherweise war mir aufgrund meines Faibles für die Bücher und Fernsehsendungen des Astrophysikers Harald Lesch bekannt, dass die Physik derzeit davon ausgeht, alles habe sich aus den drei Grundkräften der Physik heraus entwickelt. Das war für mich und meine Hypothese natürlich eine wirklich gute Nachricht, denn jedenfalls die Zahl Drei, ließ mich hoffen, dass es lohnen könnte, einmal genauer anzuschauen, was sich hinter diesen drei Grundkräften der Physik verbirgt.

Ich wusste also, dass es Einstein zu verdanken ist, dass wir es seit einiger Zeit als wahr unterstellen, dass alles an Materie, was sich im Universum finden lässt, letztlich nichts anderes als geronnene Energie ist. Und mir war ebenso bewusst, dass Einstein aus der Schwerkraft, die seit Newton als die Kraft bekannt war, die den Apfel auf die Erde fallen lässt, die Gravitation und damit die Verbindung von Raum und Zeit gemacht hatte. Die drei Grundkräfte der Physik wurden also am besten verstanden, wenn man sie auf unterschiedlichen Verständnisebenen beschrieb. Während die beiden Kräfte „starke Kernkraft“ und

„elektroschwache Wechselwirkung" auf klassischem physikalischem Wege als durch Kraftübertragungsteilchen vermittelte Kräfte und damit in Ursache und Wirkung beschrieben wurden, war die Gravitation am besten zu verstehen, wenn sie geometrisch als Verbindung von Raum und Zeit beschrieben wurde. Es war naheliegend, dass die Physik nun versuchte, auch die Gravitation auf ihrer ureigenen Verständnisebene zu beschreiben und nach dem Kraftübertragungsteilchen für die Gravitation suchte.

Andererseits erschien es mir genauso naheliegend, die anderen beiden physikalischen Grundkräfte auf der Verständnisebene der Gravitation, also im Rahmen der Geometrie, zu beschreiben. Und wenn es drei physikalische Grundkräfte gibt und Gravitation die Verbindung von Raum und Zeit sein soll, liegt es dann nicht nahe zu versuchen, die anderen beiden physikalischen Grundkräfte, starke Kernkraft und elektroschwache Wechselwirkung, auch geometrisch zu beschreiben und dann also als Raum einerseits und Zeit andererseits zu verstehen? Für mich ist das jedenfalls so, und weil Gravitation als Verbindung verstanden begrifflich toll zu Beziehung und Interaktion passte, die Begriffe Autonomie/Aktion/Raum sich zudem nicht zu beißen schienen und Sicherheit/Reaktion/Zeit als Maß für Veränderung aus meiner Sicht auch gut zueinander passten, war die letzte Hürde überwunden - ich konnte eine assoziative Verbindung der drei Grundbedürfnisse des Menschen bis zu den drei physikalischen Grundkräften herstellen. Jetzt konnte ich die verschiedenen Verständnisebenen miteinander verbinden und solche Dinge sagen wie: Der Mensch besteht aus nichts als aus starker Kernkraft, elektroschwacher Wechselwirkung und Gravitation und damit im Grunde aus nichts als aus Autonomie, Beziehung und Sicherheit.

Allerdings war der Moment, in dem mir das klar wurde, auch der Zeitpunkt, an dem ich dachte: „Das glaubt mir kein Mensch! Jedenfalls nicht, wenn ich beim Menschen als Hölzchen anfange und das ganz bis zum Stöckchen der physikalischen Grundkräfte herunterdekliniere." Mir war daher klar, dass ich den Schuh also vom Pferd her aufzäumen musste und so entstand der Entschluss, dass ich das Buch mit der Physik als der Beschreibung der Welt in Ursache und Wirkung beginne, um die Glaubwürdigkeit meiner Überlegungen zu stärken. Und so habe ich mich entschieden, die Geschichte vom Anfang an zu erzählen und nicht umgekehrt.

Jetzt, am Ende des Buches ist mir klar geworden, dass es eigentlich egal ist, in welcher Richtung ich über die Kausalitätsketten in meiner Gedankenwelt berichte, weil das universelle Bezugssystem nichts anderes als die Erklärung für das strukturelle Phänomen der Fraktalität ist. In der Geometrie beschreibt das Phänomen der Fraktalität die sogenannte Selbstähnlichkeit, also die strukturelle Ähnlichkeit eines Ausschnitts oder eines Teils mit dem Ganzen. Die Natur hat mit einigen Gebilden, z.B. mit dem Romanesco Blumenkohl oder bei Eiskristallen das, was sie mit Fraktalität meint, besonders anschaulich zum Ausdruck gebracht.

Abb. 26: Romanesco[15]

Nimmt man also einen beliebigen Ausschnitt des Ganzen und vergrößert diesen, so wird die Struktur des Ganzen in diesem Ausschnitt wiederum erkennbar. Bekannte geometrische Figuren, die dieses Prinzip veranschaulichen sind beispielsweise die Mandelbrotmenge – auch Apfelmännchen genannt – und das Sierpinski Dreieck.

[15] File: Romanesco.jpg. (2016, March 7). *Wikimedia Commons*, . Retrieved 09:08, September 27, 2017 from https://commons.wikimedia.org/w/index.php?title=File:Romanesco.jpg&oldid=189630062.

Abb. 27: Sierpinski Dreieck in der siebten Iterationsstufe[16]

Stellt man sich den Vergrößerungsprozess in diesen Strukturen als Kamerafahrt vor, dann nähert sich die Kamera einem beliebigen Abschnitt des Ganzen, und in diesem Prozess erkennt das Auge nach einiger Zeit die gleiche Struktur, die es zunächst im ganzen Bild erkannt hat. Wird der Vergrößerungsprozess nicht angehalten, nähert sich die Kamera also erneut einem beliebigen Teil des Ausschnitts, wiederholt sich der Prozess des Erkennens der Selbstähnlichkeit erneut und das in den geometrischen Fraktalitätmodellen bis in Unendliche.

Wenn an meiner Idee des universellen Bezugssystems etwas dran

---

[16] File: SierpinskiTriangle.svg. (2017, June 7). *Wikimedia Commons, the free media repository*. Retrieved 09:10, September 27, 2017 from

https://commons.wikimedia.org/w/index.php?title=File:SierpinskiTriangle.svg&oldid=246884676.

ist, dann entspräche das Universum einer solchen fraktalen Struktur. Die Kamerafahrt in das Universum müsste daher immer die gleichen strukturellen Ähnlichkeiten erkennen lassen, unabhängig davon, welchen Teil in welcher Vergrößerung die Kamera gerade fixiert. Fährt die Kamera an eine Galaxie heran, dann müsste sich das universelle Bezugssystem überall wiederfinden lassen, bei einzelnen Bestandteilen der Galaxie, den Sternen und ihren Planetensysteme genauso, wie bei jedem einzelnen Planeten und all dem, was man auf selbigem findet, z.B. den belebten Materiehaufen, die wir als Menschen bezeichnen. Vergrößert man das Bild weiter und nimmt die Bestandteile dieses Subsystems „Mensch" immer weiter unter die Lupe, zeigen sich Zellen, komplexe chemische Verbindungen, Elemente, Atome, Atomkerne und schließlich Quarks. Auf all diesen Ebenen ließe sich wiederum die Selbstähnlichkeit erkennen, um sich schließlich in raum- und zeitlosen Energiepotentialen von starker Kernkraft, elektroschwacher Wechselwirkung und Gravitation, dem eigentlichen Kern des Ganzen, der gleichzeitig alles ist was ist, wiederzufinden. Denn diese sich im Energiepotential eines jeden Quarks befindliche Singularität ist im Grunde nichts anderes als das Universum selbst, in dem bereits alles vorhanden ist, was nach einem Urknall aus dem Universum im Laufe der Zeit entsteht.

Zugegebener Maßen dreht sich einem bei dieser Betrachtungsweise irgendwann alles im Kopf, weil man keinen Anfang und kein Ende findet, sodass unser Gehirn - wie am Anfang des Buches bei der Vorstellung eines geometrischen Punktes – uns irgendwann einen Vogel zeigt und sich in den Urlaub verabschiedet. Durchläuft man den Prozess aber in umgekehrter Richtung und definiert den Urknall als den Anfang von allem, dann wäre es doch im Grunde eher überraschend, wenn man nicht in allem, was seit dem Urknall entstanden ist, die Struktur des Anfangszustandes wiedererkennen könnte. Denn wenn man diese Struktur nicht erkennen könnte, dann wäre seither nur mehr zufälliges und damit strukturloses Chaos in der Welt und jeder Versuch etwas davon zu verstehen, wäre vergebene Liebesmüh – und das entspricht einfach nicht unserer Erfahrung.

Im Ergebnis hätte ich dieses Buch also auch bei einem willkürlich gewählten anderen Subsystem als Teil des Universums beginnen können und wäre aufgrund des universellen Bezugssystems gleichwohl immer zum Phänomen der Selbstähnlichkeit dieser Wirklichkeitsausschnitte mit dem Ganzen angelangt. Ich hätte also auch bei Unternehmen und Organisationen oder bei Gemeinschaften und Staaten beginnen können. Denn auch hier wird in Anwendung des universellen Bezugssystems m.E. schnell deutlich, dass auch sie nur dann funktionieren, wenn sie um einen Zustand pendeln, in dem alle drei Grundkräfte repräsentiert sind. Jedes Unternehmen wird nur dann auf Dauer gut funktionieren, wenn es als Teil seiner Umwelt, der Gesellschaft, auf Entwicklungen dieser Umwelt reagiert (Sicherheit) aber diese auch mitgestaltet (Autonomie) und sich damit gleichzeitig als Teil der Gesellschaft versteht (Beziehung). Und jede Organisation wird nur dann interessant für ihre Mitarbeiter sein und bleiben, wenn diesen die Möglichkeit gegeben wird, ihre Gestaltungskraft einzubringen und etwas zu bewegen (Autonomie), um ein Ziel zu erreichen, was klar definiert und in einem bestimmten Rahmen und innerhalb einer Organisationstruktur verfolgt werden soll und daher jeder weiß was seine Aufgabe ist (Sicherheit), und in der schließlich der Einzelne nicht Einzelner sein muss, weil er gleichzeitig und zusammen mit anderen an einem Strang zieht und dieser Beitrag des Einzelnen zum Gesamten auch gesehen wird (Beziehung).

Ich hätte also überall anfangen können und überall käme mit dem universellen Bezugssystem m.E. etwas Sinnvolles dabei heraus. Gut wird es nämlich immer, wenn alles drei am Start ist. Das gilt für alle Subsysteme des Universums, egal ob es sich um Staaten, Gemeinschaften, Unternehmen und Organisationen handelt oder um Zellen, Zell- oder Materiehaufen oder Urknälle – alles braucht immer alles drei, wenn es gut werden soll. Und daher bin ich jetzt schon ganz neugierig, ob sich unter Ihnen, liebe Leserinnen und Leser, der eine oder andere findet, der den Versuch startet, das Ganze in seine Wirklichkeit einzubinden, um auf dieser Grundlage in die unterschiedlichsten Bereiche seiner Welt zu schauen, sei es die der Wissenschaft, der Kunst oder sonstigen interessanten Teilen dieses ganzen, wunderschönen Universums. Als letzte Anregung dazu möchte ich Ihnen noch ein paar Begriffstriaden mit auf den Weg geben, die mir über den Weg gelaufen sind, während ich dieses Buch geschrieben habe:

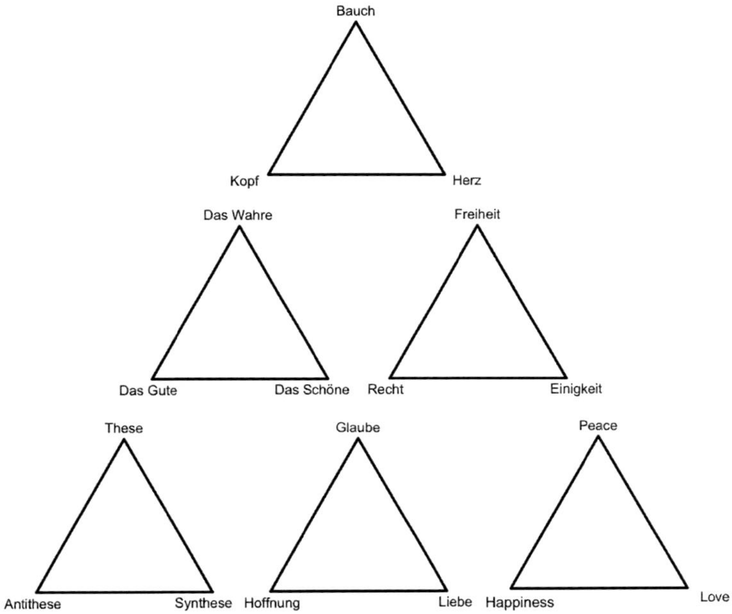

Abb. 28: Triadenbeispiele

p.s. Wenn Ihnen auch ein paar schöne Triadenbeispiele einfallen oder Sie das Buch einfach nur Ihren Freunden empfehlen wollen, dann freue ich mich auf Ihre Ideen, Kommentare und Empfehlungen unter:

https://www.facebook.com/Bezugssysteme/

Literatur – und Quellenverzeichnis

I. Bücher

1. **Damasio, Antonio R.**, Descartes' Irrtum: Fühlen, Denken und das menschliche Gehirn, List Taschenbuch, Auflage 1, 2004
2. **Rosenberg, Marshall B.**, Gewaltfreie Kommunikation, Junfermann Verlag, Auflage 10, 2012
3. **von Witzleben, Gabriela**, Das systemische Enneagramm: Der Einsatz des Strukturmodells in Coaching und Therapie, tao.de in J. Kamphausen, 1. Auflage, 2014

II. Aufsätze

1. **Bierbach, Laskowski, Wolf**, Behavioural individuality in clonal fish arises despite near-identical rearing conditions; https://www.nature.com/articles/ncomms15361
2. http://www.psychologie.uni-heidelberg.de/ae/allg/lehre/wct/m/M01/M0102beg.htm

III. Wikipedia

1. Wikipedia, Die freie Enzyklopädie. Bearbeitungsstand: 5. September 2017, 07:59 UTC. URL: https://de.wikipedia.org/w/index.php?title=Selektion_(Evolution)&oldid=168793962 (Abgerufen: 27. September 2017, 08:41 UTC)
2. Wikipedia, Die freie Enzyklopädie. Bearbeitungsstand: 26. September 2017, 14:15 UTC. URL: https://de.wikipedia.org/w/index.php?title=Leben&oldid=169447368 (Abgerufen: 27. September 2017, 08:43 UTC)
3. Wikipedia, Die freie Enzyklopädie. Bearbeitungsstand: 25. September 2017, 20:09 UTC. URL: https://de.wikipedia.org/w/index.php?title=Pflanzen&oldid=169428308 (Abgerufen: 27. September 2017, 08:45 UTC)

4. Wikipedia, Die freie Enzyklopädie. Bearbeitungsstand: 25. Juni 2015, 19:25 UTC. URL: https://de.wikipedia.org/w/index.php?title=Objektiv&oldid=143460479 (Abgerufen: 27. September 2017, 08:35 UTC)

5. Wikipedia, Die freie Enzyklopädie. Bearbeitungsstand: 6. Juni 2017, 11:08 UTC. URL: https://de.wikipedia.org/w/index.php?title=Dilemma&oldid=166131683 (Abgerufen: 27. September 2017, 08:33 UTC)

6. Wikipedia, Die freie Enzyklopädie. Bearbeitungsstand: 25. August 2017, 20:38 UTC. URL: https://de.wikipedia.org/w/index.php?title=Paradoxon&oldid=168472368 (Abgerufen: 27. September 2017, 08:48 UTC)

7. Wikipedia, Die freie Enzyklopädie. Bearbeitungsstand: 19. September 2017, 15:20 UTC. URL: https://de.wikipedia.org/w/index.php?title=Altruismus&oldid=169250063 (Abgerufen: 27. September 2017, 08:50 UTC)

8. Wikipedia, Die freie Enzyklopädie. Bearbeitungsstand: 5. September 2017, 21:49 UTC. URL: https://de.wikipedia.org/w/index.php?title=Pers%C3%B6nlichkeit&oldid=168820292 (Abgerufen: 27. September 2017, 08:55 UTC)

IV. Bilder:

1. File: Romanesco.jpg. (2016, March 7). *Wikimedia Commons*, . Retrieved 09:08, September 27, 2017 from https://commons.wikimedia.org/w/index.php?title=File:Romanesco.jpg&oldid=189630062.

2. File: SierpinskiTriangle.svg. (2017, June 7). *Wikimedia Commons, the free media repository*. Retrieved 09:10, September 27, 2017 from https://commons.wikimedia.org/w/index.php?title=File:SierpinskiTriangle.svg&oldid=246884676.

3. File: Spacetime curvature.png. (2015, November 20). *Wikimedia Commons, the free media repository*. Retrieved 08:36, September 27, 2017 from

https://commons.wikimedia.org/w/index.php?title=File:Spacetime_curvature.png&oldid=179699242.

4. File:Orthodromic air route.tif. (2013, November 16). *Wikimedia Commons, the free media repository*. Retrieved 15:49, September 28, 2017 from https://commons.wikimedia.org/w/index.php?title=File:Orthodromic_air_route.tif&oldid=109849803